青春绽放索玛花

QINGCHUN ZHANFANG
SUOMAHUA

——四川大学研究生支教团工作实践与探索

赵 露 主 编

姜 新 吴银雪 吴 菁 副主编

四川大学出版社
SICHUAN UNIVERSITY PRESS

项目策划：张　晶
责任编辑：周　洁
责任校对：余　芳
封面设计：墨创文化
责任印制：王　炜

图书在版编目（CIP）数据

青春绽放索玛花：四川大学研究生支教团工作实践
与探索 / 赵露主编 . — 成都：四川大学出版社，
2021.6
　　ISBN 978-7-5690-4126-2

　　Ⅰ . ①青… Ⅱ . ①赵… Ⅲ . ①不发达地区—教育工作
—概况—四川省凉山彝族自治州②四川大学—研究生—社
会实践—概况 Ⅳ . ① G527.71 ② G643.245

　　中国版本图书馆 CIP 数据核字（2021）第 002781 号

书名　　青春绽放索玛花：四川大学研究生支教团工作实践与探索
　　　　QINGCHUN ZHANFANG SUOMAHUA: SICHUAN DAXUE YANJIUSHENG
　　　　ZHIJIAOTUAN GONGZUO SHIJIAN YU TANSUO

主　　编	赵　露
出　　版	四川大学出版社
地　　址	成都市一环路南一段 24 号（610065）
发　　行	四川大学出版社
书　　号	ISBN 978-7-5690-4126-2
印前制作	墨创文化
印　　刷	成都东江印务有限公司
成品尺寸	148mm×210mm
印　　张	10.5
字　　数	260 千字
版　　次	2021 年 8 月第 1 版
印　　次	2021 年 8 月第 1 次印刷
定　　价	68.00 元

四川大学出版社
微信公众号

目 录

C O N T E N T S

183

第三篇

四川大学研究生
支教团人物访谈纪实

第一篇

四川大学研究生
支教团二十年发展概述

第　篇
四川大学研究生支教团二十年发展概述
2011 2018 20
2010 2015
2003
2019 20
2009 2005
1999 2

第一章　四川大学研究生支教团概述

第一节　研究生支教团项目缘起与发展

　　大学生志愿服务西部计划（简称西部计划）是国家引导高校毕业生服务西部地区经济社会发展，促进毕业生就业创业和培养青年人才的重要举措。其中，中国青年志愿者扶贫接力计划研究生支教团（简称研究生支教团）是西部计划中具有代表性的项目之一。为了充分发挥高校人才优势，进一步提高支教扶贫的服务水平，研究生支教团由共青团中央、教育部共同组织实施，从 1998 年开始组建，1999 年开始派遣，采取自愿报名、公开招募、定期轮换的"志愿＋接力"方式，每年在全国部分重点高校中招募一定数量的具备保送研究生资格、有奉献精神、身心健康的应届本科毕业生或在读研究生，到国家中西部贫困地区中小学开展为期一年的基础教育志愿服务和力所能及的扶贫行动。20 年来，研究生支教团已经成为高校共青团参与基层支教扶贫的重要平台和参与精准扶贫工作的有效载体，为推动西部地区基础教育事业、经济社会发展，贡献出青春的力量。

　　一、研究生支教团缘起背景

　　志愿是个人意志自由选择的过程行为。志愿者是不以谋利为目的，志愿为他人和公共利益贡献时间、智力、体力、财产的个体。中国青年志愿者行动是一项由共青团组织发起的社会事业，以青年为参与主体，以志愿服务为手段，通过青年志愿者为他人、为社会提供服务与帮助，推动经济发展和社会进步。自 1993 年发起以来，研究生支教团项目经历了发起实施（1993—1998 年）、发展建设（1998—2003 年）、深化推进（2003—2008 年）、优化提升（2008—至今）等四个阶段，逐步发展为共青团的重要品牌活动，成为动员青年认识社会、了解社会、理解社会，弘扬志愿精神和践行社会主义核心价值观的重要载体。"奉献、友爱、互助、进步"的志愿者精神已经成为当下青年乐于接受的社会文化和精神时尚。中国青年志愿者扶贫接力计划是中国青年志愿者行动的重要组成部分，而研究生支教团是其中具有代表性的项目之一。

1998 年 1 月 24 日，团中央向李岚清同志报送了《关于实施青年志愿者支教扶贫接力计划的报告》，中央领导同志对报告非常重视，胡锦涛和李岚清等领导人分别做出重要批示，李鹏同志圈阅了胡锦涛、李岚清同志的批示。中央领导同志的批示为扶贫接力计划指明了方向，极大地推动了扶贫接力计划的深化和发展。

1998 年 7 月 6 日，团中央、教育部联合下发了《关于实施青年志愿者扶贫接力计划有关政策的意见》（中青联发 [1998]28 号），明确提出"应届大学毕业生录取研究生，参加扶贫接力计划的，可保留研究生入学资格"。同年 11 月 5 日，团中央青年志愿者行动指导中心、团中央学校部联合向北京大学、清华大学、四川大学等 22 所高校团委下发了《关于做好青年志愿者扶贫接力计划研究生支教团有关工作的通知》，要求各校做好研究生支教团成员的选拔确定工作，并于 11 月底组建了 101 人的首届研究生支教团。

二、研究生支教团发展历程

1999 年 6 月，团中央与教育部联合下发了《关于做好青年志愿者扶贫接力计划支教工作的通知》（中青联发［1999］46 号），通知要求将研究生支教团作为青年学生参加扶贫接力计划的有效形式长期固定下来。同年 7 月，首批中国青年志愿者扶贫接力计划研究生支教团正式派遣，自此开启了研究生支教团支教扶贫的青春志愿接力。截至目前，研究生支教团已有 20 余年的发展历程。

（一）参与人数不断增多，服务范围不断扩大

20 年来，研究生支教团通过"志愿＋接力"的方式，从第一届 22 所高校的 101 人到第二十届的 188 所高校的 2159 人，累计选拔派遣了 18325 名志愿者到中西部地区的县乡中小学支教，同时推动校地共建，助力当地脱贫。支教服务地从最初的青海大通回族土族自治县、民和回族土族自治县、循化撒拉族自治县，甘肃榆中，宁夏西吉，河南新县，山西灵丘等 5 省（区）7 县，到 2001 年覆盖西部的全部 12 个省（区、市），发展到如今覆盖中西部 20 省 301 县，支教中小学校达 600 余所。作为共青团工作的创新之举，研究生支教团持续实施时间长、参与人数多、国家支持力度大、示范效应显著，在支教扶贫、实践育人、引领风尚等方面发挥了积极作用。

（二）与西部计划融合，聚焦扶贫攻坚、西部大开发等国家战略

从 2011 年 7 月开始，研究生支教团并入团中央、教育部、财政部、人力资源和社会保障部共同实施的"大学生志愿服务西部计划"的基础教育专项实施。研究生支教团的培训派遣、日常管理、考核评估等工作整体纳入西部计划。研究生支教团的服务地覆盖重庆、四川、贵州、云南、西藏、陕西、甘肃、青海、宁夏、新疆、内蒙古、广西等 20 个

中西部省份，新疆生产建设兵团及湖南湘西、吉林延边、湖北恩施等享受西部大开发政策的少数民族自治州。服务单位大都设在少数民族地区、贫困地区及边疆地区的基层中小学。项目坚持聚焦扶贫攻坚、西部大开发等国家战略，为优化中西部地区基础教育、创新西部基层社会治理、助推城乡区域和经济社会协调发展贡献了力量。

（三）完善体制机制，建立成熟的运行机制和管理制度

在团中央和教育部等部委的领导下，经过20年的探索和发展，研究生支教团项目建立了全国、省、市、县、高校五级项目办管理体系；形成了国家支持、部委协商、共青团承办、项目化运行的实施模式；完善了招募选拔、培训派遣、服务保障、日常管理、考核激励、跟踪培养等一整套项目化运行机制。在2011年纳入团中央等四部委实施的"大学生志愿服务西部计划"七个专项中的基础教育专项后，志愿者的资金支持和服务保障水平更是有了较大提升。

（四）投身教育教学，推动西部地区教育均等化发展

20年来，一批批志愿者积极投身基层教育教学，有力充实了西部艰苦地区的师资力量，为当地带去了较为先进的教育理念和方法，以自己的实际行动践行"扶贫必扶智"。同时，不少支教团志愿者本着为西部地区办实事、办好事的原则，积极开展调研，整合自身资源，联系、争取资助项目，积极推动校地共建，将高校资源引入服务地，为改善当地师资、设备等教育条件乃至推动当地经济发展做出了应有的贡献。

（五）强化实践育人，强化培养担当民族复兴大任的时代新人的政治引领作用

20年来，研究生支教团始终坚持"用一年不长的时间，做一件终生难忘的事"，扎根支教地教书育人，积极探索扶贫扶志工作路径。

第一篇
四川大学研究生支教团二十年发展概述
2011 2018 20
2010 2015 201
7003 2019 202
2009 2005
2013 1999

作为志愿精神的传播者、弘扬者，支教青年志愿者同时也是志愿精神育人的践行者、受益者。支教过程中，支教团志愿者长时间、近距离地在中西部贫困地区感受国情民情社情，意志品格、能力才干不断锤炼增长，世界观、人生观、价值观不断得到端正与升华。在此基础上，志愿者们通过社会观察和思考思辨，普遍对坚定跟党走中国特色社会主义道路有了更多理性认同，实现了自我教育、自我成长、自我提升，为将来成长为坚定的青年马克思主义者奠定了良好的实践基础。

（六）聚焦价值引领，为更多的青少年弘扬志愿精神提供榜样力量

支教志愿者们不求回报，不计个人得失，扎根偏远困难地区，发扬友爱互助精神，跨越地域差异、贫富差异、文化差异，投入支教扶贫工作，为推动中西部贫困地区基础教育发展进步做出了积极的贡献。在支教服务地，志愿者们接力传递志愿精神，在当地孩子们心中播下一颗颗志愿服务的种子。在高校，支教团已成为高校思想政治工作的重要载体。在全社会，支教团作为中国青年志愿者行动的品牌项目和示范项目，传递着青春正能量，推动社会主义核心价值观在全社会传播。社会上也涌现出越来越多的支教项目、支教组织和支教志愿者。研究生支教团项目在引导和动员更多高校学生通过接力支教走进基层，弘扬"奉献、友爱、互助、进步"的志愿精神，践行社会主义核心价值观方面，起到了越来越重要的作用。

第二节　四川大学研究生支教团工作概况

一、四川大学研究生支教团成立背景

1999年，团中央、教育部启动"中国青年志愿者扶贫接力计划研究生支教团项目"，四川大学作为全国首批参加高校之一，积极响应

国家号召，深入贯彻科学发展观，积极落实国家"科教兴国"和"西部大开发"战略，充分发挥学校青年人才优势，遵循"公平、公正、公开"的原则，按照"公开招募、自愿报名、择优录取"的机制，通过资格审查、专家组综合考评、答辩等流程，在全校范围内选拔了程峰、周晶、梁海燕、郭瑞敏4名优秀应届本科毕业生于同年8月分别赴青海循化、宁夏西吉、河南新县、甘肃榆中开展支教扶贫工作，这也标志着四川大学研究生支教团（简称川大研究生支教团）的成立。此后，四川大学研究生支教团的成员从第一届的4人发展至第二十届的21人，并且支教服务地从第十五届开始固定为四川省凉山彝族自治州昭觉县、美姑县、甘洛县，20年来共派遣225名志愿者到我国西部贫困地区开展志愿服务工作。

长期以来，四川大学高度重视研究生支教团工作，持续加强对支教团成员的培训培养，制订详细的培养计划，每年通过开展岗前、中期培训，不断提升支教团成员的教育教学能力、语言表达能力、环境适应能力以及团队协作能力。校领导也多次赴支教服务地调研指导支教团工作，关心关爱支教团成员生活与成长，不断激励他们增强奉献精神和社会责任感，更加出色地完成支教任务。

二、四川大学研究生支教团工作模式

20年来，四川大学研究生支教团扎根西部民族深度贫困地区，经过长期的实践，探索总结出以教育教学为中心，结合彝族地区特点开展创新创业，坚持扶贫与扶智、扶志相结合的"一教双创三扶"教育扶贫志愿服务"川大模式"，为凉山地区基础教育及经济社会发展做出了积极贡献。

（一）一教——以教育教学为中心

四川大学研究生支教团始终坚持以教育教学为中心，紧抓教学一线，立足学生需求，创新教学模式，通过"教、辅、访"三位一体的教学方法，不断提高教学质量。一是支教团志愿者秉承"育人为本、关爱并举、帮扶学生成长"的理念，在任课的同时积极担任支教地学校的班主任，教学管理一手抓，所教班级平均成绩多次位列年级第一。二是支教团志愿者针对当地学生普遍存在的学习基础薄弱、少数民族地区语言沟通障碍等问题，利用周末课余时间为学生义务辅导功课，帮助学生们更好地理解课堂内容，志愿者人均每年开展560余课时的课后辅导。三是支教团志愿者为进一步了解学生们的家庭情况和生活情况，利用课余时间前往学生家里进行走访调研，做到有的放矢、因材施教。20年来，支教团累计授课15余万课时，覆盖学生超过6万人次，所教班级平均成绩多次位于年级前列，获得了当地政府、学校的高度认可。

（二）双创——结合彝区特点开展创新创业

四川大学研究生支教团协同川大校内创业团队，通过走访调研精准掌握创业就业需求，充分发挥校地之间的桥梁纽带作用，带动当地经济社会的发展。积极做好双创政策的宣传，培养职业中学学生创新创业意识，引导学生做好个人的职业生涯规划。依托四川大学"双创"平台，成立四川大学—甘洛"青年创客空间"，大力吸引四川大学创新创业学生团队，结合甘洛县区域特色，发挥学科专业优势，促进地方产业提档升级，以创业带动就业，帮助贫困户就业增收，赢得了当地政府和群众的一致认可。

（三）三扶——扶贫、扶志、扶智三项并举

四川大学研究生支教团坚持扶贫、扶志、扶智相结合，充分发挥自身优势，组织开展了大量文体艺术、交流研学等活动，并发掘和吸引社会资源开展了捐资助学等一系列扶贫助学活动。

一是做教育扶贫的排头兵。在高质量完成一线教学任务之余，四川大学研究生支教团连接社会公益力量和支教服务地实际需求，为服务地争取社会爱心人士、企业援助，开展了"情暖彝乡，爱汇凉山"暖冬行动、"索玛花儿"扶贫助学计划，建立了"百川图书角"，并不断捐建各类教育基础设施，帮助彝乡贫困学子实现求学梦想，极大地丰富了彝族学生的课余生活。

二是做学生立志的引路人。为引导当地学生坚定理想信念，四川大学研究生支教团利用重要时间节点组织开展主题学习活动，实施"雏鹰成长"计划，发起"青鸟"笔友活动，先后设立了"自强之星""雏鹰""耕海""不谢""一厘米温暖"等各类奖学金，以点带面地促进和激励彝族学生们奋发图强、刻苦学习，不仅开阔了彝族学生们的视野，激励他们努力学习，更让他们树立了"用知识改变命运、改变家乡"的坚定信念。

三是做学生益智的推动者。针对凉山地区生活贫苦、外出务工人员众多、留守儿童在关爱和监管方面缺失的情况，四川大学研究生支教团发起了"彩虹知语堂"精品项目，采用"综合素质＋学科提升"的教学模式，在校园里构建学生综合素质提升的培养平台，成立兴趣社团，在丰富学生们校园生活的同时，给学生们提供了充分展示自己、提升自我的舞台，不断提高当地学生的综合素质，培养他们的创新精神和实践能力。

三、四川大学研究生支教团取得的成果

长期以来，四川大学秉持"扎基层、受教育，做贡献、长才干"的理念，鼓励和支持青年学生在服务人民、奉献祖国中书写自己精彩的人生，勇做走在时代前列的奋进者、开拓者、奉献者，为民族复兴铺路架桥、为祖国建设添砖加瓦。在 20 年的支教志愿服务工作中，四川大学研究生支教团的成员们始终坚持"奉献、友爱、互助、进步"的志愿者精神，以"胸怀祖国、服务人民"的要求和实际行动履行志愿者诺言，积极开展教学、扶贫助学、校园文化建设、青年思想引领等各项工作，不仅提高了当地学生的学习生活水平，改善了他们的日常生活条件，还促进了当地基础教育和经济社会文化的发展，为凉山地区打好脱贫攻坚战、推动可持续发展做出了重要贡献。

（一）育人成效

首先，四川大学研究生支教团始终把当一名好老师作为首要职责。支教志愿者们奋战在教学一线，锤炼业务，倾力付出，支持祖国西部基层教育发展，并通过整合各类资源，结合服务地特点和实际情况，根据服务学生、服务学校、服务社会三个层面的目标，创新工作形式，通过创立"川大梦想班"、实施"雏鹰"成长计划等方式，力求更精准更有效地助力西部地区教育的发展。

其次，四川大学研究生支教团已成为厚植爱国主义情怀的重要载体。我国的国情是非常复杂的，地区差距、城乡差距仍比较突出，我们仍在为打赢脱贫攻坚的战役进行冲刺。四川大学将参与研究生支教团作为开展国情教育的重要机会，鼓励志愿者在完成支教任务的同时，深入当地，实践调研，了解国情民情，"到人民群众中去"，尽己所能帮助当地人民群众。同时学校引导支教团成员在认识复杂社会的过程中培养和人民群众的深厚感情，树立认识问题的群众观点，以"爱国奉献、追求卓越"为指引，让爱国主义精神在学生心中牢牢扎根，立志听党话、跟党走，立志扎根人民、奉献国家。

最后，将四川大学研究生支教团作为人才培养的重要平台。学校党委长期关心研究生支教团成员的成长发展。校领导定期走访支教服务地，关心志愿者的工作和生活，并指导校团委将研究生支教团队伍作为人才培养的重要示范。据统计，超过半数的支教团同学在返校入学后担任团学干部或兼职辅导员等职务，持续在学校一线服务岗位奉献自己的青春力量；多数研究生支教团志愿者在毕业后或选择投身基层，或从事国家科工重点行业，或坚守在学生工作的一线岗位。他们用自己的选择和行动诠释着当代青年的责任与担当，体现了支教团的育人成效。

（二）获奖及被报道情况

四川大学研究生支教团自成立以来，先后荣获"全国五四红旗团支部""第十九届四川五四青年奖章""四川省五四红旗团支部"等荣誉称号，并涌现出了"第十一届中国青年志愿者优秀个人奖"曹礼勇、2019年"全国向上向善好青年"罗杰等一大批优秀志愿者。

四川大学研究生支教团所开展的典型工作多次受到人民日报、新华网、中国教育报、中国青年报、中国文明网、中国青年网、四川日报、四川在线、四川大学新闻网、青春川大等各级各类媒体的报道。截至2020年，共受到国家级、省级等县级以上媒体公开报道51次，其中，受到人民日报、教育部、中国青年报、人民网、中国青年网、网易、新浪、搜狐等国家级报刊、媒体、门户网站报道34次。2017年5月4日，中央电视台新闻频道更是在黄金时段以"奋斗的青春更美丽"为题，报道四川大学研究生支教团工作。

第 篇

四川大学研究生支教团二十年发展概述

2011 2018 200
2010 2015 2016
2003 2019 2020
2009 2005
2008
2013 19992

在团中央、教育部举办的研究生支教团实施20周年报告会做工作汇报

2017年获得全国五四红旗团支部荣誉称号

国务院新闻办公室报道四川大学研究生支教团事迹

中央电视台报道四川大学研究生支教团事迹

　　未来，四川大学将围绕立德树人根本任务，深化育人实效，进一步加强资源匹配，支持支教团成员长期发展，将立德树人贯穿支教团成员的全过程培养，引导志愿者同学们"立大志、入主流、上大舞台、成大事业"。

第 篇
2011 2018 20
2010 2015 20
2003 2019 20.
2009 2005
2008
2013 1992
四川大学研究生支教团二十年发展概述

第二章　四川大学研究生支教团优秀项目开展记录

第一节　"情暖彝乡，爱汇凉山"暖冬行动

一、项目背景及意义

（一）项目背景

四川大学研究生支教团服务所在地凉山彝族自治州昭觉县、甘洛县、美姑县均属于高海拔山区，地缘环境恶劣，加之历史原因，导致辖区内部分人民收入微薄，生活贫困。受限于家庭条件，学生们身着衣服都很破旧。即使到了冬天，学生们仍衣着单薄，更没有手套、围巾等防寒物品，还有的孩子穿破洞衣服和鞋子上学，身上都有多处冻伤，但仍然蜷缩在教室里上课，忍受着同龄孩子难以忍受的寒冷，面对孩子们生活上的困难，四川大学研究生支教团在做好支教工作的同时，发起了"情暖彝乡，爱汇凉山"暖冬计划，首先从昭觉县开始，后扩展至甘洛县、美姑县，通过各种平台向社会各界发出倡议，募集棉被、衣物等过冬物资，给孩子们一个温暖的冬天。

（二）项目意义

"情暖彝乡，爱汇凉山"暖冬计划在为教育精准扶贫贡献各方力量的同时，也为偏远地区的孩子种下了更多的爱与梦想。一件衣物送出一份温暖，一颗爱心带来一份力量。一件件冬衣，不仅给孩子们带来了一个温暖的冬天，更重要的是送去了来自社会各界的关爱和力量，给他们幼小的心灵注入了温暖和希望。

二、项目开展形式

（一）项目发起时间

四川大学研究生支教团发起的"情暖彝乡，爱汇凉山"暖冬计划2003年启动，是四川大学研究生支教团持续时间最长、影响最深远的特色项目之一。

（二）项目组织

"情暖彝乡，爱汇凉山"暖冬计划由共青团四川大学委员会，共青团四川省凉山彝族自治州昭觉县、甘洛县、美姑县委员会和四川大学研究生支教团联合发起，所有活动均在昭觉、甘洛、美姑团县委的指导下，由当届四川大学研究生支教团组织、策划。四川大学研究生支教团每届成员均认真对待每一次捐助、每一次活动，并保证整个暖冬计划活动过程的公开透明。为保证每次捐助物资落到实处，支教团在收到物资、整理发放物资的过程中通过拍照、列清单、做笔记等方式做详细记录并及时真实反馈给捐助者。此外，四川大学研究生支教团还定期或在每次活动结束后开具物资捐赠证明，公开物资使用详情、资金明细及活动细节并及时做活动总结，保证暖冬计划顺利、有效地持续开展。

（三）项目受益对象

为了让孩子们能够在寒冷的冬天感受到来自社会各界的温暖，暖冬计划主要以乡村小学学生或贫困村村民为捐助对象，受助对象普遍情况为：（1）受助学校位于四川省凉山彝族自治州昭觉县（后扩展为昭觉县、甘洛县、美姑县）辖区内的偏远乡村或高海拔乡村；（2）受助学生全部为农村孩子，他们热爱学习但生活困难。为保证捐助物资给到最需要的人，实现精准帮扶，暖冬计划每次活动的捐助对象都由县团委带领支教团成员经实地考察，挑选出最需要捐助的乡村小学予

第一篇
四川大学研究生支教团二十年发展概述
2011 2018
2010 2015
2019 20
2009 2005
1999

以确定。为了保证所捐物资落到实处，四川大学研究生支教团要求受助对象最大限度地利用捐助物资，受助学校有义务改善学生学习状况、提高教学质量，受助学生有义务刻苦学习、改善生活。

（四）项目捐助人

暖冬计划的捐助人是四川大学研究生支教团通过各种平台向社会号召征集的，捐助人为个人或组织。组织包括企业、爱心组织及各社会团体等。捐助人有权对暖冬计划整个活动过程进行监督，可以提出意见和建议，并有权质询。捐助人的捐助可以附条件，条件应考虑当地状况并符合社会公序良俗。此外，为尊重当地民族文化习俗，支教团接收的暖冬衣物主要为全新的棉被、棉衣、棉裤、毛衣、毛裤、羽绒服、棉鞋、围巾、手套、保温杯等御寒物品。旧衣物必须是8成新以上，仅限棉衣棉裤以及羽绒服；支教团也接受书籍、文具、体育用品等学习相关用品的捐赠。

三、精品活动汇编

（一）四川大学第十三届支教团"温暖传递行动"爱心物资发放仪式

2011年12月7日，"温暖传递行动"第一站走进树坪乡中心校，在这里送温暖、传爱心。支教团向中心校全校155名学生发放了过冬衣裤400余件。

第十三届支教团"温暖传递行动"爱心物资发放仪式

（二）四川大学第十四届支教团暖冬物资发放仪式

2013年4月10日，四川大学第十四届研究生支教团来到则普乡哈洛伍基点小学。该小学位于大山深处，全校三个年级共4个班（一年级两个班），共计136名学生，学生全部来自农村，家庭贫困，急需冬衣、文具等物资。此次走进则普乡哈洛伍基点小学，共计发放衣物18箱（袋），总计发放400余件物品。

第十四届支教团暖冬物资发放仪式

（三）四川大学第十五届支教团古曲村小爱心物资发放仪式

2013年11月2日，四川大学研究生支教团走进昭觉县古曲村小，为孩子们带去了文具、图书和部分冬衣棉被。

昭觉县新城镇古曲村，位于县城西最偏远的高山上。由于古曲村身处大山，交通不便，居民长期以种植土豆、荞麦为主，而高山上由于受气候条件的限制，农作物产量低，村民仅能解决温饱问题。因此，到了冬天，学生都没有比较厚实的衣服，手脚经常都被冻紫甚至长冻疮。学校离县城较远，学生购买文具用品也非常不便。

第　篇
四川大学研究生支教团二十年发展概述
2011 2018 200
2010 2015 201
2003 2019 202
2009 2005
1999 20

了解到古曲村小的实际情况后，四川大学研究生支教团成员通过网络宣传等途径，获得了社会各界的关注和支持。此次发放的爱心物资由中国人寿保险公司上海市分公司捐赠，包括：铅笔576支；中性笔96支，卷笔刀2盒，橡皮80块，尺子49套，彩笔50盒，本子160本，手套48双，耳套48副，文具盒48个，图书50本，衣服被子若干。

第十五届支教团昭觉县古曲村小爱心物资发放仪式

（四）四川大学第十六届支教团赴俄尔古曲村发放过冬物资

2014年12月4日，四川大学研究生支教团将一批过冬物资带到昭觉县俄尔古曲村进行了发放。俄尔古曲村位于四川省凉山彝族自治州昭觉县新城镇，海拔3000多米，距县城12公里。道路崎岖泥泞，村民居住分散，多以种植土豆、荞麦以及养殖山羊为生。俄尔古曲村小学条件艰苦，仅有一间教室，一位老师，20名学生，学校教学设施缺乏，教学条件差，加之其艰苦的地理、经济环境，学生上课和老师教学都实为不易。

青春绽放
索玛花
QINGCHUN ZHANFANG SUOMAHUA
——四川大学研究生支教团工作实践与探索

第十六届支教团赴昭觉县俄尔古曲村发放过冬物资

（五）"情暖彝乡，爱汇昭觉"四川大学 2016 暖冬计划启动仪式

2016 年 11 月，时值凉山彝族自治州"彝族年"之际，四川大学第十八届研究生支教团积极联系四川大学团委、昭觉县团委发起了"情暖彝乡，爱汇昭觉"四川大学 2016 暖冬计划，为昭觉县 7 个贫困乡镇学校的寄宿制学生送去了一份温暖的"新年礼物"。本次共为甘多洛古乡、特口甲谷乡、支尔莫乡、且莫乡等 7 个乡镇中心校发放棉被380 床及床上用品三件套 380 套，价值 3.9 万元。

支教团 2016 年暖冬计划启动仪式

第一篇
四川大学研究生支教团二十年发展概述
2011 2018 20
2010 201520
2003 2019 202
2009 2005
2008
2013 19992

（六）"情暖彝乡，爱汇昭觉"四川大学 2017—2018 年度暖冬计划启动仪式

2017 年 10 月 16 日，四川大学第十九届研究生支教团为昭觉县 6 所贫困乡镇学校的寄宿制学生带来一份温暖的礼物，并于特口甲谷乡中心校举行"情暖彝乡，爱汇昭觉"四川大学 2017—2018 年度暖冬计划启动仪式。参加此次启动仪式的有团县委办公室主任阿尔阿依、团县委勒勒阿沙、四川大学第十九届研究生支教团成员。本次共为特口甲谷乡中心校、齿可波西乡中心校、且莫乡中心小学、央摩租乡中心小学、四开希望学校、柳且乡中心小学共发放550套床上用品五件套（棉絮、床单、被罩、枕芯、枕套），价值 5.8 万元。

支教团 2017—2018 年度暖冬计划启动仪式

（七）四川大学第十九届支教团开展暖冬计划为昭觉孩子送新年礼物

2017 年 11 月 14 日，四川大学第十九届研究生支教团在凉山彝族自治州昭觉县金曲乡中心校举行暖冬计划捐赠仪式。金曲乡中心校位于昭觉县西部，坐落在距离县城47公里，平均海拔2700多米的地方。

该校有 256 名学生（其中幼儿园 38 名，学前班 52 名），17 名教师（其中 8 名为幼儿辅导员）。由于地处贫困山区又是山区高寒地带，学校面临宿舍床位和床上用品不足的情况。在彝族新年即将来临之际，四川大学第十九届研究生支教团为金曲乡中心校的 256 名学生送来了一份"新年礼物"，捐赠床上用品五件套（棉絮、床单、被罩、枕芯、枕套）100 套、棉衣 251 件、学习用具及体育器材若干，总价值 3 万余元。

第十九届支教团在昭觉县金曲乡中心校举行暖冬计划捐赠仪式

（八）四川大学第二十届支教团开展暖冬计划

则普安兴希望小学位于四川省凉山州昭觉县则普乡。由于学校位于大山深处，海拔较高，11 月份入冬以来昭觉的天气格外寒冷，而学生们大多因家庭贫困，在寒冷的冬季仍只穿着一件单薄的衣服。为了让孩子们度过一个温暖的冬天，四川大学第二十届研究生支教团发起了"情暖彝乡，爱汇昭觉"2018—2019 年度暖冬计划。2018 年 11 月 14 日，四川大学第二十届支教团成员来到则普安兴希望小学，捐赠 228 套羽绒服和 228 套保暖内衣。

第一篇
四川大学研究生支教团二十年发展概述
2011 2018 200
2010 20152016
2003 2019 2020
2008 2009 2005 20
2013 1999 20

第二十届支教团发起"爱汇彝乡，情暖昭觉"2018—2019 年度暖冬计划

（九）四川大学第二十届支教团情暖美姑牛牛坝中心小学校

2018 年 11 月 17 日，四川大学研究生支教团美姑分团部分成员到达美姑县牛牛坝乡中心小学校，为 61 位学生发放暖冬物资。川大研究生支教团通过前期宣传与联络，在社会爱心人士的帮助下为每一位受助学生征集到了棉服、保暖内衣、鞋子、帽子、围脖、手套等过冬物资，给学生们送去了冬日的温暖。本次发放活动充分体现了社会各界对偏远山区的关心和帮助，进一步传递着爱心和希望，在为教育精准扶贫贡献各方力量的同时，也为偏远地区的孩子种下了更多的爱与梦想。

第二十届支教团在美姑县牛牛坝乡中心小学校发放暖冬物资

（十）第二十届支教团在甘洛县尼尔觉乡牛吾村完小发放暖冬物资

　　2019年1月，四川大学研究生支教团甘洛分团联合共青团甘洛县委"走基层，送温暖"活动，一同走进甘洛县尼尔觉乡牛吾村完小，并为该校210名学生带来暖冬物资。本次暖冬物资包含羽绒服210套，总价值达4万余元。

第二十届支教团在甘洛县尼尔觉乡牛吾村完小发放暖冬物资

（十一）暖冬计划精彩照片汇总

第六届支教团开展"爱心下彝乡"
捐赠暖冬物资活动

第十二届支教团在昭觉县四开中心校
开展"汇爱暖冬"冬衣捐赠活动

第 篇

四川大学研究生支教团二十年发展概述

2011 2018 2001
2010 2015 2016 2
2003 2019 2020
2009 2005 20
2008 2013 1999 200
20

第十四届支教团在昭觉县古曲村小学
发放爱心物资

第十五届支教团在昭觉县树坪乡中心校发放
雨衣雨鞋

第十九届支教团为美姑县牛牛坝小学
捐赠冬衣

第二十届支教团在昭觉县洒拉地坡乡上游小学
发放捐赠的冬衣

四、项目开展成果

　　自 1999 年以来，四川大学研究生支教团扎根凉山开展教育扶贫工作，由于服务地均位于高海拔地区，且经济发展水平相对落后，在了解到当地仍有大量的山区学生因为无法购置衣物而饱受寒冷之苦这一情况后，支教团成员决定积极行动起来，开展"情暖彝乡，爱汇凉山"暖冬计划活动。由四川大学研究生支教团成员借助下乡调研的机会，了解学校的教学，学生的学习、生活情况，并发现存在的问题及困难，并以此为契机通过支教团平台向社会各界发出倡议，募集冬衣、手套、

水杯等用品，为生活在高海拔线上的乡镇学生送去冬季的温暖。20年来，川大研究生支教团通过各种平台向社会各界发出倡议，募集各类过冬物资，累计募集物资估值近600万元，所募集物资为凉山贫困学子提供生活物资保障，有效帮助贫困学生解决冬季的保暖问题，同时通过捐赠链接社会爱心力量与贫困学生，给予贫困学生关心关爱、精神关怀，为学生完成学业提供物质精神双支持。

如今，川大研究生支教团"暖冬计划"已形成正面模范宣传作用，带动越来越多的高校研究生支教团开展有关行动，引领越来越多的爱心人士、企业参与其中，形成了更广更大的活动效应，覆盖了越来越多的困难学生和地区。未来，川大研究生支教团也会将暖冬计划不断开展下去，将温暖送到所有需要帮助的优秀学子手中。

第二节　"索玛花儿"扶贫助学计划

一、项目背景及意义

（一）项目背景

四川省凉山彝族自治州位于中国西南的崇山峻岭之中，是中国最大的彝族聚居区。由于四川大学研究生支教团服务的昭觉、甘洛、美姑三个县均地处高寒山区，地缘条件恶劣，加上交通不便，经济社会发展相对落后，当地大多数居民生活贫困，加之每个家庭子女人数较多，教育负担更是十分沉重。为充分保障服务地彝族学生受教育权利，进一步减轻困难学生的家庭教育负担，四川大学研究生支教团于2009年9月正式启动了"索玛花儿"扶贫助学计划。

（二）项目意义

"索玛花儿"扶贫助学计划是由四川大学研究生支教团针对支教

地区当地特殊贫困条件而倡导发起的一项彝族地区扶贫助学公益活动，旨在搭建社会各界爱心人士扶助彝族贫困青年学子成长成才的有效平台。通过"索玛花儿"扶贫接力计划直接引入资金和物资，以助学款为主要形式，对品学兼优的贫困学生进行资助。本着"扶贫为先，关爱并举，帮扶学生成长为最终目标"的原则，项目不单纯是资助者对被帮扶学生进行经济资助，还为他们搭建各种形式的一对一交流平台，让资助项目更加公开透明，同时也给学生们带来心灵成长的陪伴。

二、项目开展形式

（一）项目发起时间

四川大学研究生支教团于 2009 年 9 月正式启动"索玛花儿"扶贫助学计划，联系社会爱心人士一对一资助彝区贫困学子，同时捐赠相应的学习用具，帮助品学兼优、家境贫寒的彝乡学子完成学业，实现梦想，是四川大学研究生支教团持续时间最长、影响最深远的品牌项目之一。

（二）项目组织

"索玛花儿"扶贫助学计划由共青团四川大学委员会，共青团四川省凉山彝族自治州昭觉县、甘洛县、美姑县委员会和四川大学研究生支教团联合发起，所有活动均在昭觉、甘洛、美姑团县委的指导下，由当届四川大学研究生支教团组织、策划。

（三）项目受益对象

存在以下情况的学生将被纳入"索玛花儿"扶贫助学计划：（1）单孤或双孤家庭；（2）家庭收入由父母务农提供，生活条件很差；（3）父母在外打工，由爷爷奶奶照顾的留守儿童；（4）家中父母、老人身体患病较多，需长期提供医疗费并负担生活费；（5）家庭年收入低，家庭子女多，每学期生活费、学杂费无法负担，被迫辍学在家或在外打工。

（四）项目捐助人

"索玛花儿"扶贫助学计划的捐助人是四川大学研究生支教团通过各种平台向社会号召征集的，捐助人为个人或组织。组织包括企业、爱心组织及各社会团体等。捐助人有权对扶贫助学计划的整个过程进行监督，可以提出意见和建议，并有权质询。

（五）项目开展流程

（1）支教团成员通过学校教务、班主任、科任老师了解学生学习情况（各科成绩）、家庭情况（单孤、双孤、子女人数、家庭收入、留守儿童等），确定受助对象；（2）学生填写《"索玛花儿"扶贫助学计划申请表》，学校核实申请表内容真实性；（3）统计学生在校期间所需缴纳的费用（教材费、教辅费、生活费、交通费等）；（4）支教团公共平台发布"困难学生"信息，社会爱心人士、组织联系支教团，了解学生详细情况，选择受资助的学生及助学金额；（5）确定资助人后，统计资助人基本信息，完成"索玛花儿"长期资助结对；（6）资助人于每学期开学前打款至支教团公共账户；（7）由支教团将助学款交予受助学生，并告知学生班主任及家长，监督助学款的合理使用；（8）学生填写《"索玛花儿"扶贫助学计划资助证明》，加盖相应公章（受助学生所在学校、团县委），以图片或扫描件的形式反馈给资助人；（9）建立"资助人—受助学生"信息档案，征求学生、资助人意见，建立双方电话、书信、视频的长期联系。

三、精品活动汇编

（一）树坪乡中心校爱心助学资金（物资）发放仪式

第一篇

四川大学研究生支教团二十年发展概述

2011 2018 200
2010 2015 201
2003 2019 202
2007 2009 2005 2
2008
2013 1999 20

2012 年 5 月 4 日，"索玛花儿"扶贫助学计划爱心助学资金（物资）发放活动走进昭觉县树坪乡中心校，在这里送爱心，送真情。支教团向学校受到一对一资助的 35 名学生发放了资助人捐助的爱心助学款项以及爱心物资。其中，包括运动鞋、书包、文具盒、多功能台灯、笔记本、圆珠笔、铅笔、橡皮等在内的多种文体用品达 400 余件。

第十三届支教团在昭觉县树坪乡中心校发放助学款和爱心物资

（二）从心出发，让爱的阳光像索玛花儿一样绽放——信邦三岔河希望小学、瓦西希望小学助学款发放仪式

2013 年 9 月 17 日，"索玛花儿"扶贫助学计划走进了昭觉县信邦三岔河希望小学。支教团共为信邦三岔河希望小学的 100 余名学生和瓦西希望小学的 30 余名学生发放了助学款和爱心物资。

第十五届支教团在信邦三岔河希望小学、瓦西希望小学发放助学款和爱心物资

（三）2016—2017年"索玛花儿"扶贫助学计划总结大会

2017年4月13日，四川大学研究生支教团在昭觉县民族重点寄宿制小学举办"四川大学研究生支教团2016—2017年'索玛花儿'扶贫助学计划总结大会"，回顾在该项工作中付出的努力和取得的成绩，并发放当年度资助款。据统计，2016—2017年，四川大学支教团共汇集爱心款31万余元，为260余名贫困学子解决了读书的后顾之忧。

活动中，昭觉县教育局党组成员吉克拉体、团县委书记阿七伍甲也分别发言，他们提到，四川大学持续多年的支教服务工作为昭觉各项事业的发展和进步发挥了积极作用。希望继续与四川大学保持紧密联系，在教学方法创新、教育理念提升、素质教育发展、教学软硬件提升等各方面保持积极合作，以研究生支教团为桥梁，用先进的技术和思想助力昭觉的教育改革事业。

2016—2017年"索玛花儿"扶贫助学计划总结大会活动现场

第　篇
四川大学研究生支教团二十年发展概述

2011　2018　20
2010　201520
2003　2019　202
2009　2005
2008
2013　19992

受助学校代表领取资助款 31 万余元

受助学生代表与在场嘉宾、教师合影留念

（四）2017—2018 年"索玛花儿"扶贫助学计划总结大会

2018 年 6 月 20 日，四川大学研究生支教团在昭觉县工农兵小学举办"四川大学研究生支教团 2017—2018'索玛花儿'扶贫助学计划总结大会"。据统计，2017—2018 年，四川大学支教团共汇集爱心款63.92 万元，为服务地凉山三个县的 518 名贫困学子解决了读书的后顾之忧。来自 12 所受助学校的领导以及受助学生代表参加了本次总结大会。昭觉县教育局俄木拉尔老师在讲话中肯定了川大研究生支教团持续多年的支教服务工作为凉山地区各项事业的发展进步发挥的积极

作用，并勉励受助学生心存感恩，把社会的爱心转化为进步的动力，
用优异的成绩报答父母和回馈社会爱心。

总结大会现场

受助学校代表领取资助款

受助学生代表与在场嘉宾、老师合影留念

第 篇
2011 2018 20
12 2010 201520
2003 2019 20
四川大学研究生支教团二十年发展概述 2009 2005
2008
2013 19992

（五）"索玛花儿"扶贫助学计划精彩照片汇总

第七届支教团在昭觉县田窝坝银鹰希望小学发放"索玛花儿"助学物资

第十一届支教团在昭觉县发放"索玛花儿"助学物资

第十三届支教团在昭觉县古曲村小发放"索玛花儿"助学物资

第十四届支教团在昭觉县则普乡哈洛伍基点校发放"索玛花儿"助学物资

第十五届支教团在昭觉县树坪乡中心校发放"索玛花儿"助学物资

第十七届支教团为甘洛职中"川大梦想班"发放"索玛花儿"助学金

第 篇
四川大学研究生支教团二十年发展概述

2011 2018 20
12 2010 2015 20
2003 2019 202
2009 2005
19992

第十八届支教团在甘洛职中发放"索玛花儿"助学金

第二十届支教团在昭觉民小发放"索玛花儿"助学金

四、项目开展成果

自 2009 年 9 月"索玛花儿"扶贫助学计划正式启动以来，四川大学研究生支教团在高质量完成一线教学任务之余，积极开展家访、调研工作，了解学生学习、生活、家庭状况，确定受助名单，积极联系社会爱心人士一对一资助品学兼优、家境贫寒的彝乡学子，实现精准帮扶。川大研究生支教团努力做到不让学生因为经济压力失学，为凉

山地区控辍保学工作做出了突出贡献，截至第二十届研究生支教团，共募集助学款 300 余万元，帮助 2680 余名凉山学子继续学业，同时捐赠相应的学习用具，帮助品学兼优、家境贫寒的彝乡学子实现求学梦想。除物质帮助以外，项目还为资助者和被帮扶学生搭建各种形式的一对一交流平台，资助者通过结对形式与被帮扶学生保持长期联系，形成双向联络反馈机制，既为学生带去更多关心关怀，为学生完成学业提供精神支持，又能使资金去向更透明，让资助者长期追踪受助学生学习生活情况，良好的反馈能够让资助者继续葆有公益志愿的热情。

第三节 "彩虹知语堂"第二课堂系列活动

一、项目背景及意义

（一）项目背景

四川省凉山彝族自治州位于中国西南的崇山峻岭之中，是中国最大的彝族聚居区。由于支教团服务的昭觉、甘洛、美姑三个县均地处高寒山区，地缘条件恶劣，加上交通不便，经济社会发展相对落后，当地大多数居民生活贫困，教育资源十分匮乏，学生的综合素质亟待提高。而课堂之外的第二大育人载体——"第二课堂"源于教材又不限于教材，形式生动活泼、丰富多彩，是实施素质教育的重要途径和有效方式。针对这一情况，为了全面提高学生综合素质，开阔学生视野，引导学生更好地适应社会，四川大学研究生支教团联合当地学校，联系社会多方力量，于 2011 年发起了"彩虹知语堂"第二课堂系列活动。为服务地学生策划、组织、开展了文化、艺术、体育、科技等如彩虹般内容多彩、形式多样的系列活动。

第一篇

四川大学研究生支教团二十年发展概述

2011 2018 200
2002 12 2010 2015 201
2003 4 2019 202
2009 2005 2
2008
2013 1999 20

（二）项目意义

针对支教服务地人民生活贫苦、外出务工人员众多、留守儿童在关爱和监管方面缺失等情况，为提高支教服务地学生的综合素质，培养其创新精神和实践能力，进一步丰富和完善第二课堂课程设置和组织工作，川大研究生支教团开展了"彩虹知语堂"第二课堂系列活动。其类型涵盖思想政治教育类、社会志愿服务类、文化体验交流类和体育兴趣活动类等，在给彝族学生讲授课外知识的同时，丰富他们的课余生活，并为他们带去关爱和温暖。

二、项目开展形式

（一）系列主题教育活动

主题教育活动是引导学生坚定理想信念、培养高尚品德的重要载体。为了进一步加强主题教育的针对性和实效性，四川大学研究生支教团针对实际情况，联合当地学校确定了开展主题教育的指导思想，充分立足自身优势，因地制宜地创新活动形式，围绕"初心系列"——引领思想理论学习，"担当系列"——树立社会责任意识，"红色系列"——打造革命精神教育，"服务系列"——弘扬志愿服务精神等"四个系列"打造主题教育特色活动。

（二）"悦读人生"图书阅读系列活动

书籍是人类进步的阶梯，一本课外书能打开人的视野，而读书也是山区孩子走出大山、了解世界和改变命运的重要途径。支教服务地的学生由于经济条件落后，课外书籍相对匮乏。为了丰富孩子们的课余文化生活，培养他们的阅读兴趣和阅读习惯，四川大学研究生支教团于2016年发起了"百川"图书角援建计划，"百川"取自川大校训"海纳百川，有容乃大"，也寓意每一份爱心都是一条小小的河流，

共同汇成知识的海洋，为少年筑梦。同时依托"百川"图书角，开展"悦读人生"图书阅读活动，鼓励学生享受读书的乐趣，养成爱读书、会读书、勤思考、善表达的良好习惯，提高彝族学子的阅读水平和学习能力。

（三）"青鸟"笔友书信交流活动

四川大学研究生支教团于2017年联合校内公益社团、学生党支部、班级团支部共同发起"青鸟"笔友书信交流活动，通过搭建彝乡山区孩子同四川大学学生长期的一对一结对书信联系，在提高学生汉语写作能力的同时帮助他们开阔视野。笔友活动取名为"青鸟"，源自"蓬山此去无多路，青鸟殷勤为探看"，寓意希望这一活动形式能够像青鸟信使一样让山里的学生更多地了解山外的世界，同时也希望孩子们能放飞他们梦想的青鸟，实现更好的成长。

三、精品活动汇编

（一）彩虹知语堂精品项目

1. 甘洛县职业技术学校第二届"校园十佳歌手"大赛

2017年11月18日，第十九届研究生支教团联合甘洛县职业技术学校召开了第二届"校园十佳歌手"大赛。本次"校园十佳歌手"大赛历时近两个月，分为预赛、复赛、决赛三个阶段。在丰富学生校园文化生活的同时，也给学生创造了一个展示自我、张扬个性、发挥特长的平台，进一步健全、完善、发展了学生兴趣类社团。

本次活动由川大研究生支教团负责策划实施。支教团成员推敲与完善活动的各处细节，并与学生进行了深入的沟通，更加全面地了解了每个学生的特点，为更好地服务当地教育、服务脱贫攻坚贡献了自己的智慧与力量。

第一篇
四川大学研究生支教团二十年发展概述
2011 2018 200
12 2010 20152016
2003 2019 202
2009 2005 2
2008
2013 199920

第十九届支教团在甘洛县职业技术学校举办第二届"校园十佳歌手"大赛

2. 第十九届支教团陪伴 60 余名彝族孤儿庆元旦新年联欢会

2018 年元旦佳节到来之际，昭觉县团委联合四川大学、浙江大学研究生支教团为昭觉县 6 所中小学的 60 余名孤儿准备了一场温暖的新年联欢会，给孩子们带来属于支教团的陪伴与关怀，让他们在爱的环绕下茁壮成长。

联欢活动后，四川大学第十九届研究生支教团还为孩子们每人发放了水彩笔、围巾、保暖耳罩、手套、帽子以及床上用品五件套（棉絮、床单、被罩、枕芯、枕套）。购买这些物资的资金全部由社会各界的爱心人士捐赠，大家都怀揣着同样一个心愿：尽自己一份绵薄之力，给孩子一个温暖的冬天。

第十九届支教团为昭觉县 6 所中小学孤儿举办元旦联欢会

3. 第十九届支教团在昭觉民小开展"春季卫生健康知识"大讲堂

本期活动是四川大学第十九届研究生支教团以"春季卫生健康知识"为主题,在昭觉民族寄宿制小学四至六年级共 500 余名留校学生中开展的。

两位支教团老师积极运用自己的药学专业相关知识为学生们"答疑解惑"。此后川大研究生支教团还将继续发挥专业优势,志愿者们充分运用所学,开展更多的具有专业特色的第二课堂活动,为彝区孩子的成长成才注入川大人的力量。

第十九届支教团在昭觉民族小学开展"春季卫生健康知识"大讲堂

第一篇
四川大学研究生支教团二十年发展概述
2011 2018 2001
2010 2015 2016
2019 2020
2009 2005
2008
2013 1999

4. "清洁包"助彝家学子养成良好卫生习惯

四川大学第十九届研究生支教团为昭觉县民族重点寄宿制小学的700名住校生捐赠了"清洁包"。本期活动以"养成良好卫生习惯"为主题，由支教老师们讲解卫生习惯相关知识，就养成良好卫生习惯的重要性、有效措施等进行详细阐述，就"清洁包"的后期管理和使用做出了具体要求。相信理论知识结合物质支持，能更好地促进学生们养成良好的卫生习惯。

第十九届支教团开展养成良好卫生习惯——"清洁包"发放活动

5. "希望女童"成长计划／"女童保护知识"大讲堂助力祖国花朵健康成长

四川大学第十九届研究生支教团发起"希望女童"成长计划，通过长期开展相关活动来帮助女童们更好地成长成才。2018年6月26日，川大研究生支教团为昭觉县民族重点寄宿制小学四至五年级的380余名女生开展了一堂有关"女童保护"的知识大讲堂。活动中不仅讲授了未成年女性预防性侵的相关保护知识，还讲授了生理期的相关知识及注意事项，并为有需求的女生发放了一份"女童包"，帮助学生做好生理期间卫生防护。

第十九届支教团开展"女童保护知识"大讲堂

6. 知行计划 / 第十九届研究生支教团带领学生感受"生物催化生活之美"

四川大学第十九届研究生支教团希望通过参与"中国大学生社会实践知行促进计划"，把优质科普课程带到偏远贫困山区，激发孩子们对科学知识的兴趣，提升他们的科学素养。

本次活动历时一个月，支教团老师在合理规划课表、认真筹备课程的基础上，通过课堂讲授、视频展示、实验演示、实践活动等方式，分别为甘洛县职业技术学校的 9 个班逾 600 人次、昭觉县工农兵小学五年级及民族中学八年级的 9 个班级 700 余名中小学生开展了有关酶化学的科普讲座，普及有关酶的生物知识，为学生们打开了生物催化知识的大门。

第一篇
四川大学研究生支教团二十年发展概述
2011 2018 200
2010 2015 2016
2019 2020
2008 2009 2005
2013 1999 20

第十九届支教团带领学生感受"生物催化生活之美"

7. 彩虹知语堂 / 第十九届研究生支教团在甘洛县斯觉镇、新茶乡村小开展"关注饮水卫生·共享健康生活"饮水知识科普活动

四川大学第十九届研究生支教团联合四川大学华西公共卫生学院研分会、共青团甘洛县委，走进四川省凉山州甘洛县斯觉乡挖哈民生小学、新茶乡中心校，开展"关注饮水健康·共享健康生活"饮水知识小百科科普活动，并捐赠直饮水设备2台及文具用品若干。

第十九届支教团开展"关注饮水卫生·共享健康生活"饮水知识科普活动

8. 彩虹知语堂／你我相约，情暖十月——昭觉中学爱心班学生生日会

本期活动以"集体生日会"为主题，四川大学第二十届研究生支教团在昭觉中学初中部为120余名住校学生举办了一场暖心的集体生日会。

第二十届支教团为昭觉中学住校学生举办集体生日会

9. 彩虹知语堂／馨云书馆——VR让世界就在他们眼前

本期活动以"足不出山看世界"为主题，四川大学第二十届研究生支教团带领昭觉民族中学高三年级的学生体验VR设备，开阔了学生们的眼界。

第二十届支教团带领学生学习体验VR设备

第一篇
四川大学研究生支教团二十年发展概述

2011 2018 200
2010 2015 2016
2019 202
2009 2005 2
2008
2013 199920

10. 彩虹知语堂／第二十届支教团陪伴昭觉县树坪乡中心校学子欢度彝族新年

为了丰富彝家学子的课余生活，展现团结协作的精神，弘扬优秀传统文化，2018 年 11 月 15 日，四川大学研究生支教团联合树坪乡中心校，在彝族年来临之际，以"才艺展示＋趣味活动"的形式，为全校孩子带来了一场别出心裁的彝族新年联欢会，让学生们提前感受新年喜庆的气氛，也促进了校园文化建设。

第二十届支教团陪伴树坪乡中心校孩子欢度彝族年

11. 彩虹知语堂／四川大学第二十届研究生支教团开展"圆梦青春·自强不息"大型公益活动

四川大学研究生支教团在凉山州昭觉县树坪乡中心校、昭觉民族中学、东晨中学、工农兵小学四个学校开展了主题为"圆梦青春·自强不息"的大型公益活动，参与学生共 1500 余人，捐赠书籍 5000 余册。邀请学有所成、术有专攻的"前辈"将自己的经验心得分享给学生，希望他们能积极表达自我，将不畏艰难、自信拼搏的正能量转化为一段奋力筑梦的人生经历！

第二十届支教团开展"圆梦青春·自强不息"大型公益活动

12. 彩虹知语堂精彩照片汇总

第十二届支教团正式启动"彩虹知语堂"精品项目

第十三届支教团开展第二期"彩虹知语堂"

第十四届支教团开展第三期"彩虹知语堂"

第十五届支教团开展"我有一个梦想"主题思想教育活动

第十六届支教团举办"彩虹知语堂"开班仪式

第十八届支教团开展书法练习活动

（二）系列主题教育活动

1. 第十九届支教团开展"喜迎十九大——我心中的辉煌中国"专题系列活动

2017 年 9 月 28 日，第十九届研究生支教团在党的十九大即将到来之际，在昭觉县民族重点寄宿制小学组织开展了"喜迎十九大——我心中的辉煌中国"专题系列活动，通过开展专题讲座、主题少先队会和第二课堂活动等形式，让学生们感受到党的十八大以来祖国发展的巨大成就，树立起热爱祖国、坚定信心跟党走的信念。

川大研究生支教团的部分老师在昭觉县民族重点寄宿制小学的阶梯教室开展了"喜迎十九大——我心中的辉煌中国"主题讲座，参与此次讲座的是民小六年级的 431 名学生。随后，支教团老师在民小各班开展了主题少先队会活动，结合中午讲座的讲解，观看相关影音资料，以"我心中的辉煌中国"为主题，展开手工绘画活动，让学生们将自

第一篇
四川大学研究生支教团二十年发展概述
2011 2018 200
2002 12 2010 2015 201
2003 4 2019 202
2009 2005
2008
2013 19992

己感知到的社会发展的真切变化、心中对国家发展的美好期许以绘画的形式呈现出来。

此外，四川大学研究生支教团还指导各班以"喜迎十九大——我心中的辉煌中国"为主题，绘制了班级黑板报，并开展了板报评比，从课堂教学、环境熏陶和思想教育等多个维度入手，将教育效果深入压实。

第十九届支教团开展"喜迎十九大—我心中的辉煌中国"专题系列活动

2. "母亲节"主题活动／五月康乃馨，感恩献母亲

四川大学第十九届研究生支教团在美姑县城关小学开展"感恩母亲"手工康乃馨教学活动。本活动以"感恩母亲"为主题，吸引了美姑县城关小学 60 余名学生参与。希望学生们在学会折康乃馨之后，能在母亲节为母亲送上一支永不凋谢的花，表达自己对母亲的感激和爱。通过这次手工教学活动，学生们更加明白了母亲的伟大和辛苦，也更加懂得了感恩的意义。

第十九届支教团开展"感恩母亲"——手工康乃馨教学活动

3."学雷锋"主题活动日／第二十届支教团开展弘扬"雷锋精神"系列活动

四川大学第二十届研究生支教团带领甘洛县职业技术中学的学生们在甘洛母亲河流域开展环保志愿活动。鼓励学生以自己的实际行动践行并弘扬"雷锋精神",培养乐于助人的好习惯,为创造大凉山的青山绿水贡献自己的一份力量,做一名勇于承担社会责任的新时代少年。

第二十届支教团开展环保志愿活动,弘扬"雷锋精神"

第一篇
2011 2018 200
2003 2010 2015 201
2019 202
四川大学研究生支教团二十年发展概述
2009 2005 2
2013 1999 20

4. "禁毒防艾"主题活动 / 第二十届支教团在凉山昭觉、美姑、甘洛开展"禁毒防艾"系列活动

四川大学第二十届研究生支教团携手昭觉团县委先后前往昭觉县竹核乡、庆恒乡、城北乡、新城镇和地莫乡等五个"禁毒防艾"重点乡，开展"禁毒防艾"大宣讲活动，为村民和村小学生进行"禁毒防艾"知识宣传。

第二十届支教团在昭觉县开展下乡"禁毒防艾"大宣讲活动

四川大学第二十届研究生支教团在美姑县城参加"主动监测、知艾防艾、共享健康"志愿宣传活动。川大研究生支教团美姑分团全体人员身穿彝族服饰，在广场、车站等人流量大的地方面向成年人、青少年和小朋友们，积极传播科学防艾的知识。

第二十届支教团开展"主动监测、知艾防艾、共享健康"志愿宣传活动

四川大学第二十届研究生支教团联合四川大学学生预防艾滋病总队在昭觉县民族重点寄宿制小学阶梯教室开展了主题为"珍爱生命·预防艾滋"和"珍爱生命·远离毒品"的专题讲座，共200多名学生参加了这次讲座。

第二十届支教团在校开展"禁毒防艾"科普讲座

四川大学第二十届研究生支教团在甘洛县职业技术学校高一班级开展"禁毒防艾"主题辩论赛，全班学生围绕"艾滋病到底是医学问题还是社会问题"这一话题展开激烈的辩论。通过本次活动，全班师生既了解了艾滋病相关的医学知识，也从社会学角度认真思考了这一社会问题。本次校内"禁毒防艾"主题辩论赛不但传播了科学知识，对于艾滋病的防治工作也有重要的意义。

第　篇

四川大学研究生支教团二十年发展概述

2011 2018
2010 2015
2003 2019 202
2009 2005
2013 1999

第二十届支教团在校开展"禁毒防艾"主题辩论赛

5. 精彩照片汇总

第八届支教团开展纪念五四运动系列活动

第八届支教团开展学雷锋志愿服务工作

第九届支教团在比尔中学建立青少年艾滋病教育基地

第九届支教团在昭觉中学开展"学习十七大"少先队主题队会

第十七届支教团开展"一二·九"爱国运动主题活动

第一篇
四川大学研究生支教团二十年发展概述
2011 2018 200
2010 2015 2016
2003 2019 202
2009 2005
2008
2013 1999 20

第十八届支教团移动团课走进昭觉悬崖村并被《中国青年报》报道

（三）"悦读人生"图书阅读活动

1. 第十八届支教团举办"青春献力，中国梦"诗文朗诵比赛

第十八届研究生支教团于 2017 年 4 月 27 日在昭觉县东晨中学成功举办"青春献力，中国梦"诗文朗诵比赛。

全校 15 个设立"百川"图书角的班级以诗文朗诵的形式集中展现了"悦读人生"系列活动的成果。活动中，15 个班级按照赛前抽签顺序依次进行诗文朗诵，学生们用诗歌诠释了自己热爱祖国、放飞梦想、励志青春的精神风貌。本次活动不仅展现了东晨学子青春向上、努力拼搏的精神风貌，更体现了他们对"百川"图书角书籍的合理利用。"悦读人生"系列活动以交流会、撰写读后感、演讲等不同形式的活动，更好地让学生们领悟了"爱读书、会读书"的真谛。

第十八届支教团举办"青春献力，中国梦"诗文朗诵比赛

2. 第十九届支教团开展"开卷有益"阅读习惯培养讲座

第十九届研究生支教团在昭觉县民族寄宿制小学开展了以"开卷有益"为主题的阅读习惯培养讲座，吸引到民小六年级共 220 余名留校学生参与。

嘉宾老师从自身的阅读经历体会出发，从学生的视角，用生动幽默的语言，为孩子们分享了高效阅读能够带给人什么以及高效阅读的方法，在讲授过程中注重调动学生的参与性和积极性。支教团老师还为互动中表现积极的学生送去了名著书籍作为奖励。活动不仅丰富了留校学生的课余生活，同时还引导学生们养成良好的阅读习惯。在后期支教团将依托此前建立的"百川"图书角开展更多的读书及分享活动，将第二课堂教学成果推向深入。

第一篇
四川大学研究生支教团二十年发展概述
2011 2018 200
2010 2015 2016
2003
2019 2020
2009 2005 2
2008
2013 199920

第十九届支教团开展"开卷有益"阅读习惯培养讲座

3. 第二十届研究生支教团组织昭觉县工农兵小学参加"尚学路上"读书月活动

四川大学第二十届研究生支教团组织昭觉县工农兵小学全体学生积极参与由中国社会工作协会儿童社会救助工作委员会"尚学路上"助学项目举办的第十一届读书月读后感作文征集活动。历时一个月，通过陪伴学生阅读、组织阅读分享会、辅导写作练习，昭觉县工农兵小学二至六年级共投稿约 100 篇，其中五年级四班的马海衣洛和五年级六班的土比子呷荣获本次比赛二等奖。

四川大学研究生支教团积极发挥主观能动性，帮助彝族学生提高汉语读写能力。读书滋润心灵，书香伴随成长，本次征文活动让学生在比赛中体验到读书的乐趣，在班级里形成了人人读书的良好风气。

第二十届支教团带领昭觉县工农兵小学夺得"尚学路上"读书月征稿活动二等奖

4. "青鸟"笔友书信交流活动

（1）第十九届支教团开展"寄一封信，成一段情，圆一个梦"书信结对活动。

第一期"青鸟"笔友活动以昭觉县树坪乡中心校五年级学生为结对主体，在未来一年内与结对方进行每月一次的通信。此外，支教团老师也将依托笔友活动开展第二课堂活动，为孩子们更多地介绍山外的世界。

第十九届支教团开展"青鸟"笔友书信结对活动

第一篇
四川大学研究生支教团二十年发展概述
2011 2018 200
2010 2015 2016
2019 202
2009 2005 2
2008
2013 1999 20

（2）"青鸟"笔友／第二十届支教团开展 "一本书、一封信"书信结对活动。

四川大学第二十届研究生支教团联系四川大学建筑与环境学院环境工程第一党支部的党员共同在昭觉县民族中学发起了新一期的青鸟笔友书信活动，还为学生们发放了课外书、笔记本等学习用品。相信长期的阅读习惯培养以及书信交流一定会对彝族学子的汉语表达和写作能力的提高有很大的帮助。

第二十届支教团开展新一期"一本书、一封信"书信结对活动

（四）项目开展成果

移风易俗，青年先行。自2011年以来，四川大学研究生支教团针对凉山彝族贫困学生综合素质欠佳等问题，开展"彩虹知语堂"第二课堂系列活动，涵盖思想政治教育类、社会志愿服务类、文化体验交流类和体育兴趣活动类等方面。多年来累计开展第二课堂活动800余次，覆盖彝族学生2万余人，在给彝族学生讲授课外知识的同时，丰富他们的课余生活、纠正不良习俗习惯、丰富精神世界、强化道德教育，进而帮助学生树立远大人生志向，促进学生自主全面发展，助力学生

成长成才，为当地学生带去更多学习、生活的关注、关心与关爱。"教育一个孩子、带动一个家庭、辐射一个村庄"，以学生为核心，以凉山彝族贫困学生精神文明教育为切入点，小手拉大手，不断丰富当地居民精神文明生活，全面提升思想道德素质和文明素养，繁荣乡村文化，为凉山落后地区树立新风正气，为凉山落后地区新时代精神文明建设贡献智慧力量。

此外，通过"彩虹知语堂"第二课堂系列活动形成移风易俗长远布局，项目开展以来，受益凉山贫困学子有的已经成长为带动当地移风易俗的有生力量，毕业后回到家乡参与家乡建设，在凉山大地上绽放青春的绚丽之花。

第四节　"雏鹰成长计划"爱心访学活动

一、项目背景及意义

（一）项目背景

"志不强者智不达，言不行者行不果。"精准扶贫，准在扶智，贵在不断强化贫困人口的自我发展能力。而四川大学研究生支教团所在的昭觉、美姑、甘洛三个县，自古以来就是少数民族聚居县，地处高海拔山区、地理位置偏僻、交通不便、经济发展水平低，大多数学子从小就没有走出过大凉山甚至是所在的小县城。因此，为了开阔彝乡学子的视野，提高其接受新知识的能力和主动性，四川大学研究生支教团于2007年发起了教育扶贫公益活动"雏鹰成长计划"，组织彝区品学兼优的贫困学子走出大山看世界。

（二）项目意义

"雏鹰成长计划"访学活动的组织开展，有利于帮助大凉山学子开阔视野、增长见识，拓宽知识广度、增长人生阅历，在他们心中播下一颗梦想的种子，树立远大人生理想，树立用知识改变命运、改变家乡的坚定信念。

同时，该计划的发起也是四川大学研究生支教团对精准扶贫、扶贫先扶志的扶贫新路径的探索。"雏鹰成长计划"项目开展十余年，有效地帮助大凉山学子从思想上根除贫困，使扶贫工作从输血式扶贫向造血式、参与式扶贫转变，探索出了一条"扶贫先扶志""扶贫必扶智"的新路径。

二、项目开展形式

（一）项目发起

"雏鹰成长计划"是四川大学研究生支教团在共青团四川大学委员会、共青团四川省凉山彝族自治州昭觉县、甘洛县、美姑县委员会的支持下，于2007年发起的一项教育扶贫公益活动，由当届四川大学研究生支教团策划并组织实施。

（二）项目组织

"雏鹰成长计划"爱心访学活动由四川大学研究生支教团和服务地学校共同组织，在广泛宣传的基础上择优选拔彝区品学兼优的贫困学子到成都、北京、上海等城市开展游学活动。所有活动均由当届四川大学研究生支教团策划、实施。主要内容包括："雏鹰行动"之高校游学活动、城市之旅活动、文化艺术交流活动、体验职业生活活动。此外，四川大学研究生支教团还在活动结束后组织"雏鹰成长计划"分享会，鼓励参加游学的学生分享整个成长活动的所见、所闻、所感，并及时做活动总结，最大限度地帮助彝区学子开阔视野、增长见识。

（三）项目开展流程

由四川大学研究生支教团进行行程规划，并联合服务地学校开展广泛宣传，包括选拔条件、项目内容等，激发服务地学校学生学习热情，鼓励竞争参与；由服务地学校老师推荐品学兼优的贫困学子，向四川大学研究生支教团提出申请，四川大学研究生支教团志愿者组织开展考察，并确定最终游学名单；游学返校后，组织参与游学的学生积极在班级、学校开展游学故事分享会。充分发挥四川大学研究生支教团"雏鹰成长计划"对少数民族学生成长的帮扶作用，通过以点带面的方法影响一批彝族学生，成长一批彝家少年，在全校范围内形成争光、争气、争第一的成长氛围。

三、精品活动汇编

（一）赴成都开展"雏鹰行动之希望之旅"活动

2007年，16名昭觉学子在四川大学研究生支教团老师的带领下赴成都开展"雏鹰行动之希望之旅"活动。此次活动为"雏鹰成长计划"开展的第一次活动。

第八届支教团带领昭觉学生赴成都游学

（二）赴北京参加《毕业歌》四川大学专场节目录制

2011年7月，研究生支教团与"索玛花儿"受助学生代表一道到北京参加了《毕业歌·四川大学专场》节目的录制，研究生支教团的感人事迹与孩子们动情的演出，掀起了整个节目的高潮。研究生支教团带着6名来自大凉山的彝族学生参加《毕业歌》节目录制，圆了孩子们的梦，也圆了支教志愿者的梦。孩子们一直想走出大山去看看外面的世界，这次来北京、上央视，曾经是他们做梦都不敢想的事；而支教志愿者也有一个梦，就是想让更多的人了解、关心这群需要帮助的孩子，当志愿者拍摄的视频在荧幕上播出时、当"索玛花儿开"的旗帜在舞台上传递时，他们的梦也圆了。

2011年8月录制《毕业歌·四川大学专场》节目

（三）赴上海参加"唱响青春中国梦"校园好声音表演

2016年4月，借由四川大学选派代表队到上海参加"唱响青春中国梦"校园好声音的机会，四川大学团委委托研究生支教团带领6名工农兵小学的学生前往上海与四川大学战队一同表演，给了孩子们一个走出大山，看看外面的精彩世界的机会，同时也激励他们回来以后更加努力学习，靠自己的力量去体验更多美好的事情。

四川大学好声音战队与学生表演

（四）赴成都开展大学参观之旅

2016年5月下旬，12名来自甘洛县的中学生在带队老师的带领下到达成都，开始了他们的大学参观之旅。此次校园参观学习让这群从未走出过大山的孩子第一次看到了"外面的世界"。在四川大学望江、江安两个校区，学生们在欣赏优美的校园环境的同时，也了解了四川大学这所百年高校的悠久历史和深厚文化底蕴，切身体会了丰富多彩的大学校园文化生活，开阔了视野。其中有几名学生参加了"凤凰展翅"四川大学2016年文化艺术节开幕式演出，这进一步激发了他们好好学习、用知识武装自己、用知识改变命运的动力。

甘洛师生参观四川大学

甘洛学生参加"凤凰展翅"四川大学 2016 年文化艺术节开幕式

（五）走进四川大学参与歌唱大赛

2017 年 5 月，来自昭觉县的 6 名师生在第十八届支教团吴峰老师的带领下走进四川大学，近距离体验和感受了都市生活、大学氛围以及成都的历史文化；同时，孩子们在"凤凰展翅"四川大学 2017—2018 年文化艺术节开幕式的舞台上用美妙的歌声为川大师生送来了来自彝乡的祝福。

第十八届支教团带领昭觉学生赴四川大学进行歌唱表演

（六）举行游学经历分享会

5月23日，四川大学研究生支教团"雏鹰成长计划"分享会在东晨中学进行，参加"雏鹰成长计划"的5名学生依次向东晨中学全体师生分享了"蓉城行"的成长经历，吉克曲罗、阿则莫日干等5名学生结合自己的"蓉城行"，依次进行自选主题演讲，分享参加"雏鹰成长计划"活动的所见、所闻、所感，令台下的学生感同身受，赢得阵阵掌声与欢呼声。

游学经历分享会现场

（七）赴成都开展研学活动

2018年12月，第二十届研究生支教团通过联系爱心组织，在支教老师吕国庆的带领下，优选出甘洛、昭觉9名青少年代表赴成都开展研学活动。为期5天的研学设置了丰富的课程，学生们通过参观学校、素质培训、职业体验等活动，充分认识自我，了解多元城市与多样职业，让他们为未来选择做好充足准备。

参加游学学子与支教团老师合影

（八）领略川大风采，追寻锦城记忆

2019年7月，40名来自甘洛县的师生代表来到成都领略川大风采，追寻锦城记忆。学生们流连于浩如烟海的书卷，沉醉于瑰丽精巧的馆藏，感受着科技创新的力量，亲身体验了"海纳百川，有容乃大"的校园文化。学生们不仅见识了巴蜀文化的博大精深、源远流长，还充分感受到中华优秀传统文化的人文精神，极大地增强了文化自信。徜徉于科学的海洋中，学生们切身地体验了科学的魅力，在富含实践性、趣味性的科技之旅中，不仅开阔了视野、增长了学识，而且更加坚定了为实现中华民族伟大复兴的中国梦而奋斗的人生理想。

在活动总结会上，甘洛师生代表分享了访学感想，对川大为他们提供这样一个走出大山、开阔眼界的机会表达了衷心的感谢。他们纷纷表示，通过此次访学，他们深切地感受到了深邃奇妙的科学世界、历久弥新的蜀城底蕴和追求卓越的川大精神，在今后的日子里一定会更加勤奋努力，不懈奋斗，用知识改变命运。

参加"雏鹰成长计划"的学生与川大老师合影

（九）赴北京、天津开展"雏鹰成长计划"游学活动

2019年7月，在四川大学第二十届研究生支教团联系的爱心团队组织下，来自昭觉民族中心的11名师生赴北京、天津开展"雏鹰成长计划"游学活动。孩子们在志愿者的带领下前往天安门广场观看升旗仪式，参观北京大学、清华大学、南开大学等大学校园，体验大学生活，游览风景名胜，体验参观科技馆图书馆，并前往著名企业体验参观。这些第一次走出大山的孩子们，通过此次游学开阔了视野、增长了见识，他们立志将游学中的所见所闻转化为学习的动力，用知识改变未来。

参加游学的师生及爱心人士在故宫博物馆

（十）赴北京开展高校游学活动

2019 年 7 月，在四川大学第二十届研究生支教团支教老师黄晨桀的带领下，来自昭觉县民族小学的 10 名师生前往北京开启了一段高校游学、探索古今奥秘的公益研学之旅。孩子们在大学生志愿者的带领下参观校园，听学长们讲校园故事、求学经历；探索拥有百年历史的北京城，触摸着长城的墙砖感受历史的厚重；听着博物馆的讲解感受文物沉淀的魅力；沿着故宫的红墙绿瓦探秘百年的历史兴衰浮沉。

参加游学的学子在天安门广场

参加游学的学子与支教团老师在四川大学

（十一）雏鹰成长之城市之旅活动

2020年1月在川大研究生支教团老师的带领下，来自昭觉民族中学的11名学生参加了由公益组织支持的雏鹰成长之城市之旅活动。在为期5天的活动中，孩子们跟随志愿者体验了一日大学生活；在企业经历了真实的职业体验；在充满未来感的科技馆探索明日世界。为期5天的城市游学让孩子们通过行走、历练与书写，看见城市，看见自己，看见绚烂风景中上升的希望。

昭觉民族中学学生参观四川大学校园

四、项目开展成果

项目开展十余年来，四川大学研究生支教团积极对接四川大学教育基金会等机构、社会爱心组织、爱心个人筹集资金，认真组织游学活动，至今已组织带领数百名大凉山彝区品学兼优的贫困学子走出大山，到北京、上海、成都、天津等城市参观大学校园，体验大学生活，参加文化艺术交流，参观科学博物展馆，感受都市气息。该计划有效地推动了彝区的教育扶贫工作从"扶智"走向"扶志"，访学活动帮助大凉山学子开阔视野、增长见识，拓宽知识广度、增长人生阅历，

第一篇
四川大学研究生支教团二十年发展概述

2011 2018 200
002 12 2010 2015 201
2003 4 2019 202
2008 2009 2005
2013 19992

在他们心中播下一颗梦想的种子，帮他们树立远大的人生理想，激发他们成长的内生动力，激励他们更加努力地学习，让他们树立用知识改变命运、改变家乡的坚定信念。同时，带领彝区学子在社会观察中认识国情、社情，了解人才需求，确定人生成长方向，将彝区学子个人成长与国家社会进步连接起来，帮助彝区学子立下今日壮志、走向更好的未来，极大地促进了凉山彝族自治州教育脱贫事业发展。

同时，四川大学研究生支教团通过该项目的开展，将服务地的扶贫工作从输血式扶贫向造血式、参与式扶贫转变，探索出了一条"扶贫先扶志""扶贫必扶智"的扶贫新路径。

第二篇

四川大学研究生
支教团工作的实践与探索

第二篇
四川大学研究生支教团工作的实践与探索
2011 2018 20
2010 2015 2016
2 2019 202
2003
2009 2005 2
2008
2013 1999 20

第三章　新形势下研究生支教团工作的时代际遇

　　2017 年 10 月 18 日，在中国共产党第十九次全国代表大会上，习近平总书记郑重宣示："经过长期努力，中国特色社会主义进入了新时代，这是我国发展新的历史方位。"这一宣示，概括了中华民族的伟大飞跃，坚定了中国共产党的时代使命；这一宣示，明确了旗帜，更预示了未来。中国特色社会主义进入新时代，意味着近代以来久经磨难的中华民族迎来了从站起来、富起来到强起来的伟大飞跃，迎来了实现中华民族伟大复兴的光明前景；中国特色社会主义进入新时代，意味着科学社会主义在 21 世纪的中国焕发出强大生机活力，在世界上高高举起了中国特色社会主义伟大旗帜；中国特色社会主义进入新时代，意味着中国特色社会主义道路、理论、制度、文化不断发展，拓展了发展中国家走向现代化的途径，给世界上那些既希望加快发展又希望保持自身独立性的国家和民族提供了全新的选择，为解决人类问题贡献了中国智慧和中国方案；中国特色社会主义进入的新时代，是中国必将实现中华民族伟大复兴中国梦的新时代，是科学社会主义必将大放异彩的新时代，也是改革开放不断深入、富强民主文明和谐美丽的社会主义现代化强国必将建成的新时代。

　　新时代的到来也孕育出了脱贫攻坚、乡村振兴背景下支教扶贫工作的机遇与挑战。习近平总书记对青年的重要寄语，为激励青年更好、更快地适应新时代的发展发挥了重大作用，为青年成长成才指明了努力方向，同时也对支教扶贫工作提出了更高的要求，鞭策着研究生支教团不断在实践中创新教育扶贫工作模式，以新时代青年的面貌影响服务地学生，以新时代青年的要求管理服务地学生，为培养又红又专的时代新人打下坚实基础。

第一节　脱贫攻坚与乡村振兴时代背景

2015年11月27日至28日，在北京召开的中共中央扶贫开发工作会议上，习近平总书记发表重要讲话。他强调，消除贫困、改善民生、逐步实现全体人民共同富裕，是社会主义的本质要求，是我们党的重要使命。全面建成小康社会，是我们对全国人民的庄严承诺。脱贫攻坚战的冲锋号已经吹响。我们要立下愚公移山志，咬定目标、苦干实干，坚决打赢脱贫攻坚战，确保到2020年所有贫困地区和贫困人口一道迈入全面小康社会。2017年10月，习近平总书记在党的十九大报告中第一次明确提出乡村振兴战略，并且把其目标任务具体划分为三个阶段，第一个阶段是到2020年，我国的乡村振兴战略取得一个重大进展，要基本形成一个相对完善的框架和体系；第二个阶段是2020年到2035年的十五年时间里我国的乡村振兴战略要有一个十分重大的进展，要基本实现农村和农业的现代化；第三个阶段是2035年到2050年的十五年时间里，要实现乡村的全面振兴。

2019年是新中国成立70周年，是打赢脱贫攻坚战攻坚克难的关键一年，也是脱贫攻坚与乡村振兴战略的衔接之年。我国脱贫攻坚三年行动开局良好，深度贫困地区脱贫进程明显加快，作风治理和能力建设初见成效，精准扶贫、精准脱贫举措扎实落地。然而，当前脱贫

第二篇
四川大学研究生支教团工作的实践与探索
2011 2018 200
2010 2015 201
2003 2019 202
2009 2005
2013 1999 20

攻坚仍然存在一些困难和问题,深度贫困地区脱贫难度大,实现"两不愁三保障"存在薄弱环节,稳定脱贫长效机制有待健全,帮扶工作方式方法不够精准。因此,为了确保脱贫攻坚战吹响胜利号角,保证脱贫攻坚顺利过渡到乡村振兴,就需要全面落实三年行动指导意见,坚持脱贫攻坚目标和现行扶贫标准,坚持大扶贫工作格局,进一步聚焦突出问题,强化责任落实,把防止返贫摆到更加重要的位置,确保再减少农村贫困人口 1000 万左右,实现 300 个左右贫困县摘帽,基本完成"十三五"易地扶贫搬迁规划建设任务;要聚焦深度贫困地区集中攻坚,努力解决"两不愁三保障"突出问题,深入推进东西部扶贫协作和定点扶贫,加大扶贫投入,加强资金监管,激发贫困群众内生动力,加强脱贫攻坚总结宣传,进一步完善建档立卡,为 2020 年全面打赢脱贫攻坚战奠定坚实基础。

当前,我国正处于脱贫攻坚与乡村振兴统筹衔接的历史交汇期。乡村振兴,摆脱贫困是前提。打赢精准脱贫攻坚战,是乡村振兴战略的重要内容,巩固提升脱贫质量和成效将是重中之重。脱贫攻坚战与乡村振兴战略是新时代加快农村发展、改善农民生活、推动城乡融合发展的重要战略保障,具有丰富的理论内涵。脱贫攻坚战坚持通过精准扶贫、发展特色产业、引导劳务输出、着力加强教育脱贫等方式消除贫困、改善民生,逐步实现全体人民共同富裕。乡村振兴战略坚持农业农村优先发展,按照产业兴旺、生态宜居、乡风文明、治理有效、生活富裕的总要求,建立健全城乡融合发展体制机制和政策体系,通过产业振兴、人才振兴、文化振兴、生态振兴、组织振兴路径统筹推进农村经济建设、政治建设、文化建设、社会建设、生态文明建设和党的建设,紧紧围绕"五位一体"总体布局与全面建成小康社会的战略,加快推进乡村与城市的发展，最终形成壮有所用，幼有所长，鳏寡孤独废疾者皆有所养的和谐幸福的社会风貌。

第二节 习近平总书记关于教育扶贫的重要论述

在脱贫攻坚战与乡村振兴战略实施与实现的征程中，教育工作都发挥着重要作用。2015年4月1日，中央全面深化改革领导小组第十一次会议提出："发展乡村教育，让每个乡村孩子都能接受公平、有质量的教育。"大力发展乡村教育，成为教育扶贫在精准扶贫中的重要举措。

教育扶贫是指政府、社会组织或个人通过对穷困区域实行有针对性的教育帮扶和教育资源资助，帮助所扶持的贫困人口在掌握脱贫致富知识与实用技能的同时，形成内在的文化修养与自强自立的精神追求，使得他们可以借助自己掌握的技术与智慧实现自身、家庭和当地经济社会文化发展目标，从而达到彻底摆脱精神贫困和物质贫困的目的。打赢脱贫攻坚战与实现乡村振兴，都需要政府和社会各方集中力量构建良好的教育环境，做好贫困人口教育工作，使得贫困地区的教育资源短缺和教育观念落后等问题得到根本解决，使得贫困家庭子女获得公平教育机会和优质教育资源，从根本上阻断贫困代际传递。《教育脱贫攻坚"十三五"规划》明确指出，要精确瞄准教育最薄弱领域和最贫困群体，实现"人人有学上、个个有技能、家家有希望、县县有帮扶"，促进教育强民、技能富民、就业安民，坚决打赢教育脱贫攻坚战。

习近平总书记关于教育扶贫重要论述的内容主要为：第一，教育是阻断贫困代际传递的根本之策；第二，注重扶贫同扶志、扶智相结合；第三，以教育信息化促进教育公平；第四，重视职业教育的发展。具体内容如下。

一、教育是阻断贫困代际传递的根本之策

教育扶贫是精准扶贫的重要组成部分，也是阻断贫困代际传递的根本之策。大力发展教育扶贫是贫困地区的长期性工作安排。习近平总书记多次强调教育扶贫的重要性，关于"教育是阻断贫困代际传递的根本之策"的部分论述如表3.1所示：

表3.1 习近平总书记关于"教育是阻断贫困代际传递的根本之策"的部分论述

时间	出处	重要论述
2014年12月9日	在中央经济工作会议上的讲话	不要让孩子输在起跑线上，尽力阻断贫困代际传递。
2015年11月	在中央扶贫开发工作会议上的讲话	教育是阻断贫困代际传递的治本之策，贫困地区教育事业是管长远的，必须下大力气抓好。
2016年9月10日	同北京市和八一学校教师学生代表座谈会上的讲话	要推进教育精准脱贫，重点帮助贫困人口子女接受教育，阻断贫困代际传递。
2017年1月24日	在河北省张家口市考察工作时的讲话	要把发展教育扶贫作为治本之计，确保贫困人口子女都能接受良好的基础教育，具备就业创业能力，切断贫困代际传递。

（资料来源：根据习近平总书记会议讲话整理所得）

二、注重扶贫同扶志、扶智相结合

习近平总书记在党的十九大报告中指出"注重扶贫同扶志、扶智相结合"。"双扶"的思想重在强调激发贫困户内在的脱贫动力,这在教育扶贫中极其重要。习近平总书记关于扶贫同"扶志""扶智"相结合的部分重要论述如表 3.2 所示:

表 3.2　习近平总书记关于扶贫同"扶志""扶志"相结合的部分论述

时间	出处	重要论述
1992 年 7 月	《摆脱贫困》	强调精神在摆脱贫困中的重要性,"能否实现'先飞''先富',首先要看我们头脑里有无这种意识"。
2013 年 11 月	在湘西土家族苗族自治州考察和调研扶贫工作时的讲话	"脱贫致富贵在立志,只要有志气、有信心,就没有迈不过去的坎。"
2015 年 9 月 9 日	给"国培计划"(2014)北师大贵州研修班的回信	"扶贫必扶智。让贫困地区的孩子们接受良好教育,是扶贫开发的重要任务,也是阻断贫困代际传递的重要途径。"
2017 年 12 月 18 日	在中央经济工作会议上的讲话	脱贫攻坚要充分"激发贫困人口内生动力"。

（资料来源：根据习近平总书记会议讲话整理所得）

三、以教育信息化促进教育公平

教育信息化发展是促进教育公平的重要途径。习近平总书记关于

第二篇
四川大学研究生支教团工作的实践与探索
2011 2018 20
12 2010 201520
03 2019 202
2009 2005
2008
2013 1999 2

促进教育信息化发展，助力教育扶贫的部分论述如表3.3所示：

表3.3 习近平总书记关于促进教育信息化发展，助力教育扶贫的部分论述

时间	出处	重要论述
2015年5月22日	习近平致国际教育信息化大会的贺信	中国坚持不懈推进教育信息化，努力以信息化为手段扩大优质教育资源覆盖面。我们将通过教育信息化，逐步缩小区域、城乡数字差距，大力促进教育公平，让亿万孩子同在蓝天下共享优质教育、通过知识改变命运。
2016年4月19日	习近平总书记在网络安全和信息化工作座谈会上的讲话	可以发挥互联网优势，实施"互联网＋教育""互联网＋医疗""互联网＋文化"等，促进基本公共服务均等化；可以发挥互联网在助推脱贫攻坚中的作用，推进精准扶贫、精准脱贫，让更多困难群众用上互联网，让山沟里的孩子也能接受优质教育。

（资料来源：根据习近平总书记会议讲话整理所得）

四、重视职业教育的发展

发展职业教育是习近平关于教育扶贫方面重要论述的重要内容。习近平总书记在公开场合多次强调职业教育的重要性，高度认同职业教育在脱贫攻坚中的作用，认为职业教育对贫困地区的脱贫具有直接现实性的意义，鼓励全社会重视职业教育发展。习近平总书记关于职

业教育发展的部分论述如表 3.4 所示：

表 3.4 习近平总书记关于职业教育发展的部分论述

时间	出处	重要论述
2014 年 6 月 23 日	就加快职业教育发展做出的指示	职业教育是国民教育体系和人力资源开发的重要组成部分，是广大青年打开通往成功成长成才大门的重要途径；要引导社会各界特别是行业企业积极支持职业教育，努力建设中国特色职业教育体系；努力让每个人都有人生出彩的机会。
2015 年 6 月 16 日至 18 日	考察贵州省机械工业学校时的讲话	职业教育是我国教育体系中的重要组成部分，是培养高素质技能型人才的基础工程，要上下共同努力进一步办好。
2015 年 11 月 27 日	在中央扶贫开发工作会议上的讲话	贫困地区教育事业是管长远的，必须下大力气抓好。脱贫攻坚期内，职业教育培训要重点做好：一个贫困家庭的孩子如果能接受职业教育，掌握一技之长，能就业，这一户脱贫就有希望了。

第二篇
四川大学研究生支教团工作的实践与探索

2011 2018 20
2010 2015 20
2003 4 2019 202
2008 2009 2005
2013 1999 2

续表 3.4

时间	出处	重要论述
2019 年 8 月 20 日	习近平总书记考察张掖市山丹培黎学校时的讲话	西北地区因自然条件限制，发展相对落后。区域之间发展条件有差异，但在机会公平上不能有差别。要解决这个问题，关键是要发展教育，特别是职业教育。

（资料来源：根据习近平总书记会议讲话整理所得）

　　四川大学研究生支教团以习近平总书记关于教育扶贫的重要论述为行动依据，通过开办"川大班"，将职业技能培训与文化专业课教学相结合，紧密结合"互联网＋"的信息技术背景开展网络教育教学活动，采用翻转课堂等形式聚集优质课程资源，促进教育公平，让学生更加主动与直观地感受社会发展，为贫困地区学生立志与增智营造良好文化氛围，为阻断贫困代际传递提供良好开端。

第三节　习近平总书记关于青年成长的重要寄语

　　青年最富有朝气、最富有梦想，青年兴则国家兴，青年强则国家强，青年是国家和民族的希望，是实现中国梦的先锋力量。党的十八大以来，习近平总书记高度重视青年和青年工作，通过同大学生座谈、给优秀青年代表回信等途径和形式，在高校师生座谈会和纪念五四运动 100 周年等重要场合，提出了一系列关于青年和青年工作的新观点、新论断、新要求，形成了系统的青年观，涉及青年理想信念观、青年价值观、青年责任观、青年成才观、青年工作观等诸多方面的内容，为我国青年热爱伟大祖国、勇担时代责任、应对时代挑战提供了有力引领，也为我校研究生支教团开展青年教育工作提供了科学指南。

一、胸怀忧国忧民之心，心怀爱国爱民之情

爱国，不能停留在口号上，而是要把自己的理想同祖国的前途、把自己的人生同民族的命运紧密联系在一起，扎根人民，奉献国家。

——2018 年 5 月 2 日，习近平在北京大学师生座谈会上的讲话

对新时代中国青年来说，热爱祖国是立身之本、成长之基。

——2019 年 4 月 30 日，习近平在纪念五四运动 100 周年大会上的讲话

过去有人说他们是娇滴滴的一代，但现在看，他们成了抗疫一线的主力军，不怕苦、不怕牺牲。

——2020 年 3 月 10 日，习近平在武汉东湖新城社区考察时表示

青年一代有理想、有本领、有担当，国家就有前途，民族就有希望。

——2020 年 3 月 15 日，习近平给北京大学援鄂医疗队全体"90 后"党员的回信

二、与时代同步伐，与人民共命运

"士不可以不弘毅，任重而道远。"国家的前途，民族的命运，人民的幸福，是当代中国青年必须和必将承担的重任。一代青年有一代青年的历史际遇。我们的国家正在走向繁荣富强，我们的民族正在走向伟大复兴，我们的人民正在走向更加幸福美好的生活。当代中国青年要有所作为，就必须投身人民的伟大奋斗。同人民一起奋斗，青春才能亮丽；同人民一起前进，青春才能昂扬；同人民一起梦想，青春才能无悔。

——2015 年 7 月 24 日，习近平给全国青联十二届全委会和全国学

第二篇
四川大学研究生支教团工作的实践与探索
2011 2018 200
2010 2015 2016
2003 2019 202
2009 2005
2008
2013 1999 20

联二十六大的贺信

世界的未来属于年轻一代。全球青年有理想、有担当，人类就有希望，推进人类和平与发展的崇高事业就有源源不断的强大力量。希望各国青年用欣赏、互鉴、共享的观点看待世界，推动不同文明交流互鉴、和谐共生，积极为构建人类命运共同体添砖献瓦。

——2015 年 10 月 26 日，习近平在联合国教科文组织第九届青年论坛开幕式上的贺词

心中有阳关，脚下有力量，为了理想能坚持、不懈怠，才能创造无愧于时代的人生。

——2016 年 4 月 26 日，习近平在知识分子、劳动模范、青年代表座谈会上的讲话

青年一代的理想信念、精神状态、综合素质，也是一个国家核心竞争力的重要因素。

——2017 年 5 月 3 日，习近平在中国政法大学考察时的讲话

广大青年应该在奋斗中释放青春激情、追逐青春理想，以青春之我、奋斗之我，为民族复兴铺路架桥，为祖国建设添砖加瓦。

——2018 年 5 月 2 日，习近平在北京大学师生座谈会上的讲话

青年的理想信念关乎国家未来。青年理想远大、信念坚定，是一个国家、一个民族无坚不摧的前进动力。

——2019 年 4 月 30 日，习近平在纪念五四运动 100 周年大会上的讲话

心有所信，方能行远。面向未来，走好新时代的长征路，我们更需要坚定理想信念、矢志拼搏奋斗。

——2020 年 6 月，习近平给复旦大学《共产党宣言》展示馆党员

志愿服务队全体队员的回信

三、在担当中历练，在尽责中成长

广大青年要勇敢肩负起时代赋予的重任，志存高远，脚踏实地，努力在实现中华民族伟大复兴的中国梦的生动实践中放飞青春梦想。

——2013年5月4日，习近平在同各界优秀青年代表座谈时的讲话

希望你们牢记使命、不忘初衷，扎根西部、服务学生。努力做教育改革的奋进者、教育扶贫的先行者、学生成长的引导者，为贫困地区教育事业发展、为祖国下一代健康成长继续做出自己的贡献。

——2015年9月9日，习近平给"国培计划（2014）"北京师范大学贵州研修班参训教师的回信

当代青年要树立与这个时代主题同心同向的理想信念，勇于担当这个时代赋予的历史责任，励志勤学、刻苦磨炼，在激情奋斗中绽放青春光芒、健康成长进步。

——2017年5月3日，习近平在中国政法大学考察时的讲话

只要青年都勇挑重担、勇克难关、勇斗风险，中国特色社会主义就能充满活力、充满后劲、充满希望。

——2019年4月30日，习近平在纪念五四运动100周年大会上的讲话

新冠肺炎疫情防控斗争中，你们青年人同在一线英勇奋战的广大疫情防控人员一道，不畏艰难、冲锋在前、舍生忘死，彰显了青春的蓬勃力量，交出了合格答卷。

——2020年3月15日，习近平给北京大学援鄂医疗队全体"90后"党员的回信

前进的道路从不会一帆风顺，实现中华民族伟大复兴的中国梦需

要一代一代青年矢志奋斗。同学们生逢其时、肩负重任。

——2020 年 7 月 7 日，习近平给中国石油大学（北京）克拉玛依校区毕业生的回信

四、同人民一道拼搏，同祖国一道前进

中国梦是我们的，更是你们青年一代的。中华民族伟大复兴终将在广大青年的接力奋斗中变为现实。

——2013 年 5 月 4 日，习近平在同各界优秀青年代表座谈时的讲话

历史和现实都告诉我们，青年一代有理想、有担当，国家就有前途，民族就有希望，实现中华民族伟大复兴就有源源不断的强大力量。希望你们弘扬奉献、友爱、互助、进步的志愿精神，坚持与祖国同行、为人民奉献，以青春梦想、用实际行动为实现中国梦做出新的更大贡献。

——2013 年 12 月 5 日，习近平给华中农业大学"本禹志愿服务队"的回信

同人民一道拼搏，同祖国一道前进，服务人民、奉献祖国，是当代中国青年的正确方向。好儿女志在四方，有志者奋斗无悔。

——2014 年 5 月，习近平给河北保定学院西部支教毕业生群体代表的回信

广大青年要培养奋斗精神，做到理想坚定，信念执着，不怕困难，勇于开拓，顽强拼搏，永不气馁。幸福都是奋斗出来的，奋斗本身就是一种幸福。

——2018 年 5 月 2 日，习近平在北京大学师生座谈会上的讲话

民族复兴的使命要靠奋斗来实现，人生理想的风帆要靠奋斗来扬起。

——2019 年 4 月 30 日，习近平在纪念五四运动 100 周年大会上的讲话

希望你们努力在为人民服务中茁壮成长、在艰苦奋斗中砥砺意志品质、在实践中增长工作本领，继续在救死扶伤的岗位上拼搏奋战，带动广大青年不惧风雨、勇挑重担，让青春在党和人们最需要的地方绽放绚丽之花。

——2020年3月15日，习近平给北京大学援鄂医疗队全体"90后"党员的回信

希望全国广大高校毕业生志存高远、脚踏实地，不畏艰难险阻，勇担时代使命，把个人的理想追求融入党和国家事业之中，为党、为祖国、为人民多作贡献。

——2020年7月7日，习近平给中国石油大学（北京）克拉玛依校区毕业生的回信

五、在学习中增长知识，在工作中增长才干

中国梦是国家的梦、民族的梦，也是包括广大青年在内的每个中国人的梦。"得其大者可以兼其小。"只有把人生理想融入国家和民族的事业中，才能最终成就一番事业。希望你们珍惜韶华、奋发有为，勇做走在时代前面的奋进者、开拓者、奉献者，努力使自己成为祖国建设的有用之才、栋梁之材，为实现中国梦奉献智慧和力量。

——2013年5月2日，习近平给北大考古文博学院2009级本科团支部全体同学的回信

要坚持知行合一，注重在实践中学真知、悟真谛、加强磨炼、增长本领。

——2016年4月26日，习近平在知识分子、劳动模范、青年代表座谈会上的讲话

广大青年抓学习，既要惜时如金、孜孜不倦，下一番心无旁骛、

第二篇
四川大学研究生支教团工作的实践与探索

2011 2018 2001
12 2010 2015 2016²
2003 2019 2020
2008 2009 2005 20
2013 1999 200
2

静谧自怡的功夫，又要突出主干、择其精要，努力做到又博又专、愈博愈专。

——2017年5月3日，习近平在中国政法大学考察时的讲话

青年是苦练本领、增长才干的黄金时期。

——2019年4月30日，习近平在纪念五四运动100周年大会上的讲话

希望你们珍惜学习时光，练就过硬本领，毕业后到人民最需要的地方去，以仁心仁术造福人民特别是基层群众。

——2020年2月21日，习近平给正在北京大学首钢医院实习的西藏大学医学院学生的回信

六、不断修身立德，打牢道德根基

青年是引风气之先的社会力量，一个民族的文明素养很大程度上体现在青年一代的道德水准和精神风貌上。

——2013年5月4日，习近平在同各界优秀青年代表座谈时的讲话

"学如弓弩，才如箭镞。"希望同学们珍惜美好时光，砥砺品德，陶冶情操，刻苦学习，全面发展，掌握真才实学，努力成为建设伟大祖国、建设美丽家乡的有用之才、栋梁之材，为促进民族团结进步、实现共同繁荣发展做出应有贡献。

——2013年10月1日，习近平总书记给中央民族大学附属中学全校学生的回信

前进要奋力，干事要努力。当代中国青年要在感悟时代、紧跟时代中珍惜韶华，自觉按照党和人民的要求锤炼自己、提高自己，做到志存高远、德才并重、情理兼修、勇于开拓，在火热的青春中放飞人生梦想，在拼搏的青春中成就事业华章。

——2015年7月24日，习近平给全国青联十二届全委会和全国学联二十六大的贺信

广大青年人人都是一块玉，要时常用真善美来雕琢自己，不断培养高洁的操行和纯朴的情感，努力使自己成为高尚的人。

——2017年5月3日，习近平在中国政法大学考察时的讲话

希望你们珍惜身穿戎装的机会，把热血挥洒在实现强军梦的伟大实践之中，在军队这个大舞台上施展才华，在军营这个大熔炉里淬炼成钢，书写绚烂、无悔的青春篇章。

——2017年9月23日，习近平给南开大学8名新入伍大学生的回信

青年要把正确的道德认知、自觉的道德养成、积极的道德实践紧密结合起来，不断修身立德，打牢道德根基，在人生道路上走得更正、走得更远。

——2019年4月30日，习近平在纪念五四运动100周年大会上的讲话

青年作为国家发展的中坚力量，其成长成才关系到国家的前途命运。习近平总书记对青年的重要寄语，明确了新时代青年应该爱祖国、树理想、担责任、勇奋斗、练本领、修品德，青年要具备爱国主义思想、拼搏实践的精神，坚持马克思主义理论的指导，才能抓住历史的机遇，迎接时代的挑战。

"中国梦"俨然成为当代青年运动的主题，"新时代青年"的使命担当是属于我们这一代青年的烙印。四川大学研究生支教团时刻谨记习近平总书记教导，用一年不长的时间，做一件终生难忘的事，让青春之花绽放在祖国和人民最需要的地方。

第二篇
四川大学研究生支教团工作的实践与探索

2011 2018 200
2010 2015 2016
2019 2020
2009 2005
1999 20

第四章　四川大学研究生支教团的管理培训体系

自 1999 年第一届研究生支教团成功派遣至今，研究生支教团已经走过了 20 多个年头。20 年来，研究生支教团已经形成了一套完善可靠的"选拔—培训—支教服务—跟进培养"全链条培养体系，各项规章制度不断完善，服务质量显著提升，影响力日益扩大，为我国西部建设做出了突出贡献。提高支教团的管理水平与服务质量是高校项目办长期以来的一个重要课题，管理服务质量的优劣也是检验高校项目办建设水平的重要指标。

加强支教团的管理与服务，具有极其重要的意义和作用。一是有利于提升支教团的精神风貌，树立良好的团队形象，进一步扩大研究生支教团项目的社会影响力；二是有利于提升支教团成员的综合素质和服务水平，能更好地服务西部、建设西部，完成时代使命；三是有利于促进高校项目办的发展，对高校志愿服务工作起到带动、示范、引领作用。

根据《关于做好 2019 年中国青年志愿者扶贫接力计划研究生支教团有关工作的通知》（全国项目办发〔2019〕10 号）以及《关于组建中国青年志愿者扶贫接力计划 2020—2021 年度（第 22 届）研究生支教团有关工作安排的通知》（全国项目办发〔2019〕14 号）文件要求，为培养支教团成员良好的团队配合意识，同时加强队员对支教工作的

了解，增强队员在支教地区开展工作的适应能力，以便更好地完成即将到来的支教任务，四川大学项目办对支教团进行长期管理并开展支教的相关培训。

四川大学研究生支教团自组建以来，一直将管理与服务作为一切工作的重中之重。通过思想引领、制度保障和队伍建设三个方面规范团队选拔、培养和发展。思想引领是根本，坚持正确的价值导向，强化和培养支教团成员政治意识、奉献意识和规则意识。制度保障是手段，建立完善的制度体系，实现全方位、全过程、全阶段管理。队伍建设是保证，必须严格把握支教团的选拔、培训、管理、后续跟踪培养等全过程，将支教团打造成一支政治过硬、本领高强的队伍。"工欲善其事，必先利其器"，只有坚持正确的价值导向，科学、合理地完善好制度、打造好平台、提供好服务才能切实地做好支教团的管理服务工作，做好支教团的坚强后盾。

四川大学研究生支教团志愿者在赴服务地之前，必须接受团中央，服务地所在省、自治区和直辖市团委以及四川大学项目办组织的培训。支教团志愿者须在规定时间内主动参与岗位知识和技能培训，并经四川大学项目办鉴定合格后方可前往服务地开展支教工作。支教团志愿者培训工作时间为自当届支教团志愿者名单公示期结束日开始，至由四川省大学生西部计划志愿服务项目办确定的西部计划志愿者派遣日结束，为期八个月，在此期间志愿者不得以任何理由缺席或退出支教团志愿培训。四川大学研究生支教团的管理内容包括制度完善、教学能力提升、团队协作提升和心理适应准备四个板块，具体涵盖思想政治教育、师范教育、服务地社情民意教育、团队意识教育、志愿服务与扶贫接力计划基本知识教育、体能训练和基本生活技能教育等多个方面。

第二篇
四川大学研究生支教团工作的实践与探索
2011 2018 200
2010 2015 2016
2003
2019 202
2009 2005
2008
2013 1999 20

　　管理方案以切实提高支教团队员的个人综合素质为根本宗旨，尤其注重增强支教队员的志愿服务理念，端正支教队员的行动动机，同时兼顾知识和有关技能等方面的培训，逐步实现四川大学支教团培训管理等各项工作的科学化、制度化和规范化。力求通过培训，使支教团队员在奔赴服务地区前，能够较好地吸取往届支教团工作的经验与教训，掌握教学的基本规律和方法，能够较好地了解服务地区的各项基本情况，掌握其他各项在支教过程中常用到的相关知识和技能。

第一节　科学管理，夯实团队基础

一、强化思想引领

（一）落实中央重要指示精神，培养青年责任担当意识

　　川大研究生支教团一直以高度的政治站位和政治自觉，认真学习贯彻落实党中央、国务院对于研究生支教团和志愿服务工作的重要指示、回信以及讲话精神，以饱满的热情积极响应国家"到基层去、到西部去、到祖国最需要的地方去"的号召。通过成立临时团支部、定期组织召开总结会，采用个人自学与集中培训相结合、理论教育与社会实践共培养等形式，加强对研究生支教团的价值引领，鼓励支教志愿者在实践中增长工作本领、在艰苦奋斗中砥砺意志品质、在为人民服务中茁壮成长。

二、完善制度保障

　　根据团中央、教育部等相关文件要求，结合我校实际情况，制定了《四川大学研究生支教团志愿者管理办法》，对我校研究生支教团的招募选拔、预备期培训、集中派遣、表彰激励、跟踪培养等工作做出严格要求。

（一）严格落实日常管理制度

完善团支部建设，定期指导研究生支教团开展"三会一课"等学习活动，切实提高思想认识水平和业务工作能力。严格执行志愿者请销假制度，会同服务地项目办详细统计和掌握外出志愿者名单、外出地点、往返日程、联系方式等。建立健全日常工作"3个1"制度，要求1活动1简报、1月度1总结、1年度1回顾的工作记录制度，给予及时的总结指导。

（二）搭建管理服务平台

协助四川省项目办、服务地项目办共同做好志愿者补贴发放、社保缴纳等保障工作。为志愿者提供往返服务地的交通、住宿等方面的条件，及时解决志愿者日常生活需求。学校领导也高度关注支教团同学的生活、工作、成长、成才，2018—2019年，学校党委书记王建国教授、校长李言荣等多位学校领导及相关单位负责人曾多次前往服务地看望、慰问支教团志愿者，并给予了指导和激励。

三、打造过硬队伍

（一）重视招募选拔，提升队伍整体质量

做好宣传动员招募选拔是研究生支教团工作顺利开展的基础。学校高度重视研究生支教团志愿者的招募工作，根据相关文件要求，四川大学支教序列推免研究生遴选工作小组由校团委会同学校教务处、学工部、研工部、社科处、心理健康中心等部处及学院教师代表组成，多部门联动、多渠道互动，全力负责研究生支教团志愿者招募选拔工作，切实保证队伍的质量。广泛利用线上线下宣传平台，发布研究生支教团招募动员信息，宣传往届模范支教青年志愿者及其支教服务事迹、支教感人故事等，增进学生对支教项目的了解，深化志愿服务理

第二篇
四川大学研究生支教团工作的实践与探索

2011 2018 200
2010 2015 201
2003 2019 202
2009 2005
2013 1999 20

念，传播志愿服务精神，在校园内形成志愿服务风气，在普通学生青年、未来支教志愿者心中埋下奉献的种子。

（二）加强培训力度，提升队员整体能力

支教志愿者深入支教地服务期间往往需要依靠单薄的人力面对复杂的事务，对志愿者的个人工作能力有着较高的要求，因此全方位、多角度地提升支教志愿者素质是支教服务顺利开展的重要保障。制定《四川大学研究生支教团培训方案》，以提高教学水平、团队凝聚力、纪律规范为目的，学校项目办采用渐进式培养方式，培训内容涵盖教育教学技能技巧、志愿精神与服务意识、团队合作与心理健康、服务地风土民情和基本生活技能等各个方面。培训内容和形式包括思想政治教育、校园部门挂职锻炼、教学技能实习、礼仪文化、民族风俗、心理培训、体能与安全训练和经验交流等。同时，为提高支教团志愿者的专业化水平，学校鼓励志愿者考取教师资格证等相关教学证书。自第 22 届研究生支教团志愿者选拔结束以来，我校项目办已参与及组织内容丰富、形式多样的岗前培训 12 次，共计 150 余课时。同时，教育引导志愿者发挥桥梁纽带作用，协同学校资源，积极投身当地精准扶贫工作，成为服务地共青团工作和脱贫攻坚力量中的生力军。

（三）依托学校资源，追踪队员后续培养

学校高度重视志愿者服务期结束后的后续培养工作，探索建立了以提升综合素质为核心、以服务精神和担当意识培养为内容的跟踪培养机制，通过建立支教团人才库和交流平台、开展支教团交流联谊会等，加强对历届志愿者的跟踪培养与吸引凝聚。仅第二十届研究生支教团，就有 10 名志愿者期满返校后在校内充当团学工作骨干力量，担任贴近学生的兼职辅导员。2019 年，在研究生支教团成立 20 周年之际，四川大学项目办联合服务地举办了"扶贫接力二十载,青春建功新时代"主题晚会、支教工作成果展、支教经历分享等系列活动,回顾四川大学研究生支教团 20 年如一日的工作探索和成功经验,同时为新时代支教团工作的开展指引新方向、开拓新道路。

第二节　凝心聚力,强化团队协作

研究生支教团是一个集体,因此在支教团培训时要注重团队整体的力量,注重团队协作,这样才能提升工作效能。四川大学研究生支教团自成立以来一直以建设一支"召之即来、来之能战、战之必胜"的团队为宗旨,广泛开展团组织生活会、体能训练、素质拓展、志愿者经验交流分享会、宣传能力提升、校团委挂职训练、急救知识培训等多种形式的活动,形成了独具特色的团队协作提升培养模式,提升了团队的整体协作能力。

一、加强交流分享

（一）开展团组织生活会

四川大学研究生支教团自成立起,通过座谈、讨论、讲座等形式进行团组织生活学习,举办一月一次的主题团支部组织生活会,学习党、团和国家最新大政方针和相关法规政策,深化志愿者对志愿服务和扶贫接力计划的理解,强化志愿者的思想认识和奉献精神,提升支教团成员思想政治素质,发挥其先锋模范作用,增强成员的组织纪律观念与凝聚力。每月开展一次团支部组织生活会,共计 9 次。同时,定期召开团内例会,针对支教准备过程中存在的问题展开讨论,对支教团内工作进行分配,成员选拔结束后完成三个支教地人员分配工作及团长的民主选拔过程,每年共组织开展大小例会 10 余次,使支教团各项

第二篇
四川大学研究生支教团工作的实践与探索

2011 2018 20
2010 2015 201
2003 2019 202
2008 2009 2005
2013 1999 2

工作得以有序、顺利开展。

研究生支教团项目 20 周年主题团日

支教团内部组织生活会

青春绽放索玛花
QINGCHUN ZHANFANG SUOMAHUA
——四川大学研究生支教团工作实践与探索

表 4.1　第二十届川大研究生支教团团支部组织生活会安排表

时间	活动内容	活动目的
2019 年 11 月上旬（可在年底也进行一次）	组织团建活动	让支教团成员彼此之间有比较充分的了解和认识，活跃团队气氛，培养团队意识，为以后的工作打好基础。
2019 年 12 月上旬（可在每次集中培训后开展，总结经验、及时发现问题，以期达到更好的培训效果）	开展"践行思想，争为人先"主题思想报告与总结生活会议	针对前期集中培训的生活和思想动态汇报交流，从中总结经验，进行批评与自我批评，不断反思。
2019 年 12 月	开展"冬日送暖阳，志愿一小时"主题活动	借国际志愿者日的东风，与校青年志愿者协会联合开展"志愿者纪念日"主题活动，宣扬志愿精神，达到教育目的。
2019 年 12 月下旬	开展"喜迎元旦，奋发图强"年终团组织总结会议	通过对一年党团工作思想总结以及实际工作的总结与反思，每个成员都真实有所思、有所得，在总结基础上鼓励大家积极制订来年目标，彼此监督、互相促进，实现更好的发展。

续表 4.1

2020 年 3 月中旬	开展"全面建成小康社会"主题教育活动	深入贯彻学习两会精神,了解我国脱贫攻坚战的成果与支教地的发展情况,为适应支教地经济、政治环境奠定理论基础。
2020 年 4 月	开展卫生教育讨论会	结合支教地卫生情况,讨论如何在支教工作中落实卫生教育,为支教地"防艾"等工作注入力量。
2020 年 5 月	开展"传承五四精神,做新时代青年"爱国主义教育活动	传承"五四运动"精神,组织全体成员参观校史馆(有条件可参观市内革命历史博物馆),通过革命历史分享会、革命精神传承演讲等多种方式,让支教团成员学习革命精神,传承革命意志,在砥砺中实现自我价值。
2020 年 6 月	开展"青年大学习"理论知识竞赛	巩固加深支教团成员对习近平新时代中国特色社会主义思想理论知识的学习与理解。
2020 年 7 月	开展《习近平的七年知青岁月》读书分享交流会	帮助支教团成员更进一步理解与体悟支教工作,使成员树立坚定的理想信念,培养刻苦的学习态度,发扬顽强的奋斗精神。

（二）搭建沟通桥梁，营造"家"文化

为提升团队整体协作能力，促进团队更加高效地在服务地开展工作，培训志愿者需了解、学习服务地基本办学情况、教学专业知识、生活基本技能以及服务地民风、民俗、民情（包括民俗文化、装饰文化、饮食文化、节日文化和民俗禁忌）等内容；了解扶贫计划与扶贫政策，关注服务地扶贫发展状况，为支教团成员适应服务地的生活习惯，提高处理突发事件的能力奠定坚实基础，确保未来各项工作顺利开展。

支教团于每年3月下旬、4月下旬和6月下旬为即将到岗成员开展三次志愿者经验交流会。第一次交流会以学习扶贫计划及相关扶贫政策为主，帮助志愿者加深对扶贫工作的理解程度，为开展扶贫工作提供理论支撑。第二次交流会则邀请往届支教团成员针对服务地教学情况开展经验分享活动，为支教工作积累经验。第三次交流会邀请往届支教团成员针对服务地风俗人情开展交流分享活动，为适应支教地文化与风土人情奠定基础。

二、提升团队效能

（一）参加校团委挂职锻炼，提升个人核心能力

培训期间，为了提高支教团志愿者的文案能力、办公能力、协调能力等教师基本素质，校团委专门为志愿者提供了挂职锻炼岗位，21位志愿者每人每周进行2～4小时的挂职锻炼，协助校团委老师，参与办公室日常工作，组织开展学生活动，培训基本工作技能，培养突发事件的处理能力。

支教团成员在校团委挂职锻炼

（二）重成效、强宣传，打造一支宣传能力过硬的队伍

支教团在到岗服务期间，根据实际情况进行工作的报道，宣传四川大学研究生支教团的支教工作事迹，为研究生支教团成员与校内其他同学提供一个交流的平台，同时让当地的声音与信息通过这一平台传播到外界，因此需通过微博、微信等新媒体平台发布讯息。为达到更好的团队协同合作效果，需实施宣传能力提升计划，着重就文案写作、图片拍摄、视频制作、公众号运营等各板块进行培训。

文稿写作能够培养支教团成员挖掘素材、价值研判、报道策划和新闻写作等能力，使每一位成员都具有基本的新闻报道和写作能力；提升支教团成员的新闻素养和创新能力，培养一批业务过硬、工作高效的宣传员队伍。采取线上线下同步学习模式，线上学习新闻选题策划课程、新闻采访课程和新闻写作课程；线下开展专家讲座、邀请学校相关领域的老师、社会中相关领域的工作者和研究者来给支教团授课。学习结束后，通过个人作业、小组作业和作品分享座谈会等形式来考察支教团成员的学习情况。选题策划和新闻采访课程预计开展

1～2周，写作课程预计进行3～4周时间。

图片拍摄培训主要为普及推广摄影知识，学习摄影基础知识、摄影技巧、图片后期处理等方面课程，帮助支教团成员将理论知识运用于实际拍摄，提高摄影及图像处理水平，从而更好地开展团队宣传工作。培训方式为邀请老师授课或请相关专业的学生分享，开展摄影和图片处理的理论知识培训和实操培训。培训结束后，每位成员提交三份作品用以考核学习成果。摄影课程理论讲解4次，课外实操2次；图片处理课程预计4～8次，可根据实际进度进行调整。

视频制作培训保证宣传组熟悉视频制作的各种工具、程序及完善工作，并且能够高效剪辑、制作视频，支教团其他成员掌握基本视频制作手段和素材收集方式，利用"传统＋新兴"的视频营销渠道助力支教团的扶贫教育工作，更好地传播已有的教育扶贫成果，回馈社会、国家对支教地的关怀。课程采取线下邀请教师授课的方式，开展视频素材收集和后期制作的课程；同时开展线上学习并掌握当下流行的短视频软件的视频剪辑、制作。学习结束后，以小组研讨和作业的形式考察学习成果。教师授课培训计划安排2名教师，分两堂课进行，每堂课50分钟，合计两次。短视频学习计划2课时。

微信公众号运营培训教授开通支教团的微博账号和QQ空间的方法；教成员掌握微博、QQ空间、微信文章和视频的上传方式和运营流程，将其上传至自媒体平台，以增加阅读量，增强传播影响力。

第二篇
四川大学研究生支教团工作的实践与探索
2011 2018 200
2010 2015 201
12
2003
2019 202
2009 2005
1999 2
2013

支教团成员开展宣传技能培训

（三）把好意外安全关，开展急救知识普及培训

在日常生活及生产中，急救病症以及意外伤害时有发生，而对心跳、呼吸骤停或某些意外伤害者而言，生命抢救的黄金时间仅有 4 ～ 6 分钟。事故发生的现场，在伤病人员身边的多为其家属、同事或过路群众，如果这些人员懂得并掌握一定的急救基础知识和技能，能对伤病人员进行必要的初步急救，并能帮助灾害事故现场的伤员尽快安全撤离，就能减轻伤者痛苦，防止一些并发症，减少伤亡。如果不懂得急救技能，则可能或因无法施救而丧失宝贵时机，或因方法不当而加剧伤残程度，所以懂得一定的急救知识还是相当必要的。

培训内容需涉及止血包扎、心肺复苏的正确方法，以及急救包知识等。同时可结合现场演示进一步强化支教团成员的现场应急处置能力。

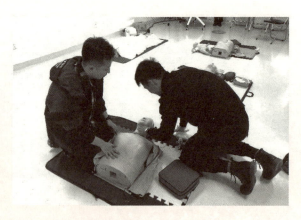

支教团开展急救知识培训

（四）增强组织向心力

1. 强身健体，加强体能训练

考虑到支教地海拔较高及气候恶劣的情况，为了使支教团成员能够适应当地自然环境，更好地完成教学、扶贫任务，加强志愿者身体素质，培养成员的团队合作意识，提升支教团凝聚力和团队协作能力，为支教团开展支教工作营造团结、友爱、互助的氛围，支教团制订了"体能训练计划"，组织开展"一周一训练，一月一考评"的体能训练，包括固定项目长跑，自选项目羽毛球、跳绳、乒乓球和核心训练以及团体项目跳大绳和两人三足等。每月针对平时训练情况以及长跑、短跑和核心力量四项进行体能训练考评。

第二篇
四川大学研究生支教团工作的实践与探索
2011 2018 200
12 2010 2015 2016
7 03 4 2019 2020
2008 2009 2005 2
2013 1999 20

支教团开展体能训练

2. 开展团队素质拓展，提升团队凝聚力

为了提高研究生支教团志愿者的团队协作能力，四川大学研究生支教团每年参加一次团队素质拓展项目。志愿者们在游戏中相互熟识，彼此交流支教和组织志愿服务活动的想法，分享支教培训的心得。素质拓展活动让支教团志愿者体验并意识到团队的力量是无穷的，同时为志愿者结交志同道合的战友提供了有效平台，帮助逐渐融入研究生支教团这个大集体，相信自己可以在广阔的西部大地上建功立业。

省内支教团团队素质拓展交流

第三节　精准培养，提升教学水平

（一）培养基本教学能力

对教师职业基本技能训练的内容作了明确的规定，包含讲普通话和口语表达、书写三笔字和书面表达、教学工作、班主任工作等方面的技能训练，并对上述四方面的技能训练提出了最基本的要求；教育部颁布的《中学教师专业标准（试行）》提出教师专业能力的提高和发展要涵盖教学设计能力、教学实施能力、教育教学评价能力、班级管理与教育活动组织能力、沟通与合作能力、反思与发展能力等维度。

四川大学研究生支教团基本教学能力提升培训以加强前沿教育理论学习与实践为基础，特别重视加强支教团成员因材施教、因人育人的能力。每年至少组织四批次的集体教育学培训，以学习中小学教学、学生管理的经验方法为主要内容，通过观摩学习、与优秀教师座谈、模拟授课等形式开展。通过观摩中小学优秀教师现场上课，提高支教团成员对课堂节奏的控制能力、教学方式方法的灵活运用能力；通过与优秀教师座谈，促使支教团成员掌握管理学生的基本方法，提高班级组织建设能力；通过模拟课堂，锻炼支教团成员授课技能，提高知识输出能力。

基本教学能力集中组织培训划分为 3 个阶段，第一阶段从本年度选拔结果公示期结束后开始，持续开展 2 个月（10～12 月），此阶段主要为学习期，着重开展观摩学习、课堂模拟，学习教学方式、课堂节奏把握、管理学生经验、班级建设等各方面基础模块，此阶段结束后恰为寒假阶段，支教团成员充分利用假期进行教学反思与总结；第二阶段为提升期，开展时间为选拔后次年的 3 月到 5 月，主要是巩固课堂模拟成效，加强模拟强度，全面夯实提升教学能力；第三阶段

第二篇
四川大学研究生支教团工作的实践与探索
2011 2018 200
2010 2015 2010
2003 2019 202
2009 2005
2008
2013 1999 20

为强化期，在6月到8月开展，主要加强支教团成员学科专业知识学习，进一步扩大学科知识面，为以更加专业的水准投入服务地教学工作进行最后的攻坚。三个阶段的培训结束后，支教团内部进行总结，并赴服务地开展一线教学工作。同时鼓励支教团成员进行教师资格证的备考，学习"教育学""教育心理学"课程，同步开展试讲练习，提升课程试讲能力。

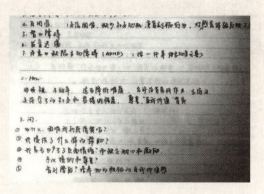

支教团成员教学笔记

以第二十一届研究生支教团为例，为加强支教团志愿者的教学能力，切实提高支教地服务质量，支教团全体成员参加了四川省第二十一届研究生支教团成员培训班。2018年10月至2019年1月，每月进行一周左右的集中培训，共参与20次教学能力培训活动，其中包括主题讲座7次："教学理论的运用""基于学科核心素质的课堂改进""教育情怀""积极心理学视野中的小学生心理问题""班主任工作技巧""现代教育学技术在教学中的应用""教案编写与课件制作"；有关支教计划的报告会1次，观摩活动2次：川师附属第一实验中学、川师附属上东小学，成都市小学数学教学技能大赛观摩学

习1次，试讲活动4次，并进行素质拓展及团队建设活动5场。

观摩学习数学教师技能大赛

在团省委统一组织的活动基础上，我校第二十一届支教团自组建起，每月组织、参与2～3次教育教学能力活动，其中包括2018年10月28日故宫前馆长单霁翔讲座，2019年4月28日袁亚湘院士讲座，川大附中、红砖西路小学（现为弟维小学）观摩学习8次，以及学校学生会开展的期中期末学习帮扶活动共4次等活动，共计30余次，具体见表4.2。

参加教学观摩活动

表 4.2 教学能力培训时间安排表

时间	培训内容	
2018 年 11 月 17 日	第一次座谈会：教学研究能力分享 总结在四川师范大学的三天培训中学习的有关教育学理论、现代教育技术、教育情怀的理论知识与学习心得	
2018 年 12 月 1 日	第二次座谈会：课堂教学能力分享 总结有关授课试讲技巧、班主任工作技巧、班级管理技巧等实践技能	
2018 年 12 月 10 日至 13 日	第一次观摩学习：小学教学观摩 1. 观摩结束后与授课教师进行交谈，包括小学授课技巧及自己在听课过程中的疑问； 2. 支教团成员心得经验分享	
2018 年 12 月 21、22 日	教学设计能力训练 具体形式：提供自己设计的教案与制作的课件进行互评分享交流	
2018 年 12 月 28 日	提交阶段性培训总结报告至负责老师存档	
2019 年 1 月	报名教资笔试	
2019 年 1 月 1 日至 20 日	第一阶段自主学习	
	备考教资：第一轮复习	根据个人学习计划，自行选择相应书籍及网上课程进行学习
2019 年 1 月 21 日至 22 日		提交个人阶段性学习总结（即 12 月 28 日至 1 月 20 日）及下一阶段学习计划（即 1 月 22 日至 2 月 20 日）

续表 4.2

2019 年 1 月 22 日至 2 月 20 日	第二阶段自主学习	
	备考教资：第二轮复习	根据个人学习计划，自行选择相应书籍及网上课程进行学习
2019 年 2 月 21 至 22 日	第三次座谈会：备考教资经验分享及自主学习心得分享	
2019 年 3 月 9 日	教资考试	
2019 年 3 月 10 日至 13 日	第二次观摩学习：中学教学观摩 1. 观摩结束后与授课教师进行交谈，包括中学授课技巧及自己在听课过程中的疑问； 2. 支教团成员心得经验分享	
2019 年 3 月 29 日	第一次课堂模拟试讲： 结合之前的教学观摩与教学培训，组织支教团的授课试讲，锻炼授课技能，互相总结改进，部分成员为教资面试做准备	
2019 年 4 月份	报名教资面试	
2019 年 4 月 6 至 10 日	第三次观摩学习：高中教学观摩 1. 观摩结束后与授课老师进行交谈，包括高中授课技巧及自己在听课过程中的疑问； 2. 支教团成员心得经验分享	
2019 年 4 月 18 日	第四次座谈会： 总结交流成团半年来的收获、心得体会、感悟及经验教训，并互相鼓励学习，为支教生活的开始加油打气	

第二篇
四川大学研究生支教团工作的实践与探索
2011 2018
2010 2015
2019 202
2009 2005
1999

续表 4.2

2019 年 4 月 25 至 26 日	准备毕业设计及毕业答辩
2019 年 5 月	教资面试

（二）提升信息化教学素养

课程是学生成长的载体，也是教师育人的"根据地"。课堂教学的成效直接影响到教师在学生中的受欢迎程度，而教学方式及教学能力则直接影响课堂教学成效。新时代的教师角色要转变，尤其是支教团教师，不仅是知识的传授者、教材的使用者，更应该是课程的开发者、生成者和创造者，给服务地学生带来更多"新"的东西。教学方式应当真正做到以学生为中心，改变以往单一的讲授课堂，使用混合式教学法打破"为教""为教材"为中心的传统课堂，使得课堂生动有趣。因此，在素质教育的背景下，转变教学方式、提高教学能力势在必行。

随着互联网技术的不断进步和信息化浪潮的持续推进，教育信息化急速影响着我们这个时代。在教师的专业能力培养中，信息化教学能力的重要性越来越突显。支教团成员借助 MOOC、B 站等优质的课程资源平台，根据时代发展特点和学生成长需要开发丰富多样、有利于学生发展的资源课程。同时支教团成员主动参与学习，尤其是信息技术课程及在线课程的学习，亲身体会在线学习，努力使支教教师向优秀教师转变，促进支教教师的信息素养提升。校团委老师定期组织支教团成员进行研讨与反思，提升支教团信息化教学与课程开发能力，使成员能够适应并主导教育信息化 2.0 时代下"互联网＋教育"的课堂教学，促进支教团成员转变教学观念，让教学内容能够"接地气、

聚人气",增强向心力,努力将每个学生培养成全面发展的个体。

突如其来的新冠肺炎疫情让 2020 年春季学期并未能像以往一样正常开学,四川大学第二十一届研究生支教团的成员们也不能第一时间返回支教服务地,但身处全国各地的老师们心里最牵挂的还是远方的学生,他们密切关注着服务地疫情的发展情况,通过电话、短信、QQ群等形式,提醒学生做好个人防护,为新学期做好准备。同时,支教团也积极响应教育部"停课不停教、停课不停学"的号召,充分利用经培养所具备的信息化教学能力,通过钉钉、微信、腾讯课堂、问卷星等多种载体展开网络教学与作业评测,进行线上学业辅导。四川大学研究生支教团的历届成员也发挥专业特长,积极组织成立"与抗疫一线医务人员家庭手拉手"专项志愿服务队伍,为一线医务人员子女提供学业辅导、故事伴读等在线服务,用实际行动保障"最美逆行者"的大后方。这也更加说明信息化教学素养是支教教师的必备素质。

支教团云课堂开展情况

第四节　经验交流，加强心理准备

研究生支教团志愿者的成长是一个连续的培养过程，不仅要关注学生在支教服务地的表现，也要关注其未来的专业发展；不仅要聚焦于对该政策的评估和发展，也要关注志愿者心理的健康发展，才能够更好地发挥支教政策的作用。因此需要对研究生支教团志愿者的跨文化适应心理做较为全面的分析，才能够有针对性地培养，促进其健康发展。

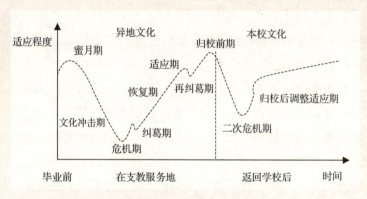

支教团志愿者的跨文化心理过程

研究生支教团志愿者从选拔结束到在服务地开展工作再到返回学校，其心理过程存在很大波动。在即将前往服务地的这段时间，内心充满期待与兴奋，并且在初到服务地的一段时间内都保持一个较高的兴奋点，可以将此时的状态称为"蜜月期"；随着在服务地时间的增长，加之异地文化、民族差异、语言障碍、陌生环境的冲击，兴奋度逐渐降低，取而代之的是茫然、孤独、焦虑等情绪，此阶段可以称之为"危机期"；随着与学生、同事的交流增多，焦虑、迷茫逐渐消失，取而代之的是与学生之间的情感加深，逐步开始适应当地的生活，但在恢复期间还会出现一到两次纠葛期，对影响不大；随着时间的推移，一年支教期结束之时支教团成员已完全适应当地生活，对返校充满期待的同时也夹杂着对当地支教生活、学生与教师的不舍，返校后由于身边的人和物发生变化，因此也存在适应的过程，此过程中会迎来另一个危机期，可以称之为"二次危机期"，随后逐步恢复适应程度。

因此，整个支教期间，从志愿者准备启程至返回学校，会经历两次大的心理波动，期间还会伴随一到两次纠葛波动。因此需加强对支教团志愿者心理上的培训和引导，以保证志愿者在服务地更加高效地开展工作，返校后更好地投入研究生的学习生活。

（一）从"心"开始

支教团成员培养方案以加强前沿教育理论学习与实践为基础，尤为重视丰富心理学理论知识，赴服务地开展志愿工作前，持续进行心理适应准备与心理知识学习，以提高支教团成员心理素质，确保志愿者顺利完成支教工作。通过引导、带动支教团成员学习心理学基本常识和心理特征，掌握心理学基础知识和方法，并且能够判断学生的心理健康状况，有效开展学生心理异常和调试工作，使支教团成员理解学生的心理现象和行为，更好地完成教学工作。

良好的心态是事业成功的基石。一年的支教生活不仅仅需要支教团成员锻炼自己的教学能力、生存能力，也需要他们调整好自己的心态，适应老师这一新的身份。研究生支教团邀请专家帮助即将赶赴支教点的支教团成员进行心理调适，倾听支教团成员的期待与担忧，帮助支教团成员适应将要面对的"老师"这一角色；专家还耐心解答大家的各种困惑，帮助大家做好充分的心理准备，以饱满的精神状态迎接支教生活。

第二篇
四川大学研究生支教团工作的实践与探索

2011 2018 200
12 2010 2015 2016
2003 2019 2020
2009 2005 2
2008
2013 1999 20

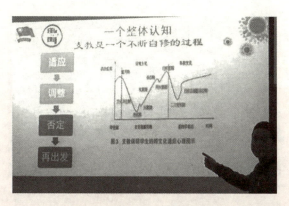

支教团开展支教心理辅导

制订计划定期开展心理学讲座，邀请青少年儿童心理专家和心理学老师为支教团成员授课，讲解青少年儿童心理特点及心理危机的应对。开展读书分享会，请支教团成员开展心理学相关经典图书和案例分享交流。在培训期间至少组织一次心理学培训，帮助支教团成员了解心理学基本常识和心理特征，掌握心理学基础知识和方法，提高支教团成员心理素质，确保他们顺利完成支教工作。

（二）"纵向"交流

往届研究生支教团志愿者的经验方法对于即将赴岗志愿者的心理适应及成长具有重要的助力作用。支教团积极搭建"纵向"交流平台，通过与往届研究生支教团交流让即将前往服务地的支教团成员了解支教情况，做好心理准备。培训期间应至少组织两次心理交流分享，由往届志愿者代表通过视频放映、照片展示、故事讲述、问答讨论等多种形式，就服务地办学情况、教学专业知识、基本生活技能及服务地民俗、民风、民情（包括民俗文化、装饰文化、饮食文化、节日文化和民俗禁忌）的具体情况等方面开展交流和培训。

支教团往届成员心理交流分享会

　　为继承 20 年来的优秀经验传统，进一步提高志愿者教学能力，完善创新支教团工作机制，以第二十一届支教团为例，分别开展了四川省往届支教团代表经验分享会、中国青年志愿者扶贫接力计划在川服务研究生支教团成员支教事迹分享会、四川大学第二十、二十一届支教团成员经验分享交流会、四川大学第十九、二十一届研究生支教团成员经验分享交流会、四川大学支教团 20 周年纪念晚会暨事迹分享会等事迹分享、经验交流会共 5 次。

跨届交流分享（第二十、二十一届支教团）座谈会

（三）一"学"一"研"

志愿者在赴服务地支教之前，组织志愿者开展一"学"一"研"，即学习志愿服务扶贫接力计划相关知识，调研服务地民情社情。掌握往届支教团活动成果及服务项目开展情况，了解服务地自然、社会情况，特别是教育发展情况，为有序、高效地开展工作做好心理准备。

支教团自发开展服务地民情教育培训

服务期间可通过帮扶地社情民情调研，了解、学习服务地基本情况。为使支教团志愿者尽快熟悉支教帮扶地的社情民情，因地制宜扶贫、因材施教教学，支教团历年都自行组织开展了对凉山州尤其是甘洛、昭觉、美姑三个县的调研，通过学校图书馆、报纸报刊、网络收集信息或是前往当地进行深入的调查研究，2019年累计共开展了4次线上及线下调研分享会。

支教团赴甘洛进行扶贫调研

第五章　四川大学研究生支教团在服务地教学方式的实践与探索

第一节　发挥课堂教学主阵地的实践与探索

一、课堂教学主阵地的重要作用

义务教育学段跨度长达 9 年，是在读规模最大、学龄最长的教育阶段，是与每个家庭、每个孩子的命运息息相关的教育阶段。在整个教育体系中，义务教育具有奠基性作用，被视为现代国民教育体系的基石。义务教育质量事关亿万少年儿童健康成长，事关国家发展，事关民族未来。在义务教育过程中，学生是课堂学习的主体，课堂是提高教学质量的主阵地。课堂教学作为基础教育的主阵地，对于提升基础教育水平具有重要的意义。

课堂教学一直是国内外教育领域研究的热点问题。国外主要有巴特勒的自主学习模式、弗雷内教学法、抛锚式教学模式等。巴特勒自主学习模式由美国教育心理学家巴特勒提出，该模式的具体步骤主要有以下四个教学环节：创设情境，激发动机；组织教学；应用新知、拓展迁移；巩固学习。弗雷内教学法是法国当代著名的教育家塞勒斯坦·弗雷内所倡导的一种教学方法，该教学法强调学生在学习中的主体地位，要使学生获得学习的主动权，进而使学生的能力得到充分的发展。抛锚式教学模式又被称为"基于问题的教学模式"，该教学模式认为创设良好的问题情境对学生的学习有很大的帮助作用，并且充

分肯定了探究学习的重要作用，也提倡塑造学生自主学习的能力，支持学生"合作学习"。

国内对于教学模式的研究主要体现为教学模式的发展以及有效教学改革的实践过程。万伟梳理了我国的教学模式，并将其自 1981 年以来至今大致分为了三个阶段。余文森则在《有效教学的理论和模式》一书中梳理了改革开放以来我国有效教学改革的实践过程。2001 年的新课程改革更是实现了三维目标统一和学生学习方式的变革。此外，改革开放以来以杜郎口中学的"三三六"自主学习模式、洋思中学的"先学后教、当堂训练"模式和东庐中学的"讲学稿"模式为代表的"先学后教"教学改革也都取得了显著成效，三所学校改革的成功之处就在于教育教学理念的转变和教学方式的转变，通过先学后教，让学生成为学习的主人。

从以上分析可以看出，课堂教学一直以来都是国内外研究的重要内容。除了理论研究，从实践层面来看，2019 年发布的《中共中央国务院关于深化教育教学改革全面提高义务教育质量的意见》（简称《意见》）中提出强化课堂主阵地作用，切实提高课堂教学质量。《意见》紧紧抓住关键要素，着眼于"教和学什么"，强化德育、体育、美育和劳动教育应有地位；着眼于"怎么教和学"，从优化教学方式、加强教学管理、完善作业考试辅导等方面提出具体措施，切实提高课堂教学质量；着眼于"谁来教学生"，强调按照"四有好老师"标准，建设高素质专业化教师队伍。《意见》要求坚持教学相长，注重启发式、互动式、探究式教学；省级教育部门要分学科制定课堂教学基本要求，学校要统筹制订教学计划，优化教学环节；统筹调控不同年级、不同学科作业数量和作业时间，促进学生完成好基础性作业，不断提高作业设计质量。

《意见》中对课堂教学的要求，包括必须强化课堂主阵地，充分发展课堂阵地作用，充分发挥课堂教学的教育价值，具体来讲包括三个方面。

第一，帮助学生树立正确的价值观。立德树人是教育的根本任务，也是教师的天职。通过注意课堂教学方法、优化课堂教学方式，可以使学生对各种客体有一个正确的价值评价，同时能够对学生的个人成长、社会进步、国家发展和人类文明做出正确的价值判断和行为选择，并积极践行社会主义核心价值观。

第二，提高学生解决实际问题的能力。教育教学的目的是指导实践，通过注意课堂教学方法、优化课堂教学方式，可以提高学生的各项能力，比如逻辑推理能力、分析运算能力、语言沟通能力等，从而让学生在现实生活中能够游刃有余地处理各种遇到的问题。

第三，指导教育教学实践。教学过程中，教育工作者不仅要关注学生的学科核心素养，同时也要关注自身的教学实践。在新课程改革的背景下，注意课堂教学方法、优化课堂教学方式已经逐渐成为不同学科教学的首要任务，对教育教学的实践起着指导作用。

二、服务地课堂教学的实践

研究生支教团的成员普遍有着深入的理论积累和探索，不仅可以给贫困地区的教育部门带去新的教育观念和新的教学实践研究思路，而且新旧事物的碰撞，往往可以产生火花，所以新旧教育观念和方法的接触，有助于推动当地教师反思和探索新的教学方式。尽管大多数志愿者缺乏教学实践经验，但其自身的综合素质加上全新的教育理念和认知能够帮助他们创新课堂教学模式，这同时也是中西部贫困地区基础教育所需要的新鲜养分。"师者，所谓传道授业解惑也。"初次作为人民教师走上讲台的研究生支教团志愿者们为了能上好课，并在最短的时间内适应环境、融入学校，往往通过自学、上网查阅资料、向学校教师请教等方式来提升自己。目前高校研究生支教团课堂教学的实践主要包括三个方面。

（一）课前充分准备，保证课堂教学质量

"为教学、先自学"——这是研究生支教团志愿者的共同认识。由于大部分志愿者所授课程与自己专业不符，有的还需要教自己不擅长的科目，所以为了能够上好课，志愿者们往往需要在课前充分学习课程知识，把课本摸准、吃透，这样才能在课堂教学中游刃有余。

研究生支教团成员备课、研讨

（二）创新授课过程，充分利用每一分钟

"一节课有 40 分钟，怎么上是有很大学问的。"为了上好一堂课，研究生支教团的志愿者们往往都使出浑身解数，下足了功夫。他们为了了解学校老师上课的情况，一般都会在没课的时间去其他教师课上"蹭课"。从其他教师上课过程中找灵感、找方法，通过对整个课堂过程的观察，看有哪些环节能够激发学生的学习热情，学习其中好的方法。他们还通过上网查阅资料、看教学视频等方式，创新上课模式。一般课堂教学模式是 5 分钟为复习上节课知识；5 分钟为学生自学新知识；3 分钟为学生提问题；15 到 20 分钟为教师讲授新知识；5 到 10 分钟为练习时间。在讲授新知识过程中采用"自学与互学""看与讲""听与说"结合的方式，借助引入道具、小组结合、回答奖励等机制提升学生的学习兴趣，让学生感受到学习的快乐，在快乐中学习。

第六届支教团老师上课

第十五届支教团老师上课

音乐节奏练习

（三）找准教学方法，注重学习习惯养成

为了寻找好的教学方法，研究生支教团的志愿者们做了大量工作。支教地的学生大部分基础差、底子薄、学习意识不强。为了能够找准教学方法、上好课，志愿者们采取了多种措施。他们通过找学生谈心、找班主任了解班级情况、与家长沟通等方式全面了解所教班级学生的基本情况，然后"对症下药""以质取胜"，根据学生情况安排合理的教学进度、制定科学的教学方法。一方面，志愿者们通过上网查阅资料、向其他老师请教并结合自身经历把先进的教学方法和理念引入课堂教学，比如小组合作学习法、课堂情景法等；另一方面，根据学生情况创新教学方法，注重培养学生的学习习惯。上课时一般采取小组合作学习方法，4个人分为一组，一名组长负责小组学习，课堂回答问题、作业完成、练习成绩等按照分数引入小组评比，每周进行综合评比，成绩好的有奖励，不好的不进行批评而是给予鼓励，并对学习成绩较差的学生进行重点辅导。这样会在学生中形成一种良性的竞争激励机制，让学生快乐地学习。

课下小组讨论

第十九届支教团老师为孩子辅导英语

（四）加强课后辅导，改善批阅作业方式

为了帮助学生巩固所学知识，研究生支教团的志愿者们通过多种途径来帮助学生掌握知识。首先，志愿者加强课下辅导，一般会利用自习或课余时间来到班上辅导学生写作业，对于学习基础差的学生进行重点辅导，一遍遍地给他们讲解知识，直到学生弄懂、学会为止。有的志愿者还会利用周末时间对重点辅导学生进行家访，一方面是为了更好地对学生进行有针对性的辅导，督促学生学习；另一方面是通

过与家长的沟通了解这部分学生在家学习情况、家庭教育情况等，更好地为学生制订有针对性的学习辅导计划。其次，志愿者认真批阅作业、改善批阅作业方式。志愿者每上一次课都会布置作业，一般教语文、数学等主课的志愿者每天都有课，也都会布置作业。他们的任务量更大，每天都会有四到五节课，他们一般将批阅作业的时间放到晚上。

第十九届支教团老师为孩子课后辅导

第二十一届支教老师课后辅导

第二十二届支教老师在批阅作业

三、当前课堂教学实践存在的问题

虽然研究生支教团课堂教学在各方努力下取得了很好的成效，受到了服务地师生的欢迎和好评，但由于服务地客观条件限制、志愿者自身能力不足等，在课堂教学实施过程中难免出现矛盾和问题。

（一）重视课堂教育升学作用，忽视素质教育的作用

一方面，受传统教学观念以及应试因素的影响，在实际教学过程中，部分志愿者过于关注对教学知识的片面追求，而忽视了学生在学习过程中的情感、态度的变化。另一方面，课程安排过多，教学任务过重，导致志愿者教学压力大，部分志愿者疲于应付，重点关注升学等教学指标。然而开展课堂教育的最终目的是通过课堂教育，有效提升学生科学文化素质，使学生能够在课堂学习的过程中获得更多的社会体验与社会经验，以此实现学生德智体美劳的全面发展。

（二）重视课堂知识讲授，忽视实验教学的作用

专业知识不足、实验教学经验欠缺是制约志愿者进行课堂教学、

完成支教任务的最大因素。志愿者为了上好课，往往需要花费大量的时间去学习、备课、查资料，基本上都是"现学现卖"，虽然志愿者的学习能力强、知识水平高，但是对于从未接触过的新知识仍然需要一个适应的过程，这些问题的存在一定程度上影响了志愿者的课堂教学质量。再加上服务地实验条件有限，志愿者们相对缺乏动手实验的经验，导致很多志愿者和学生过于重视课堂教学，而对于实验教学较为忽视。很多需要进行实验的科学知识，也是通过志愿者口头叙述进行讲授，导致学生对很多实验现象缺乏直观清晰的认识。

（三）因材施教思想淡薄，学生缺乏学习动力

志愿者在服务学校教学任务分配时存在的一个比较明显的问题就是学校分配的教学任务与志愿者专业特长不相符。教学任务的安排基本是服务地学校缺什么岗位就安排志愿者去教什么课，而没有充分考虑志愿者的专业和特长。所以很多志愿者的教学岗位安排不合理，教学课程与自身专业特长不相符，不利于志愿者发挥自身优势和特长，无法最大限度地实现社会价值，一定程度上也影响了教学质量和教学水平的提升。同时，很多支教服务地的教育理念还没有得到及时的转变，导致很多志愿者到达服务地之后缺乏因材施教的思想。课堂授课方式也比较单一，有些还是传统的"满堂灌"教学，不能做到因人而异，也不能满足学生的不同需求，不利于提高学生的学习兴趣和学习效率。

四、服务地课堂教学的探索

客观分析研究生支教团课堂教学过程中存在的问题，探索合适的解决措施，对于改善和加强研究生支教团课堂教学至关重要。从志愿者自身出发，提出完善研究生支教团课堂教学的对策建议，为解决研究生支教团课堂教学的问题，探索长期发展的新路径提供参考。

第二篇
四川大学研究生支教团工作的实践与探索
2011 2018 20
2010 201520
2003 2019 202
2009 2005
2008
2013 19992

（一）丰富学科教学知识，增进教师对学科的理解

教师是课堂教学的主导者，是学生学习的引领者。研究生支教团志愿者们的知识储备和知识丰富程度势必在很大程度上影响学生的知识获得。《普通高中课程方案和各学科课程标准》明确提出教师应该注重通过多种途径和方法提高学科理解能力，要求教师在开展基于学科核心素养的课堂教学时，要进一步增进对学科的理解。所以作为支教老师，也需要内化和强化学科自觉意识，并经常反思学科理解方面的不足，持续丰富自身的学科专业知识和学科教学知识，增进自身对学科的理解。

（二）调控课堂氛围，开展问题解决式的情境教学

基于学科核心素养的课堂教学倡导创设真实情境，重视发展学生解决问题的创新精神和实践能力，强调教师主导下的学生主动参与、积极建构的深度学习。解决问题的能力也是一种伴随终身的学习能力，就教学而言，问题解决是一种贯穿教学始终的教学实践与教学方法。因此，研究生支教团志愿者们在授课时，可以通过对课堂氛围的把控，营造一个轻松、活跃的课堂环境，消除学生对教师的恐惧心理，全身心参与到课堂当中。同时通过创设基于真实生活的问题情境，让学生在解决实际问题的过程中加深对学科核心素养的理解。

（三）设置课堂学习小组，让学生合作互进

小组合作是较为常见的课堂教学指导形式，同时也是培养学生核心素养的关键。所以，研究生支教团的志愿者在授课阶段可以通过划分小组的形式，在集体活动中培养学生的合作意识，实现核心素养的培养目标。此外，学生的合作学习也离不开教师的系统性指导，因此教师需要根据不同学生的实际情况，探索适合学生的教学指导方法，才能顺利达

成合作教学指导的目标。在小组合作环节中，主体一般是组内的各个成员，所以要求学生在课前做好分工也是十分必要的，这样就能让每一位学生都能在分组过程中各尽所能，相互合作，相互竞争，使得学生之间的配合度以及契合度逐步增强，使每个人都能在他人的影响与调动之下提高自己的综合能力。

（四）重视实验教学，提升学生动手能力

新课标中指出，组织以探究为特点的主动学习是落实培养学科核心素养的关键。因此，学校应重视各学科课程资源的配置，为学生自主动手进行实验探究学习提供条件。同时研究生支教团的志愿者们可以结合课程标准中的教学建议为学生提供实验探究的机会和指导，启发学生大胆思考、提出问题，鼓励学生自主动手制订实验探究计划并主导探究过程，让学生尝试通过多种途径和方法解决问题并完成报告。如此不仅可以提升学生主动思考、积极探究、动手实践以及团队协作等能力，同时也能培养学生的科学思维与社会责任素养。

（五）重视教学反馈，提升课堂效果

课堂教学反馈评价是师生之间进行信息交流和优化教学的过程，也是实现教与学和谐统一必不可少的环节，它贯穿教学的全过程，是教学活动的重要组成部分。教学的艺术不在于传授的本领，而在于激励、唤醒和鼓舞。研究生支教团的志愿者们在教学实践中，一方面，对在课堂上和学习过程中有良好表现的学生，要及时进行激励性评价，对表现不佳的学生也要适时进行鼓励性评价；另一方面，对学生知识的掌握情况、能力素养提升的效果，也要及时进行反馈和评价。通过当堂评价、反馈学生学习的效果来保证教学质量。

第二篇
四川大学研究生支教团工作的实践与探索

2011 2018 20
12 2010 201520
2003 4 2019 202
2009 2005
2008
2013 19992

第二节　思政教育与第二课堂融合的实践与探索

一、思政教育与第二课堂融合的重要意义

党的十八大以来，以习近平同志为核心的党中央高度重视青少年思想政治教育。习近平总书记在不同场合对加强青少年思想政治教育发表了系列重要讲话，其内容主要涵盖立德树人、培育和践行社会主义核心价值观、以文化人、以文育人、教育合力构建、加强党的领导等诸多方面。这些重要论述充分体现了以习近平同志为核心的党中央对青少年成长成才的亲切关怀和殷切期待，立意高远，思想深邃，形成了内涵丰富的思想政治教育理论体系，为提升青少年思想政治教育科学化水平指明了方向，提供了遵循。2019年3月18日，习近平总书记在学校思想政治理论课教师座谈会上强调，青少年是祖国的未来、民族的希望。我们党立志于中华民族千秋伟业，必须培养一代又一代拥护中国共产党领导和我国社会主义制度、立志为中国特色社会主义事业奋斗终生的有用人才。在这个根本问题上，必须旗帜鲜明、毫不含糊。这就要求我们把下一代教育好、培养好，从学校抓起、从娃娃抓起。在大中小学循序渐进、螺旋上升地开设思想政治理论课非常必要，是培养一代又一代社会主义建设者和接班人的重要保障。

然而学生的理想信念非一日之功即可奠定，一个人的世界观、人生观、价值观是其接受教育和人生历程的经验积累，因此思想政治教育应当从学生进入学校的那一刻起就严抓不懈，方能踏石留印、抓铁有痕，真正为国家培养德智体美劳全面发展的社会主义建设者和接班人。对于少年儿童来说，思想政治理论课的重要性不言而喻，与其生活实践密切相关的第二课堂也不容忽视。

我国的教育教学在全面发展和实施中，为课堂教学带来了新的空

间，以第二课堂为主的全新教学模式，逐渐融入教学，第二课堂成为其中最具特色、具有重要地位的教学形式，而思想政治教育专业作为学生成长成才最基础的科目，其与第二课堂的融合是刻不容缓且不可逆转的。第二课堂的开展和组织，已经成为思想政治课堂教学必不可少的重要环节，挖掘好、发挥好第二课堂的思想教育功能对于全过程育人有事半功倍的作用，也是实现受教育者知情意行统一的重要途径。作为支教扶贫的中坚力量，研究生支教团必须从实际出发，结合服务地的实际情况，以课堂理论知识为基础，突破传统的第二课堂思想政治教育方式，组织和开展丰富多彩的第二课堂活动，全方位发挥引领作用，激发学生的学习热情，促使学生接受更多的正能量，提高学生的思想政治素质，让学生树立正确的世界观、人生观和价值观。

二、思政教育与第二课堂融合的实践

川大研究生支教团第二课堂与思想政治教育相融合的实践可概括总结为"一个中心、三个结合"的教育模式。

（一）坚持社会主义核心价值观的中心地位

一个民族的文明进步，一个国家的发展壮大，需要一代又一代人接力努力，需要很多力量来推动，核心价值观是其中最持久、最深沉的力量。

富强、民主、文明、和谐，自由、平等、公正、法治，爱国、敬业、诚信、友善的社会主义核心价值观，是社会主义社会倡导的价值观念的集中体现，是社会主义核心价值体系的高度凝练，承载着中华民族深层次的精神追求，体现着社会主义社会评判是非曲直的价值标准。

习近平总书记在多个场合强调了培育和践行社会主义核心价值观的重要意义，多次指出要把社会主义核心价值观融入学校教育全过程。

川大研究生支教团始终坚持社会主义核心价值观的中心地位，充分将社会主义核心价值观教育融入第一课堂和第二课堂的全过程、全方位。

（二）坚持第二课堂与思想政治教育工作的三个结合

1. 思想政治教育与时事热点相结合

时事热点通常是指特定的时期或地域范围内，引起众多社会成员密切关心、好奇、评论甚至争论的某种社会现象，包括经济、政治、文化等方面的各种变化和重要事件，如党的十九大、两会以及社会热点问题等。

时事热点与学生的日常生活和学习有着十分紧密的联系。对于低年龄段的学生来说，其接受能力强、思维活跃，各类时事热点、新思想、新思维的不断涌现，对其思想行为势必造成一定的影响。一是对学生的价值观造成一定的影响，由于学生自身思想与价值观不够成熟，对事物全面认知的能力较差，很容易受到部分社会热点问题背后消极因素的影响，从而导致价值观受到享乐主义、拜金主义等不良思想的侵蚀。二是对学生行为方式造成一定的影响，随着互联网的普及，学生有了更多的渠道接触到以往不常接触的信息，其中不乏有一些虚假的、与社会主流思想相违背的内容，加上学生自身受到的家庭环境影响、学习状态影响等，往往容易在行为上表现出偏离正常轨道的情况，甚至使得个别学生在面临个人成长、政治立场等重大选择时做出错误的价值判断。

综上可以看出，时事热点对学生思想行为所造成的影响不容忽视，而思想政治教育是帮助学生建立正确价值观、端正行为的重要手段，因此川大研究生支教团在服务过程中坚持将思想政治教育与时事热点相结合，以时事热点为切入点，将最新的时事热点融入第二课堂系列活动，辅以生动活泼的讲解，引导学生从时事热点中学习树立正确的世界观、人生观和价值观，规避部分社会热点问题对学生造成的负面影响。这不仅有利于让学生充分体会"秀才不出门，便知天下事"的乐趣，更有利于使学生在真善美、假恶丑的判断中，深入了解社会主义核心价值观的内涵与要求，从而促进自身正确的世界观、人生观、价值观的形成，成长为对社会有用的人才。

第十九届研究生支教团昭觉分团在昭觉县民族小学开展
"喜迎十九——我心目中的魅力中国"系列活动

2. 思想政治教育与主题教育相结合

主题教育活动的基本含义是指把有一定特征的某种基本思想作为核心内容并在活动中使其得到充分体现的一系列思想政治教育活动。少数民族地区学校的思想政治教育工作中主题教育活动的内容可以围绕以下两个方面来设计：重要节日纪念日和学校特色。川大研究生支教团服务的学校以小学、初中为主，学生年龄段从一年级到九年级不等，其中少先队员、共青团员占大多数，而对于少先队员、共青团员来说，

第二篇
四川大学研究生支教团工作的实践与探索

2011 2018 200
12 2010 2015 2016
2003 4 2019 2020
2009 2005
2008
2013 1999 20

日常主题教育和重要时间节点的主题教育是开展思想政治教育的重要途径，如主题班队会、六一系列活动、五四系列活动等。在学生中开展主题鲜明、内容新颖、形式得当的主题教育，能使学生在自觉参与中得到熏陶和启发，达到事半功倍的育人目的。

"学习雷锋精神"主题教育

"勿忘国殇，吾辈自强"主题教育

第八届研究生支教团昭觉分团在昭觉县开展纪念"五四"篮球比赛

第十七届研究生支教团昭觉分团在昭觉县开展
纪念"一二·九"爱国运动主题活动

3. 思想政治教育与校园文化相结合

校园是学生学习生活的第一场所,校园文化势必以其特有的物质、精神、制度、行为等特征对学生起到思想政治教育作用，促使其在思想、品德、行为、人格等方面产生积极变化，提高其道德修养，培养其高尚的人格，帮助其树立正确的人生观、价值观和世界观。因此，将思想政治教育与校园文化相结合有其重要意义，对于昭觉县多以寄宿制学校为主的特殊情况更是有着无可比拟的思想政治教育作用。

服务地的各大中小学的校园文化主要由校园文化长廊、主题班队会、国旗下讲话等组成，形式内容均比较单一，长期实践下来对学生吸引力降低，思想政治教育的效果不佳。基于此，川大研究生支教团充分发挥智力优势，在服务地学校针对主题班队会展开丰富内容、创新形式的改革，同时开展趣味运动会、辩论赛、科技小课堂等一系列丰富多彩的校园文化活动，实现了思想政治教育与校园文化建设彼此牵引、相互促进、共同提高的良性循环。

第九届研究生支教团昭觉分团在昭觉县开展纪念"一二·九"爱国运动主题活动

第二十届研究生支教团昭觉分团在昭觉树坪乡中心校开展趣味运动会

三、当前思政教育与第二课堂融合实践中存在的问题

前文提到，川大研究生支教团第二课堂与思想政治教育相融合的实践概括总结为"一个中心、三个结合"的教育模式。长期以来，川大研究生支教团的志愿者们通过这一模式，在第二课堂与思想政治教育融合方面进行了有益探索，为服务地彝族学子坚定理想信念做出了积极努力，但随着时代的不断进步和社会的不断发展，这一模式也暴露出了一些问题和不足。

（一）思想政治教育与第二课堂融合尚未体系化

四川大学研究生支教团昭觉分团近年第二课堂思想政治教育活动情况如表5.1所示：

第二篇
四川大学研究生支教团工作的实践与探索

2011 2018 200
2010 2015 2016
2020
2009 2005 20
1999 20
2008
2013

表 5.1　四川大学研究生支教团昭觉分团近年第二课堂思想政治教育活动

届数	活动时间	活动主题
第十八届	2016 年 12 月 3 日	普通话推广
	2016 年 12 月 5 日	国际志愿者日主题运动会
	2016 年 12 月 9 日	"纪念'一二·九',共筑中国梦"主题班会
	2017 年 3 月 11 日	思想品德教育
	2017 年 3 月 24 日	悬崖村主题团课
	2017 年 5 月 18 日	雏鹰成长计划之访学川大
第十九届	2017 年 9 月 28 日	"喜迎十九大——我心目中的辉煌中国"系列活动
	2017 年 10 月 28 日	"开卷有益"读书分享会
	2017 年 11 月 17 日	彝族年趣味运动会
	2017 年 12 月 1 日	"防治艾滋病,青春红丝带在行动"宣传活动
	2017 年 12 月 9 日	英语学习方法讲座
	2018 年 3 月 25 日	春季卫生健康知识大讲堂
	2018 年 6 月 8 日	生物催化之旅
	2018 年 6 月 26 日	女童保护知识讲座
第二十届	2018 年 10 月 31 日	VR 图书馆体验
	2018 年 11 月 15 日	彝族年趣味运动会
	2018 年 11 月 28、29 日	"圆梦青春,自强不息"讲座
	2018 年 11 月 30 日	禁毒防艾系列活动
	2018 年 12 月 26 日	组织学生献礼昭觉县团代会
	2019 年 3 月 5 日	"让雷锋精神在新时代闪耀"主题活动

续表 5.1

第二十届	2019 年 5 月 4 日	组织学生献礼昭觉县"纪念五四运动 100 年"大会
	2019 年 6 月 1 日	"我和祖国一起成长"儿童节主题活动
	2019 年 7 月	雏鹰成长计划之访学北京

由表 5.1 可见，其无论是开展的时间还是主题均呈现出一定的随意性。例如，第十八届开展了纪念"一二·九"爱国运动的主题活动，但第十九届、第二十届均未开展，第二十届在学雷锋日、五四青年节、六一儿童节等重要节日或纪念日针对了一系列主题活动，第十八届、第十九届均未开展；另外，历届研究生支教团开展的活动主题也不尽相同。

对于学生的个人成长来说，多样的思想政治教育主题有助于其全面认识和了解社会主义核心价值观的内涵，但学生的三观塑造是一个长期性、持续性的过程，第二课堂思想政治教育活动相应地也应当具有一定的延续性，特别是对于川大研究生支教团长期扎根于支教地的实际情况来说，更应该注重活动开展的延续性。

（二）思想政治教育与第二课堂融合针对性还不够

川大研究生支教团的支教服务地是一个少数民族聚居的地区，其中彝族人口占全县总人口的 98.53%。由于当前少数民族学生在经济文化发展、民族风俗、宗教信仰、语言习惯、教育水平等诸多方面与其他地区学生存在显著差异，思想政治教育工作不能一概而论，而是需要深入分析少数民族学生的民族属性，深入探索少数民族学生的具体特点，准确把握少数民族学生的特殊性，川大研究生支教团在这方面做得还不够。少数民族学生具有以下四个显著特征。

第二篇
四川大学研究生支教团工作的实践与探索
2011 2018 200
2010 2015 201
2003
2019 202
2009 2005
2008
2013 1999 2

1. 民族意识强烈

少数民族学生具有非常强烈的民族意识，具体表现为热爱自己的民族，具有深厚的民族感情、强烈的民族自豪感和民族荣辱意识。少数民族学生喜欢向外界展示本民族的风俗习惯，渴望得到其他民族的理解与尊重，特别重视学生之间的平等性，对尊重他们的人表现出友善与信任。但是，当少数民族学生认为自己的民族被歧视、侮辱的时候，则会表现出极大的愤怒与不满，容易产生心理问题或是引发暴力冲突。特别是在教育水平快速提高的当下，彝族学生外出求学的数量逐渐增加，不能正确地对待学生的民族意识容易引发矛盾。少数民族学生远离家乡前往其他地方学习，如果对其民族意识不加以正确引导，使其早日树立正确的民族观念，在民族文化、民族习俗、民族性格、民族信仰等方面又与其他民族的学生显得"格格不入"，那么他们在来到以汉族文化为主的学校后会面临文化冲击和文化适应问题，加之来到一个新环境后容易缺少归属感，他们将很难融入其他民族学生的生活，更愿意同本民族的同学交往，导致他们交际圈狭小，活动范围狭窄，在行为上结成自我保护的民族性"小群体"。

2. 学习基础薄弱

服务地教育水平与经济发展水平较高地区相比较为落后，彝族又是一个具有本民族语言的民族，日常生活中与家人、朋友、同学的交流以彝语为主，这就不可避免地造成少数民族学生在学习普通话和文化课程上存在一定的困难，更不要说在第二课堂思想政治活动中听到一些日常生活中很难听到的名词的时候了。随着第二课堂思想政治活动的深入开展，一部分学生可能因为听不懂最终采取消极态度甚至丧失对第二课堂思想政治活动的兴趣。

3. 思想易受冲击

当前，国内外形势正发生深刻而复杂的变化，国内正处于重要战略机遇期和发展黄金期，国外敌对势力通过各种渠道，特别是网络加强了对意识形态阵地的渗透。而当代少数民族学生思想政治状况既呈现出时代性和先进性，又具有独立性和多变性。在正确的世界观、人生观、价值观还未完全确立的时候，少数民族学生的思想观念容易受到冲击，少数民族学生思想政治教育工作更加艰巨复杂。

一方面，少数民族学生具有青春性和盲目性的特点，无法准确甄别外界不良思想，因而容易被自由主义、普世价值、民粹主义等西方思想侵蚀，也容易被拜金主义、享乐主义、极端个人主义等不良价值观左右，从而造成思想滑坡、道德沦丧。另一方面，少数民族学生与其他学生相比更加关心政治和本民族发展，因此容易受到狭隘的民族主义和宗教极端思想的侵蚀。对此，少数民族学生自身的内在需求和社会发展的客观需要更要求我们正确引导他们学习马克思主义的世界观和方法论，厘清时代形势，自觉关心了解党的各项民族政策，更要引导他们成为一盏灯，去照亮他们身边的家人、朋友。

4. 心理敏感脆弱

少数民族学生在本民族的环境影响下，具有民族特色的风俗习惯、语言文化等在他们身上留下深刻烙印，在一定程度上会限制并影响其人际交往能力。此外，少数民族地区教育资源相对匮乏，导致少数民族学生在学习过程中遇到难度较大的课程时容易产生心理压力。综上所述，少数民族学生心理容易变得敏感而脆弱，在思想政治教育过程中更容易出现心理问题，这也是我们在少数民族学生思想政治教育过程中必须直面的现实问题。

第二篇
四川大学研究生支教团工作的实践与探索
2011 2018 20
12 2010 201520
2003 2019 202
2009 2005
2008
2013 19992

（三）思想政治教育与第二课堂创新性还不够

习近平总书记在全国高校思想政治工作会议上明确指出："做好高校思想政治工作，要因事而化、因时而进、因势而新。"对于第二课堂思想政治教育工作来说亦是如此。

在全球化和互联网快速发展的时代，网络信息传播的迅速性打破了传统模式下时间和空间的限制，使得学生获取信息、了解时事更加方便快捷，与之相伴而生的则是网络化意见表达缺乏稳定权威的信息获取和验证机制，西方国家通过网络渗透宣扬"历史虚无主义""新自由主义"等错误思想。包罗万象、良莠不齐的网络信息和不完善的网络信息管理机制，对于思想辨识能力还不成熟的学生来说，复杂的信息冲击着其思想认识的形成，影响其正确的社会主义核心价值观的形成，这就对我们的第二课堂思想政治教育提出了更高的要求。

四、思政教育与第二课堂融合的探索

面对新时代少数民族学生思想政治教育工作中的新问题和新挑战，需要结合少数民族学生自身的特点，有针对性地加快创新第二课堂与思想政治教育相融合的实践探索，切实做好对少数民族学生的培养。针对川大研究生支教团现行实践中的不足，为进一步改进现行模式，我们提出以下四点建议。

（一）第二课堂思想政治教育活动体系化

前文提到，川大研究生支教团第二课堂思想政治教育的核心是社会主义核心价值观，而社会主义核心价值观的内容又分为国家层面的富强、民主、文明、和谐，社会层面的自由、平等、公正、法治以及公民层面的爱国、敬业、诚信、友善。习近平总书记在十九大报告中指出，要培育和践行社会主义核心价值观。要以培养担当民族复兴大

青春绽放索玛花
QINGCHUN ZHANFANG SUOMAHUA
——四川大学研究生支教团工作实践与探索

任的时代新人为着眼点，强化教育引导、实践养成、制度保障，发挥社会主义核心价值观对国民教育、精神文明创建、精神文化产品创作生产传播的引领作用，把社会主义核心价值观融入社会发展各方面，转化为人们的情感认同和行为习惯。

因此，在下一阶段的第二课堂思想政治教育工作中，川大研究生支教团应当始终坚持社会主义核心价值观，围绕社会主义核心价值观三个层面的具体要求开展体系化的第二课堂思想政治教育课程设计。

（二）第二课堂思想政治教育活动品牌化

学生的三观塑造是一个长期性、持续性的过程，第二课堂思想政治教育活动相应地也应当具有一定的延续性，而川大研究生支教团长期扎根于服务地，对于长期性、持续性开展第二课堂思想政治教育具有得天独厚的优势和条件，纵观川大研究生支教团的实践历史，凡是长期持续开展的活动都是因为开展过程中形成了一定的社会影响和品牌效应，从而作为精品项目得以保留和延续，因此在第二课堂思想政治教育工作中，川大研究生支教团也应当尽快开发品牌活动，并形成固定且实施性强的工作机制，通过制度约束和人员传承将品牌活动长期持续开展下去。

（三）坚持第二课堂思想政治教育活动与民族特色结合

与其他部分高校研究生支教团相比，川大研究生支教团服务的地区具有少数民族聚居的特点，因此第二课堂与思想政治融合时要格外注意与民族特色相结合。

首先，服务地享有"彝族文化走廊""中国彝族服饰之乡""骏马之乡"等美称，有丰富的"彝文化""红色文化"等历史文化，特别是还拥有彝族家支首领小叶丹在彝海畔与红军首领刘伯承元帅歃血

第二篇
四川大学研究生支教团工作的实践与探索

2011 2018 20
2010 2015 20
2003 2019 20
2009 2005
2008 2004
2013 1999 2

为盟的红色历史。这些独特的文化中无一不蕴藏着丰厚的思想政治教育资源。因此，川大研究生支教团在第二课堂中应当坚持政治理论教育与民族特色相结合、思想政治教育与民族历史文化相结合，探索建设独具特色的以"红色文化"和"民族文化"为主题的第二课堂思想政治教育活动。第二课堂思想政治教育与地方文化的深度融合，可以有效增强思想政治教育的感染力和吸引力，使思想政治教育工作更具科学性、主体性、时代感与代入感。

其次，彝族受其本身的民族发展因素和历史进程的影响，其生活习惯等与文明社会的要求还存在一定的差距，例如卫生习惯较差、卫生意识较落后、学习方法落后等，因此，第二课堂思想政治活动开展的过程中，除了理论教育外，还应当注重培养学生良好的学习习惯和生活习惯。

最后，彝族是一个有着独特的民族文化与民族特色的少数民族，许多彝族学生从小就多才多艺、能歌善舞，学习之余在文体活动中都非常活跃，很乐意在多样的集体活动中展现自己的才能，为校园文化的多元化发展增色增彩。因此，在第二课堂思想政治教育活动中可以寓教于乐，通过开展不同形式的文体活动，将思想政治教育寓于文体活动中，利用文体活动轻松愉悦的氛围和对学生天然的吸引力达到事半功倍的效果。

（四）坚持第二课堂思想政治教育活动与互联网结合

习近平总书记指出：要运用新媒体新技术使工作活起来，推动思想政治工作同信息技术高度融合，增强时代感和吸引力。中共中央、国务院印发的《关于加强和改进新形势下高校思想政治工作的意见》中也强调：树立互联网思维，推动思想政治工作传统优势与信息技术高度融合。

　　鱼龙混杂的互联网给青少年的思想政治教育工作带来了冲击和挑战，各种思潮影响着青少年的生活和学习，极易受影响的青少年很容易误入歧途。但同时，在"互联网＋"条件下，利用互联网平台、信息通信技术在新领域创造信息资源给学生思想政治教育提供了以往不可比拟的优势。因此，应该充分、合理地利用互联网和新媒体进行青少年第二课堂思想政治教育，了解互联网的传播特性，有针对性地对青少年进行思想政治教育，构建现代化的学生思想政治教育"数字化平台"，进行学生思想政治教育网络资源的有效整合。

第三节　"互联网＋"背景下教学创新的实践与探索

一、"互联网＋"教学创新的时代背景和意义

　　"互联网＋"就是利用互联网的创新理念和技术，将其与传统行业有效地结合起来，从而创造出新的经济形态的一种战略。"互联网＋传统行业"并不是简单的二者相加，而是将二者进行深度整合，利用互联网信息革命的创新理念和手段，创造出新的创新驱动和发展生态，提高创新能力和生产能力。2013年，马化腾提出加快推动"互联网＋"的建议，在这份建议中，他对"互联网＋"的解释是"利用互联网的平台，利用信息通信技术，把互联网和包括传统行业在内的各行各业连接起来，在新的领域创造出一种新的形态"。现如今"互联网＋"已经逐渐上升为国家战略，在社会经济各个方面进行着相关的探索，各种"互联网＋"的项目和企业也不断涌现，国家对"互联网＋"相关的创业项目大力支持。

　　随着社会的发展，人类进入了信息社会，面临着一场信息革命，传统产业行业即将面临信息革命的冲击进行转型升级，一些行业和企

业即将为适应信息化的形势实施整改并组，教学要紧跟社会发展，服务社会发展。2015 年 3 月，《政府工作报告》中首次提出制订"互联网 +"行动计划，体现了国家和政府最高决策层对互联网推动社会转型进步的高度重视。随后，《国务院关于积极推进"互联网 +"行动的指导意见》颁布，提出要通过互联网探索新型教育服务供给方式，明确指出鼓励学校利用数字教育服务平台和资源，探索网络化教育新模式，扩大优质教育资源覆盖范围，促进教育公平。互联网普及的时代下，人们通常利用互联网开展活动和学习，相应的网络应用能力也在不断地提升。

在这样的背景下，如何看待"互联网 +"对支教教育教学的影响？"互联网 +"背景下支教教学创新有什么趋势和热点？如何认识"互联网 +"对教师专业发展的影响？这些都是值得思考的问题。互联网在支教教学中的应用是随着互联技术的发展应运而生的。在我国相关教育部门和义务教学的课程标准规范中也提出，积极合理利用信息技术与网络的优势，丰富课堂教学形式，激发学生的学习兴趣与积极性，提高学生探索问题的能力，增加教学的趣味性和互动性。对于如何有效地将互联网技术运用到日常的支教教学中，弥补以往传统的教学模式缺陷成为支教团思考的重要问题。

二、服务地互联网教学创新的现状

在当前的互联网时代、信息时代，支教队伍在支教下乡、走入基层的过程中开始借助新媒体传递，突破传统模式，以互联网技术为手段，推动优质教育资源向边远、贫困、革命老区倾斜，向薄弱学校倾斜，开辟国家贫困县教育扶智的新路径。根据目前支教服务地互联网教学创新的发展，下文从以下几个方面概述互联网教学创新发展现状。

（一）传统教学模式仍为主流

目前，受到"互联网＋支教"的影响，部分支教服务地已经开始进行教学改革，从传统支教模式向创新性课堂、互联网"云课堂"等过渡并取得了良好的效果，但是受支教地发展水平、当地学校对新型教学模式的接受能力、支教地家长对激发学生创造力的创新性课程的认可程度、支教教师对创新型课堂的领悟能力等各种综合因素的影响，目前的支教模式仍以传统支教模式为主、新型互联网教学为辅，但已有越来越多的力量贡献到支教课堂模式的转型升级中去。

（二）多媒体教学发展不均衡

在互联网时代，各类网络平台层出不穷，关于教育教学方面的平台及软件随之寻找到市场，以教育教学为主要运用途径的各类多媒体设备、软件等开始由一线城市向边沿地区辐射。从目前的教育振兴实施情况来看，大多数学生也能通过互联网、多媒体等进行学习，多数支教服务地的基层学校在多媒体教学方面取得了明显进步。然而，我国幅员辽阔，从目前地区发展不均衡的情况来看，基层教育的互联网、多媒体匹配还未达到饱和状态，加上支教服务地多在教育、经济水平落后的乡村地区，所以还需要许多多媒体、互联网上的技术性、指导性支持。

所以，整体看来，因为区域发展水平不均衡、地方经济落后、教育新模式、新方法的普及相对滞后，所以相对于经济水平较高的城市地区，支教服务地多媒体教学发展相对落后；对同样作为支教服务地的其他基层区域而言，支教服务地在基层社会经济发展上的不均衡影响了同类型的支教课堂模式发展，即在城乡多媒体教学的不均衡的基础上，同类支教服务地的多媒体教学的发展也参差不齐。

（三）互联网教学创新改革进行中

在支教服务地多媒体教学发展不均衡、传统教学模式为主的支教模式影响下，各类平台、软件携手政府、公益团队、高校支教队伍，利用自身的教育优势、互联网技术，充分发挥"互联网＋支教项目""资源跨域＋技术拓展"等优势打破时空限制，弥补农村偏远地区师资力量薄弱，音体美、英语、信息技术等专业教师缺乏的不足，积极进行创新课堂教学改革。

在当前的支教课堂创新改革中，多出现两类模式：一是向激发学生创造力、培养学生审美、增强学生自信心等人文素养培养的新型创新课堂方向转型；二是聚焦逐渐普及的远程支教，通过在线支教、云课堂等进行一对一或者一对多的云课堂视频教学，即一位教师对接一个班级或多个班级进行视频教学，教师必须掌握过硬的远程教育技术，用互联网创新手段，才能整体提升区域教育质量、促进城乡教育优质均衡发展。

三、当前互联网教学创新的困境

在互联网时代下，将信息技术运用在支教教学中能为中国乡村教师成长、为乡村教育的底部攻坚提供大规模、低成本、高效能的解决方案，但是这不意味着一味地将传统支教模式引申到互联网云教学、云支教上去，而是应该因地制宜地对支教课堂进行创新。网络教学的发展还受到以下几个因素的制约。

（一）互联网教学平台缺乏

首先，在倡导基层教育融入互联网技术的当下，为云支教做准备的前提是能有较好的互联网支教平台，而目前除了互联网支教平台Classin 和 CCTalk，其他互联网支教平台比较缺乏。作为一个面向基

层教育的专业教育平台，该网络支教平台的法治规范、教学质量还需要一个完善的系统进行监管，以确保能在政府监管主导下，合理升级支教平台，给学生较好的远程支教体验。

其次，针对远程支教，目前存在支教教师的设备或服务地设备网络不佳导致教学视频不清晰等情况，虽然远程支教设备仅要求双向一台电脑、一根网线、一个摄像头，但是需要确保必要的网络连接信号及状态，并确保师生能在线上也有安静、可控的课堂氛围。

（二）课堂内容缺少创新

支教服务地的课堂教学在教学内容和形式上还缺乏创新，部分区域需在采用传统教学模式的同时，因地制宜地加以创新才能有效提高教学水平。

首先，支教课堂目前存在教学内容固化、缺乏创新的问题。大多数支教课程采用传统教学方法，传统线下课堂以教师为主体，教师通过口述或者多媒体幻灯片的方式，将课本中的知识内容传授给学生，教学活动也围绕教师展开。支教服务地由于资金缺乏，教师只能机械地将知识传达给学生。课堂学习过程大致包括：预习—听讲—练习—复习四个步骤。这种教学方法容易导致学生只知道是什么而不知道为什么，只是一味地堆积知识。而多媒体的运用主要依靠视频讲解或者将黑板中的文字或图表搬到多媒体上，教师无法与学生进行良好的沟通互动，而且一些教学资源陈旧，表达抽象。另外，支教服务地的孩子不像城区孩子那样能接受更多的手工、美术、实验等兴趣课程，目前支教课堂在兴趣课程资源上的不足也在一定程度上影响了支教课堂创新。

其次，创新课程研发极少。虽然部分支教服务地已经在传统支教课堂的基础上积极借鉴引用其他创新型课堂，并利用多媒体进行教学吸引学生，但是因地制宜进行自主创新的课程仍相对较少，少部分教师认为有了互联网教学，一些教学资源可以通过网络轻松获得，在具体的教学备案中也倾向于敷衍，缺乏创新，只是换个形式按照教材的内容进行宣读，个别教师甚至直接沿用之前的教案资料，对备课较为忽视，对每节课的教学内容及目标理解不够充分，也没有根据不同班级的学生特点因材施教。同时，部分支教服务地学校为快速达到"信息化"教学，忽视了支教服务地学生对新鲜事物的接受程度和适应能力，一开始就盲目地使用学生未接触过、实践过的教学方法容易让学生产生陌生感，因此新型创新课堂需要对学生进行适当的循序渐进的引导。

最后，支教课堂缺乏特殊性。根据一些地方的实际支教情况，我们发现基层支教中存在特殊残疾或视听障碍的学生，但目前的支教课程体系面向的却是绝大多数健康学生，这部分特殊学生难以正常接受普通课程的教学，因此手语、听力训练等关爱性课程存在的必要性有待商讨。另外，教学手段主要有教师口述以及多媒体资源的放映。在一些偏理性的抽象学科，例如数学的教学中，教师主要通过黑板书写传授知识；在一些艺术性或者语言类的学科，例如语文、英语等教学中，教师通过黑板、多媒体资源的放映或者情景教学模式来向学生传授知识。这些手段是最基础的手段，在调动学生的积极性、增强教学的趣味性方面效果有限。

总之，在支教过程中，针对支教服务地学生的成长环境，支教团要帮助学生认识世界，适当增加关爱性课程，支教课程更需要强调跨地区、跨文化的沟通和融合，通过美术、手工等课程间接锻炼学生的创造力、审美力，树立学生的自信心，帮助学生认识世界，鼓励他们将今天受到的帮助回报给未来需要帮助的群体。

（三）"近程＋远程"新媒体运用不充分

针对互联网背景下的支教课堂创新运用，一种是服务地的支教教师通过多媒体运用进行传统教学升级，另一种是直接通过互联网进行"云支教"，支教教师在电脑另一端的云课堂上为学生传递知识。无论是哪种方式，都体现了远程新媒体和近距离新媒体的优缺点。传统教学升级会容易缺乏远程新媒体所拥有的信息课程资源，缺乏更灵活的开发学生大脑的课程；远程新媒体容易缺乏近距离使用新媒体带来的师生互动，缺乏课堂活力。目前支教课堂就存在单一使用一种新媒体的现象，忽视了两种类型的新媒体结合使用。

（四）创新型支教志愿者匮乏

要使支教课堂得以创新，创新的主导者首先就必须具备创新意识和创新能力，这样才能在主导课程改革创新的同时，传递给学生创新的意识和思维，引导课堂向更好的方向发展。当前，支教队伍多为社会爱心人士、大学生队伍，缺少更多的创新型人才，只有引进创新型支教人才才能主导好这场关于支教课堂、教学改革的创新大战。

四、服务地互联网教学创新的探索

在互联网发展快速的今天，传统支教模式显然已经不完全适用，在互联网背景下引入创新型教学模式已经成为课堂发展的一个主导方向。但是在创新型互联网课堂建设的过程中存在许许多多待解决的难题，如何有效把握和解决这些难题成为一个关键点。

（一）加强多媒体教学设施建设

多媒体教学资源和设备发展的不平衡问题是一个最基础的现实问

题，支教服务地的经济相对落后，交通欠发达，引进新事物的进程相对较缓慢。目前市场上互联网支教平台相对较少，起步相对较晚，还处于不太完善的状态，尚未形成一个完备的流程体系。针对这种情况，需要加大对支教服务地多媒体设备的引进和普及，统筹好每个学校的基本设备数量，同时把良好的资源整合起来，进行学校与学校的对接帮扶，利用好学校自身的优势开展帮助，给予设备、技术上力所能及的帮助，实现多媒体的共同发展。明确政府主导，通过引领市场、社会协同发力，针对贫困地区实际情况，构建"互联网 + 教育"扶贫的环境，同时发挥互联网大数据分析和信息及时共享的优势。

首先，需要建立健全对云教学相关平台的监督体系，完善相关法律关系，扩大使用容量，形成一个完整的平台。这个过程需要强有力的技术支撑，希望有关部门或公益支教团队等携手在互联网、软件等方面有强基础的高校共同开发研究，争取早日完善相关平台，基本解决平台问题。其次，针对网络问题，5G 时代即将到来，当地政府应加强同三大运营商的协调，加快基站的建设，尽快实现贫困地区的 5G 网络全覆盖，为实现高质量、高清晰、高画质的云教学基本解决技术方面的问题。

（二）创新互联网教学观念模式

针对目前普遍存在的传统支教模式占据主导，创新型支教、互联网云支教等为辅的现状，我们首先要改变对互联网教学的认识。支教队伍可以根据自身学业优势将在大学期间学到的能够用在当地的知识传授给家长和孩子们，让其认识到互联网在教学中的作用，通过体验来接受新事物。我们应该循序渐进，向服务地的学生和家长宣传互联网创新型支教模式，加强当地人民群众对创新型支教模式的认可。

同时，要创新互联网教学模式。目前中国的网络教学资源丰富，这为教师开展教学工作带来了便利，同时也为支教服务地的教育资源改善带来了希望。当然，学校和教师需要在这些教学资源中寻找有效的优质课程资源，例如中国慕课、"开课啦"、沪江网校等。有资金或者优质教学资源的学校同样可以利用互联网技术建立自己的云课堂平台，以方便学生及时在课下回顾自己所学，了解自己学习的不足之处。例如，一些学校可以借助云课堂教学，丰富课后辅导的形式，让学生利用云课堂进行数学的自主回顾、预习等。把传统支教模式同互联网背景下的云支教模式相结合，形成你中有我、我中有你的支教格局，把线上教学同线下教学充分整合，利用好发达地区的资源，实现跨时空跨地区的交流。这两种支教模式有机结合将使得互联网背景下的课堂创新显得更有活力，教学水平将得到进一步提高。

（三）丰富互联网创新教学手段

在课堂上，教师要充分利用多媒体教学资源，充分发挥其教学优势，将教学内容与多媒体技术有效结合，激发学生的学习兴趣，提高课堂的趣味性。课后辅导作为学生巩固知识的关键环节，同样可以运用。例如，在课后可以利用微信、QQ等即时通信工具对学生进行辅导，及时与学生沟通课后的问题或者知识的薄弱点。可依托已有的互联网平台实现一对一或一对多的兴趣课程的云教学等。

在教学中，可以开展小组学习，使班级的学生都参与线上作业的互动点评或者小组活动的互动讨论，依照老师指导的方法以及评改标准，对组内成员的作业进行评点，鼓励学生积极欣赏、评点班级其他同学的文章，并在欣赏完文章之后进行点评。在学生互动的过程中，教师可以作为指导者参与其中，与学生互动点评，也鼓励家长参与学生小组活动或者班级活动互动讨论,努力建成一个"学生—教师—家长"的多维互动体系。例如在进行小学人教版的汉语拼音教学时，教师可以要求学生在 QQ 群或微信学习群内分享自己的拼音发音朗读，让小组内的学生相互评论，这样教师也可以发现发音中存在的问题等，达到师生共同学习进步的目的。

（四）整合互联网创新教学人才资源

首先，在设备等硬基础具备的条件下，最为重要的一项工作就是人才资源的整合。在创新型高质量志愿者缺乏的背景下，我们可以向社会或者专科型学校招募某一方面的人才志愿者，比如音乐人才、美术人才等，利用他们自身的特长为服务地学生带去丰富的课堂教学内容。可以根据情况引入网络云教学，让有志于支教而又因交通、时间、经济等各种因素限制不能去支教的群体贡献出自己的一份力量。云教学不仅能够实现资源的跨时空利用,而且具有高效创新的新时代特点。

其次，要加大培养大学生支教团成员的力度。在目前的基础上对其进行更长时间的培训，重点培训他们的创新意识、新型支教模式下的方式方法等。目前支教模式主要是深入服务地进行线下教学，相比网络云教学的支教方式，具有成本高、效率低的缺点，线上线下不同的支教模式也可以丰富教学形式，为日后支教过程中创造出更多新型支教模式或者丰富的课堂内容奠定基础。

第六章 四川大学研究生支教团在服务地支教扶贫的实践与探索

　　教育扶贫是新时期扶贫开发工作的重点，更是治本之策。教育扶贫是斩断"穷根"的利器，是促进社会教育公平的重要途径。不重视教育扶贫，精准扶贫就是无本之木，昙花一现。同时，教育扶贫是乡村经济振兴的重要保障，是乡村生态文化振兴的重要载体，也是乡村治理与环境优化的重要助推力量，逐渐成为高校扶贫工作的重点内容之一。研究生支教团积极探索乡村振兴战略背景下助力服务地教育脱贫的实施路径，为实现脱贫攻坚以及乡村振兴战略做出贡献。具体来看，研究生支教团助力教育精准扶贫具有积极的现实意义。

　　一、践行教育帮扶助力乡村振兴，锤炼支教团过硬本领

　　青年是国家的希望、民族的未来，新时代的中国青年要树立远大理想、热爱伟大祖国、担当时代责任、勇于砥砺奋斗。乡村是国家打赢脱贫攻坚战的前线，教育帮扶是大学生参与基层实践的切入点，研究生支教团是国家政府部门主导的教育扶贫生力军，开展教育帮扶，能够锤炼研究生支教团成员的意志，净化青年思想，激励青年以青春之我、奋斗之我勇担时代使命、谱写青春华章，为助力国家教育扶贫事业的发展贡献青春力量。

　　二、促进区域之间教育资源联通，构建教育共同体网络

　　激活社会资源参与公共教育事务无疑是改变教育资源区域分布不

均的关键。因此，高校要在乡村振兴政策引导下充分发挥教育的公益性功能，通过整合高校教育文化资源，搭建信息交流平台，在一定程度上弥补乡村教育形式单一的缺陷，丰富乡村中小学生的学习生活。同时，支教团实地开展扶贫帮扶工作有利于加深其对我国社情、国情、民情的体悟与感受，在总结支教扶贫工作现状中探索教育扶贫的新形式、新路径，逐步构建"高校—服务地"教育共同体，为服务地教育、经济、文化的全方位发展提供长足动力。

三、加强研究生支教团品牌建设，展现学校社会责任担当

研究生支教团成员用一年不长的时间，做一件终生难忘的事，其工作成效也多次得到服务地的肯定，支教团俨然成为我校志愿服务的一面先锋旗帜，鼓舞与号召着越来越多的有志青年参与祖国的脱贫攻坚事业。成员们接过教育扶贫的火炬，立足三尺讲台，将爱与奉献代代传递。他们身体力行地为当地孩子展现新时代青年的风貌，激励与吸引着越来越多的彝族孩子树立学习目标。在文化育人的实践与校地共建的互动中，支教团成员展现了风貌与形象，为吸纳新生力量与树立学校形象提供和创造了良好条件。

四川大学研究生支教团二十年扎根西部民族深度贫困地区，探索实践出以教育教学为中心，结合彝区特点开展创新创业，坚持扶贫与扶智、扶志相结合的"一教双创三扶"教育扶贫志愿服务"川大模式"，为凉山地区基础教育以及经济社会发展做出了积极贡献。

第一节 以教育教学为核心的扶智工作的实践与探索

一、扶智工作的实践成效

研究生支教团坚持以教学育人为主线，扶贫先扶智，聚合多方力

量，推动优质资源向服务地下沉，坚持以教育教学为中心，通过"教、辅、访"三位一体的教学方法，不断提高教学质量。

（一）成立"川大梦想班"

研究生支教团配置人才资源，发挥我校研究生支教团成员的特长与专业优势打造"川大梦想班"。志愿者们秉承"育人为本、关爱并举、帮扶学生成长"的理念，担任甘洛、美姑两个支教地"川大梦想班"的班主任及任课教师，因材施教、因势利导，充分激发学生的学习热情、挖掘学生的学习潜能，帮助学生树立正确的学习观念与人生理想，教学管理一手抓，所教班级平均成绩多次位列年级第一。2019年12月，组织"川大梦想班"学生赴成都参观四川大学，还参与川大校园活动，在"礼赞新中国·奋进新时代"纪念"一二·九"运动84周年合唱比赛中，他们演唱了歌曲《阿拉莫莫》，热情洋溢地唱出了彝族同胞对党和国家的热爱和祝福，现场氛围欢快又热烈。

第一届"川大梦想班"在甘洛县职业技术学校正式成立

"川大梦想班"在甘洛正式挂牌

四川大学党委书记王建国教授为第二届"川大梦想班"授牌

第十八届美姑县川大班

"川大梦想班"学生在川大"一二·九"运动84周年合唱比赛中带来民族歌曲表演

（二）强化课后辅导

研究生支教团志愿者针对当地学生普遍存在的学习基础薄弱、少数民族地区语言沟通障碍等问题，利用周末课余时间为学生义务辅导功课，帮助学生更好地理解课堂内容，志愿者人均每年开展50课时的课后辅导，很多参加辅导课程的学生成绩获得提升。同时，在课后辅导过程中，注重对学生进行心理疏导，根据学生自身特点，采用"一人一策"的陪伴模式，根据孩子的家庭情况、学习水平与心理情况制订具有针对性的心理陪伴方案，借助学校心理教育相关专业的师资力量进行培训，充实心理辅导相关的理论知识，提升心理陪伴工作的科学性与有效性。

第二十届支教团教师为学生课外辅导

第二篇
四川大学研究生支教团工作的实践与探索
2011 2018 20
12 2010 2015 20
2003
2019 202
2009 2005
2008
2013 1999 2

第二十二届支教团老师为学生课外辅导

（三）开展家庭访问

研究生支教团志愿者们为进一步了解学生们的家庭情况和生活情况，充分利用周末时间开展家访工作，主动搭建起"家""校"之间沟通和联系的桥梁，及时了解家长的思想动态，做好学生及家长的思想工作，宣传高校教育扶贫的政策以及贫困生的资助政策，为学生家长免除经济上的后顾之忧，树立彝族贫困地区优秀学子改变命运的楷模，扫除"读书无用论"的毒瘤，在当地形成崇尚文明的风气。通过及时有效的沟通弥补学校和家庭教育单方面的不足，做到有的放矢、因材施教。只有从学生及家长双向发力，才能阻断贫困代际传递。

支教团志愿者走访困难家庭

支教团志愿者在竹核乡家访

第二十届支教团志愿者家访拉尔三姐妹

第二十二届支教团志愿者家访贫困学生

二、扶智工作的探索创新

面对新时代以教育教学为核心的扶智工作中出现的新问题和新挑战，需要结合少数民族学生的自身特点，有针对性地开展以教育教学为核心的扶智工作的实践探索，切实做好对少数民族学生的培养。

（一）发展职业教育，助力精准扶贫

习近平教育扶贫思想多次强调发展职业教育扶贫，激发群众内生动力。发展职业教育对贫困地区摆脱贫困、促进发展具有直接现实性的影响。四川大学研究生支教团在推进职业教育发展的过程中应该努力做到以下四点。第一，顺应学校发展思路，助力职教高考。四川大学研究生支教团成员应该积极主动分担当地教师压力，承担职教类学生的文化课教学工作，利用课余时间关注文化科目水平较差的学生，助力职教学子圆梦大学。第二，四川大学研究生支教团成员应该积极宣传创新创业的政策，鼓励大学生深入贫困地区挖掘资源，开展创新创业活动。第三，研究生支教团成员应该积极参与各类技能大赛的培训。例如，甘洛职业技术中学酒店专业部长表示，希望四川大学研究生支教团成员能够对参与技能大赛的学生进行英语口语培训，这将极大地提高学生的技能竞赛成绩。第四，职业技术中学承担着当地的控辍保学工作任务，对劝返学生的再教育工作极其重要。支教团成员应该积极调动自身主动性，运用自身优势为辍学学生开展思想教育，促使其认识到教育的重要性，帮助其顺利回归校园。

（二）打造"互联网＋教育"模式，推进教育信息化扶贫

打造"互联网＋教育"模式能够为支教团赋能。四川大学研究生支教团应重视云支教的重要性，努力将知识传播至更加偏远的贫困山区。推进教育信息化，应该做到以下四点。第一，了解当前基础教育

设施的现状。教育信息化离不开硬件设施的支持，在支教团走访的县城附近村小，基本实现硬件设施的信息化，这是开展"互联网＋教育"扶贫模式的前提和基础。第二，因地制宜，实事求是，切忌生搬硬套发达地区的支教模式。支教团成员应该充分考虑服务地学生的基础状况，不能照搬其他地区"翻转课堂"的模式。第三，努力实现支教参与公众化、知识技能专业化。充分利用互联网优势，降低支教的时间成本，吸引更多在校学生关注云支教，参与云支教，逐渐壮大支教队伍，辐射更多的贫困学生。第四，引入高质量网校资源，缓解当地师资短缺的现状。支教团成员应协助当地教师整理出村小的课程需求清单，将网校的优质直播或录播课程引入当地，形成符合当地学情实际的特色课程表。

（三）深入开展家访工作，阻断贫困代际传递

习近平教育扶贫思想的重要论断是，教育扶贫是阻断贫困代际传递的根本之策。阻断贫困代际传递如果仅仅从学生层面发力很难形成良性成效。学生成长发展的内在动力，来自对个体自我实现的追求，来自对光宗耀祖的家族升华的追求，来自对国家民族振兴的追求，来自对人类进步的追求。家，是一个人内驱力的最大来源。四川大学研究生支教团应重视挖掘家庭教育与家庭氛围的作用，进一步引导家长及全社会形成崇尚知识的良好氛围。具体来讲，要做到以下几点：第一，研究生支教团成员应充分利用学校组织的家长会等形式，宣传高校教育扶贫的政策以及贫困生的资助政策，为学生家长免除经济上的后顾之忧；第二，倡导全校教师与家长形成良好的沟通，鼓励教师群体现身说法，树立彝族贫困地区优秀学子改变命运的楷模，进而在全社会形成崇尚文明的风气，扫除"读书无用论"的毒瘤；第三，研究

第二篇
四川大学研究生支教团工作的实践与探索

2011 2018 20
2010 2015 201
2003 2019 202
2009 2005
2008 1999 20
2013

生支教团成员应制订切实可行的家访计划，充分利用周末时间开展家访工作，及时了解家长的思想动态，并协助班主任做好学生和家长的思想工作。只有对学生和家长双向发力，才能实现阻断贫困代际传递的目标。

第二节　以助力教育环境改善为核心的扶贫工作的实践与探索

一、扶贫工作的实践成效

四川省凉山彝族自治州位于四川省西南部，是全国最大的彝族聚居区和四川民族类别、少数民族人口最多的地区。凉山彝族自治州是国家"三区三州"深度贫困地区之一，截至 2018 年底，有深度贫困县11 个、贫困村 618 个、贫困人口 31.7 万人，分别占全省的 28.9%、34.7%、44.6%，贫困发生率高于 20% 的贫困村有 557 个。其中，昭觉县、美姑县、甘洛县均属于国家级贫困县，2013 年起，四川大学承担了对口帮扶甘洛县的工作。由于自然、历史等原因，三个县农村住房、道路、产业等"看得见"的贫困与群众思想观念、陈规陋习、内生动力等"看不见"的贫困交织叠加，发展不平衡、不充分的问题十分突出，县贫民穷、深度贫困的特征明显。三个县贫困人口 13 万余人，占全州贫困人口的 42%，属于贫中之贫、困中之困、坚中之坚，脱贫攻坚任务十分艰巨。

自 1999 年开始，四川大学研究生支教团就服务于凉山，到目前为止已派出 21 批支教团队，覆盖甘洛、昭觉、美姑三个县，研究生支教团接力扎根服务于凉山州，为凉山州的脱贫攻坚工作特别是教育扶贫工作贡献了自己的力量。2020 年，在脱贫攻坚收官之年，也是川大研究生支教团服务于凉山州的第 21 年，木里、盐源、甘洛、雷波 4 个县

退出了贫困县序列，普格、布拖、金阳、昭觉、喜德、越西、美姑等7个县也正在加快脱贫摘帽[1]。川大研究生支教团充分发挥桥梁纽带作用，整合聚集社会资源，创新扶贫模式，精准产业扶贫、服务消费扶贫，助力学校定点扶贫工作。

（一）助力学生资助和关怀

研究生支教团在高质量完成一线教学任务之余，开展了"情暖彝乡，爱汇凉山"暖冬行动，自1999年以来通过各种平台向社会各界发出倡议，为家庭贫困学子募集和购买暖冬衣物等，解决学生生活需求，总价值达600万余元。为了更好地帮助彝乡贫困学子实现求学梦想，支教团于2009年9月启动"索玛花儿"扶贫助学计划，建立优秀贫困学子与资助人的资助平台，联系社会爱心人士一对一资助品学兼优、家境贫寒的彝乡学子，解决学生上学难的问题，至今共募集助学款300万余元，帮助2680余名凉山学子继续学业。

支教团在拖都村小学发放学习用具

---

① 2020年11月17日，四川省政府发布《关于批准普格县等7个县退出贫困县的通知》，宣布凉山彝族自治州普格县、布拖县、金阳县、昭觉县、喜德县、越西县、美姑县7个国家级贫困县实现脱贫摘帽。

"一厘米温暖"公益奖学金发放仪式

第二十一届支教团成员发放"索玛花儿"助学金及爱心物资

第二十二届支教团发放暖冬物资

（二）助力学校教学条件改善

研究生支教团整合物力资源，援建梦想教室，配置了声乐、器乐、舞蹈、书法等多种教学设备，搭建起了教学交互式平台以及以培养学生兴趣特长为核心的"第二课堂"平台，鼓励学生开展个性化学习，强化自主学习能力，提升学习兴趣，进一步提升了学生的综合素质。为进一步解决服务地学生课外书籍匮乏的问题，支教团于2013年6月建立了"百川图书角"，至今已在昭觉县的各个学校建立了44个"百川图书角"，累计捐赠书籍11000余册，极大地丰富了彝族学生的课余生活。21年来，支教团持续联合学校及社会各界爱心人士和爱心企业的力量，为凉山地区累计捐建了各类教育基础设施56项，包括两间爱心开水房、5座爱心桥、3所爱心小学、两座爱心图书馆、两所翻转课堂样板校等，为近40个村级幼教点、小学、中学捐赠了总价值10万余元的教育基础用具。

昭觉民小建立"百川图书角"

馨云书馆交付仪式

火普村吊桥建成

第二十一届支教团联合爱心企业进行"索尼梦想教室"的多媒体捐赠

（三）助力服务地经济发展

研究生支教团充分发挥"校地桥梁"作用，依托学校"双创"平台，协同四川大学创业团队，成立四川大学—甘洛"青年创客空间"，大力吸引四川大学创新创业学生团队，发挥学科专业优势，结合甘洛县区域特色，开展彝族刺绣工坊、彝族文化皮雕开发、工业物联网升级服务等双创项目，开展创新创业的政策宣讲，促进地方产业提档升级，以创业带动就业，帮助贫困户就业增收，做好服务地产业创新的引路人。联合四川大学学生扶贫志愿服务队，依托"e帮扶"教育系统扶贫平台参与举办了四川大学"5·20"专属采购节等销售活动，为甘洛县的农产品搭建展销平台，积极参与宣传和推广工作，拍摄农产品宣传短片，做服务地农产品代言人，促进了甘洛县农产品与市场需求有效对接，拓宽农产品销售渠道，帮助当地农特产品变商品、收成变收入，促进了持续增收、稳定脱贫、互利共赢的消费扶贫长效机制的形成。

支教团成员为当地农产品代言

二、扶贫工作的探索创新

随着国家经济水平的提高、国情的变化以及支教团工作的持续深入，以助力教育环境改善为核心的扶贫工作也需要不断改进。

（一）建立教育扶贫"校地共建"资源模式

紧密结合地方发展需求和教育扶贫要求，建立一套全方位、多层次、

第二篇
四川大学研究生支教团工作的实践与探索
2011 2018 200
2010 2015 201
2003 2019 202
2008 2009 2005
2013 1999 20

系统化的"校地共建"资源建设模式以及与"校地共建"新模式相配套的管理机制。制定并实施一系列合作模式配套制度,在组织形式、资源重组、渠道建设等方面细化,通过科学有效的管理保障合作的顺利进行。

(二)建立教育扶贫"校地共建"长效机制

建立以助力教育环境改善为核心的教育扶贫"校地共建"长期战略合作的动力机制,建立校地可持续合作的长效机制,包括内部动力机制和外部保障机制。具体来说,包括校地共同发展的动力机制、互惠多赢的利益驱动机制、校地合作的正向激励机制、资源互补的优势共享机制等。

(三)打造教育扶贫合作信息平台

助力以教育环境改善为核心的教育扶贫"校地共建"合作新模式,在实践过程中,不可避免地会遇到很多问题,这就需要打造合作信息平台,以公开、公正、透明的方式,加强校地双方的交流与沟通,增进彼此的紧密联系,促进合作开展。

第三节 以促进思维转变为核心的扶志工作的实践与探索

一、扶志工作的实践成效

习近平总书记多次强调,人穷志不能短,扶贫先要扶志。川大研究生支教团坚持扶贫、扶志、扶智相结合,充分发挥自身优势,发掘和吸引社会资源,组织开展了大量文体艺术、交流研学等活动,促进了支教学校学生和服务地人民思想的转变,带动了整个片区的转变,达到了扶志的效果。

（一）引导学生树立远大理想

为引导当地学生坚定理想信念，研究生支教团利用重要时间节点组织开展了纪念五四运动、学雷锋志愿服务、喜迎十九大等主题活动，让学生们坚定听党话、跟党走的信念。支教团通过实施"雏鹰成长计划"等项目，组织带领数百名大凉山彝区品学兼优的贫困学子走出大山，到成都、上海、北京等城市的知名学府、博物馆、科技馆、美术馆等参观，体验大学生活，参加文化艺术交流，不仅开阔了彝族孩子们的视野，激励他们努力学习，更让孩子们树立了"用知识改变命运、改变家乡"的坚定信念。支教团发起"青鸟"笔友活动，通过搭建彝乡山区孩子同四川大学学生长期一对一结对书信联系的平台，在提高孩子汉语写作能力的同时帮助他们开阔视野。20年来，支教团先后设立了"自强之星""雏鹰""耕海""不谢""一厘米温暖"等各类奖学金，以点带面地促进和激励彝族学生奋发图强、刻苦学习。

2019年"雏鹰成长计划"冬令营合影

第二篇
四川大学研究生支教团工作的实践与探索

2011 2018 20
2010 2015 201
2003 2019 202
2009 2005
2008
2013 1999 20

彝区学生参观博物馆

彝区学生参观科技馆

支教团发放"自强之星"及"雏鹰"奖学金

（二）助力学生提高综合素质

　　针对凉山地区生活贫苦、外出务工人员众多、留守儿童在关爱和监管方面缺失等情况，川大研究生支教团于 2011 年发起了"彩虹知语堂"精品项目，采用"综合素质＋学科提升"的教学模式，采取课外知识讲座、关爱留守儿童、户外素质拓展等形式，在给彝族学生讲授课外知识的同时，丰富他们的课余生活，培养他们正确的人生观、世界观、学习观，树立人生理想。支教团构建了学生综合素质提升的培养平台，截至目前，在对口中学开设体育类社团 4 个、艺术类社团 5 个、器乐类社团 4 个、语言类社团 4 个，共计 4 大门类 17 个学生兴趣社团，在丰富学生们校园生活的同时，给学生们提供了充分展示自己、提升自己的舞台，不断提高当地学生的综合素质，培养他们的创新精神和实践能力。

学生们进行合唱比赛

第二篇
四川大学研究生支教团工作的实践与探索
2011 2018 20
2010 2015 20
2019 202
2003
2009 2005
2008
2013 1999 2

第二十届支教团老师给学生们讲故事

二、扶志工作的探索创新

扶贫先扶志的工作体系的完善将成为四川大学研究生支教团未来工作的重要探索方向，形成"坚持三方扶志，推进三志教育"的工作体系，即以促进教师、学生、家长的思维转变为核心，扶教师之志，扶学生之志，扶家长之志；激发学生的志向、志气、志趣。

（一）扶教师之志，提升教师队伍素质

1. 强化管理，凝聚教师队伍

学生的志离不开教师的志。教师担负着教书育人的重任，比知识传授更为重要的是育人，是对学生精神人格的影响。教师的言谈举止会对学生产生潜移默化的影响。研究生支教团作为服务地学校教育教学的重要力量，其成员的素质水平不仅影响着所教学生，同时也影响着共事的教师。因此，强化对支教团成员的管理，端正支教团成员的工作态度显得尤为重要。应更加聚焦支教团成员思想品德教育、教育教学能力提高、身心素质的提升，定期组织开展主题教育、素质拓展、教学备课交流等活动。强化思想引领工作，引导成员树立正确的教育

观与成长观，尊重当地风土人情，尽快适应当地环境，为开展支教工作提供强有力的支持。

同时，要促进支教团与当地教师的沟通，加强校地双方教师的联系，想方设法帮助当地教师开阔眼界，更新观念。积极鼓励支教团成员充实个人书库，通过阅读增长个人见识，坚定理想信念。充分利用学校教育教学资源，请学校专家学者结合服务地教育扶贫工作实际给支教团成员与服务地教师开设讲座，并定期开展教学经验分享交流会，以帮助教师更新教育理念，改进教学方法，从而带领学生一步步攀上知识和理想的高峰。

2. 开展培训，提升专业水平

应着重关注研究生支教团教育教学专业能力的发展，着力于增强支教团支教工作实效。在组织安排成员参与全国项目办、省项目办的集中培训后，应及时做好反馈交流工作，了解成员培训收获。同时也应更加积极地联系成都市甚至全国优秀教育教学资源、优秀教师人才开展相关交流。一方面，要提升支教团成员备课、讲课、课后辅导、班级管理的教育教学能力；另一方面，要引导支教团成员更快更好地适应身份转变，形成正确的教育观念，使之成为具有良好师风师德的青年教师。

除此之外，还需要严格支教团成员教育教学水平考察标准，定期开展备课试讲考核，帮助成员发现自己的薄弱之处，从而更加有针对性地进行完善。加大力度推进支教团成员"持证上岗"的工作进程，鼓励他们考取教师资格证，在考证过程中能够有效地提升其备课、讲课与班级管理的专业能力，为提升教育扶贫工作实效提供保障。

第二篇
四川大学研究生支教团工作的实践与探索

2011 2018
2010 2015
2019 202
2005
1999

（二）扶学生之志，加强学生三志教育

1. 立志：树高远志向

一是思想政治教育。

党的十八大以来，以习近平同志为核心的党中央高度重视青少年思想政治教育。习近平总书记在多个场合对加强青少年思想政治教育发表了系列重要讲话，其内容主要涵盖立德树人、培育和践行社会主义核心价值观、以文化人以文育人、教育合力构建、加强党的领导等诸多方面。这些重要论述充分体现了以习近平同志为核心的党中央对青少年成长成才的亲切关怀和殷切期待。支教团成员应深入贯彻习近平总书记的要求，将思想政治教育工作放在重要地位，坚持将思想政治教育与时事热点相结合、将思想政治教育与主题教育相结合、将思想政治教育与校园文化相结合，克服服务地思想政治教育中存在的阻力，通过思想政治教育活动体系化、品牌化建设，将思想政治教育与当地民族文化、与互联网发展相结合，以课堂理论知识为基础，突破传统的思想政治教育方式，组织和开展内容丰富、形式多样的思想教育活动，全方位发挥引领作用，激发学生的学习热情，促使学生接受更多的正能量，提高学生的思想政治素质，让学生树立正确的世界观、人生观和价值观，为中国特色社会主义建设培养合格的建设者。

二是心理陪伴。

少数民族地区教育资源相对匮乏，这导致少数民族学生在学习过程中遇到难度较大的课程时容易产生心理压力，进而心理容易变得敏感而脆弱。因此，注重学生心理疏导能在一定程度上帮助他们树立正确的志向。支教团开展心理陪伴工作时应注重根据学生自身特点，采用"一人一策"的陪伴模式，根据学生的家庭情况、学习水平与心理情况制订具有针对性的心理陪伴方案，可以借助学校心理教育相关专业的师资力量进行培训，充实心理辅导相关的理论知识，提升心理陪伴工作的科学性与有效性。

同时，支教团可以利用好学校社会实践团队资源，整合暑期短期支教项目，以实践基地为抓手，共同策划组织"七彩假期"系列活动，为心理陪伴工作注入新的想法，丰富心理陪伴工作的形式。将心理疏导与日常互动活动相结合，帮助学生更好地接受与吸收心理辅导的内容，释放学生的心理压力，引导学生树立积极的心态，提升学生的人际交往能力，完善学生的性格。

2. 励志：扬高昂志气

一是第二课堂。

第二课堂是相对课堂教学而言的，是学生在教师指导下进行的旨在加深基础知识，扩大知识领域，开阔视野，培养科技、文体、艺术等方面的兴趣和才能，锻炼独立工作和创造的能力，提高思想品德水平的一切教育活动。第二课堂能够有效地挖掘学生特长、发挥学生潜力，促进学生全面发展。支教团应在第二课堂现有基础上着力推进第二课堂体系化、制度化、规范化发展。通过在服务地学校开设课后社团，鼓励学生以兴趣爱好为导向积极参与课后活动，在社团实践学习中培养个人兴趣，掌握一技之长，锻炼独立思考与探索的能力。同时建立社团学习成绩认定制度，增强学生学习的成就感与获得感，在第一课堂与第二课堂相结合的教育教学模式下培养出具有深厚人文底蕴、扎实专业知识、强烈创新意识、宽广国际视野的人才。

二是生涯规划教育。

生涯规划教育是针对青年学生的职业观、职业选择决策力、职业

第二篇
四川大学研究生支教团工作的实践与探索
2011 2018 200
2010 2015 201
2003 2019 202
2009 2005
2008
2013 1999 20

适应力、个人生活方式进行系统性、计划性的职业咨询与专业训练。生涯规划教育能够架起知识、职业与劳动之间的桥梁，让学生提前对未来的职业发展有初步的了解，为其今后能够顺利地进入职业世界，适应不断变化的社会职业生活，朝自我实现的人生方向发展奠定基础。支教团在生涯规划教育方面的探索主要表现为外部动力与内部发展。外部动力是指社会力量的资助，主要表现为拓展奖助学金资助通道，为学生实现职业生涯规划提供物质保障。目前，支教团奖助学金资助工作仍在如火如荼地开展，但贫困学生人数多，有限的奖助学金无法满足所有学生的生涯规划。因此，支教团还应持续深入地推进奖助学金募集、设立工作，拓展一对一或者多对一学习资助通道，为保障学生实现生涯规划提供支持。内部发展是指将生涯规划教育融入第一课堂与第二课堂教育教学，通过主题教育活动、职业生涯规划课程、实践活动、生涯规划咨询等形式，引导学生自觉思考未来发展方向，认真规划职业生涯路径，为其认识自我、发现自我与实现自我提供专业指导。

3. 乐志：养高雅志趣

一是沉淀民族文化，增强文化自信。

凉山作为彝族聚居区沉淀了丰富的彝族文化资源。民族传统节日就是弘扬民族文化的重要载体。火把节有敬畏生命的文化意涵。在火把节，学生们放假回到家里，与长辈们一起过节日，通过长辈口述历史，学生了解到民族文化的渊源。通过学校与家庭教育的合力推进，整合挖掘民族文化资源，让学生了解自己的"根"。深入挖掘彝族文化资源，本民族的歌舞之美、生命之美、天地之美贯穿学生的日常生活，帮助学生增强民族情感，激发民族审美情趣，陶冶民族审美情操，提升审美能力。

此外，还应整合我校社团资源，依托传统文化社团，利用寒暑假社会实践、传统节日等契机，前往支教服务地开展"传统文化进校园活动"。通过开展传统文化讲座、文艺汇演、传统文化学习交流等活动让学生近距离学习传统文化，感受京剧、棋艺、茶艺等优秀传统文化的魅力，在实践中增强民族身份认同，提升文化自信。

二是加强美育教育，提升审美情趣。

美育教育是培养学生认识美、爱好美和创造美的能力教育，是全面发展教育不可缺少的组成部分。美育教育能够培养学生充分感受现实美和艺术美的能力，促进他们形成对于美和艺术的追求，最终促使学生能够按照美的法则建设生活，把美体现在生活、劳动和其他行动中，养成他们美化环境以及生活的能力和习惯。美育教学的落实可以从两个方面入手。

一方面是将美育教育融入日常教育教学活动，即通过教师日常工作的语言美、行为美来培植学生的心灵美。教师要在日常生活的每个环节中去寻找机会抓住契机，重视美育的育人功能。任何生活中的闪光点都可以作为对学生进行美育教育的切入点。细微到老师的仪容仪表、行为举止，都对孩子的心灵有着潜移默化的影响。我们要向孩子传递在生活中美是无处不在的这样一个观念。对学生的美育教育不是机械地灌输，而是通过具体的形象使人产生愉悦的感受。

另一方面是挖掘社会美育资源。首先，可以结合当地的特色为学生提供基本的美育设施场所和机构资源，比如艺术馆、民族博物馆等，使美育能够贯穿学生校内校外始终，形成美育教育的连续性。其次，可以依托高校文化资源开展"高雅艺术进校园"系列活动，搭建高校

第二篇
四川大学研究生支教团工作的实践与探索
2011 2018 20
12 2010 2015 20
7003 4 2019 202
2008 2009 2005
2013 19992

与服务地学校文化交流的平台，组织高校文化艺术团体到校演出，让学生更加直观地感受文化艺术的魅力。同时也需要注重发挥互联网时代的优势，挖掘优质的高雅艺术视频资源，例如芭蕾舞、话剧、歌舞剧、交响乐等，邀请学生共同鉴赏，在丰富学生课外知识的同时培养审美情趣，最终提升学生对美好事物的感受力，形成高雅志趣。

（三）扶家长之志，开拓家长思维眼界

1. 做好家校联系活动，利用好家校交流平台

学校作为开展学生教育活动的主要场所，教师作为教育活动的组织者和实施者，要主动搭建起"家""校"之间沟通和联系的桥梁，通过及时有效的沟通弥补学校和家庭教育单方面的不足。因此，支教团成员应构建交流平台，在家长会、线上家长交流群等传统方式的基础上有所创新，广泛邀请家长参与学校管理活动，开展家长开放日、家长进课堂等系列家校互动活动，充分发挥家长对孩子教育的主体作用，引导家长认识到家校合作的重要性，理解和体谅教师工作的辛苦，要正确认识教师对孩子的批评，不对孩子太过溺爱，不对教师的要求太过苛刻，积极参与、主动配合学校、教师的工作，对教师反映的问题要加以重视，及时帮助孩子弥补不足。通过良好的家校联系与家校互动，更加有效地培养孩子的学习习惯，端正孩子的学习态度，促进孩子成才成长。

2. 扎实开展家访工作，把握好家庭教育作用

教育是阻断贫困代际传递的根本之策。阻断贫困代际传递仅仅从学生层面单方面发力很难取得良好成效，学生成长发展的内在动力来自对个体自我实现的追求，来自对光宗耀祖的家族升华的追求，来自对国家民族振兴的追求，来自对人类进步的追求。研究生支教团应重

视挖掘家庭教育与家庭氛围的作用，进一步引导家长及全社会形成崇尚知识的良好氛围。具体应做到以下几点：第一，充分利用学校组织的家长会等形式，宣传高校教育扶贫的政策以及贫困生的资助政策，为学生和家长免除经济上的后顾之忧；第二，倡导全校教师及时与家长进行良好的沟通，鼓励教师群体现身说法，树立彝族贫困地区优秀学子改变命运的楷模，进而在全社会形成崇尚文明的风气，扫除"读书无用论"的毒瘤；第三，制订切实可行的家访计划，充分利用周末时间开展家访工作，及时了解家长的思想动态，做好学生及家长的思想工作。

第三篇

四川大学研究生
支教团人物访谈纪实

第三篇
四川大学研究生支教团人物访谈纪实

2011 2018 200
12 2010 2015 2016
2003
4 2019 2020
2009 2005 20
2008
2013 1999 20

第七章　璀璨星河——支教团成员访谈篇

　　20年来，每年都有一批青年支教志愿者怀着好奇与期待前往服务地，在那里度过简单、忙碌而充实的一年。立足三尺讲台教书育人，深入驻地品味酸甜苦辣，他们在那里经历、成长，在那里收获、沉淀，与服务地形成了斩不断的情感联系。支教团成员用饱满的热情、奉献的精神和严谨的态度，不断为服务地的孩子们送去温暖与希望，在孩子们心中播下梦想的种子，孩子们亦以最真挚淳朴的情感予以回报，他们的每一次成长与转变，都能让支教团一年的奉献变得更加圆满。志愿者为孩子们送去了希望，孩子们也让志愿者成长为满怀爱与希望的有爱青年，那一年青春激荡的岁月，将成为志愿者们一生最宝贵的回忆，给予他们在人生路上砥砺前行的不竭动力和战胜困难的磅礴力量。本书根据历届川大研究生支教团成员的口述或文字，整理出以下访谈记录。

第一节　选择支教的初心
　　——坚守支教初心　践行青春使命
　　每一年，都会有一批优秀的年轻人满怀热血，积极响应团中央"到西部去、到基层去、到祖国最需要的地方去"的时代号召，毅然奔赴贫困地区，发挥智慧才干。他们，对山野荒川处如见故土，为素昧平生者倾其所有；他们，于三尺讲台前孜孜授业，为贫寒无依者苦苦奔波。他们虽风霜满面，却笑颜不敛；虽远行日久，却初心不忘。他们是逐

梦者，更是实干家。肩负使命，他们满揣赤心来，不带寸草去，将智慧与启迪的灵光深植地底，将温情与陪伴的热度馈赠大山。回顾他们的初心，是增添一份特殊的历练，是期待一个未知的尝试，是信念的践行，是榜样的鞭策，是精神的召唤，是自我的提升。

是增添一份特殊的历练

我的初心主要有两方面：首先是觉得自己实践经历不多，想通过支教来接触一下社会；其次是希望自己能到真正贫困的地区去体验一下，接触一下少数民族的风俗。

——第四届研究生支教团 蒋韬

支教返校后在给自己所在学院下一届学生做分享的时候，也有一位学生问到我支教的初心，我的回答就是两个字：经历。

——第四届研究生支教团 王玮

这一年的支教生活也是一个非常好的社会实践机会，不仅可以锻炼自己的能力，还可以为支教地的人们做一些贡献。因此，最后我选择了去支教。

——第八届研究生支教团 张雯

每个人选择支教的理由各不相同，但大部分人都是抱着深入基层，了解中国除了繁华城市之外的另一面，从而锻炼改造自己的目的而选择支教，我也是如此。

——第八届研究生支教团 费江涛

第三篇
四川大学研究生支教团人物访谈纪实
2011 2018 200
2010 2015 2016
2019 2020
2009 2005 2
1999 20
2013

　　一是希望自己能够带去一定的社会资源，更多地帮助当地学生；二是运用所学知识，为当地教育、扶贫工作尽一点绵薄之力；三是通过在贫困地区的实践锻炼，全方面提升自身的基层工作能力。

——第十三届研究生支教团　冯旸

　　可能和很多支教团的同学一样，本科读书期间我对于社会上的一些实际情况，尤其是比较基层、比较边远的民族地区的情况不够了解，所以我觉得有必要让自己在进入研究生学习之前，有一次机会去深入了解基层、了解民族地区。

——第十五届研究生支教团　何俊帆

　　选择支教是因为我想去尝试一下不一样的经历，体验不一样的人生，想通过自己的努力改变一些贫困山区孩子的命运。

——第十六届研究生支教团　张永光

　　用一年不长的时间，做一件终生难忘的事。深入基层锻炼一年对我来说是一个非常好的历练机会，而且我对支教团这个团体有非常强的集体认同感，所以就义无反顾地加入了支教团。

——第十六届研究生支教团　查湘军

　　选择支教的初心就是想用一年不长的时间，做一件终生难忘的事。加入研究生支教团不仅仅是为了继续自己的学术道路，更重要的是锻炼自己、奉献社会，在自己力所能及的范围内为祖国西部的教育事业

和扶贫攻坚事业做出一点微薄的贡献，同时也可以实现个人的发展目标，做一些既利人又利己的事情。

——第二十届研究生支教团 朱明秀

是期待一个未知的尝试

记得我还在上大学的时候，有一天一个从昭觉县来的小女孩儿到我们学校基础教学楼的教室里面去听课，下课了之后我问她："你能听得懂我们上的课吗？"她说："姐姐，我听不懂。"然后我就问她："那你到我们的教室里坐这么久有什么感觉呢？"她就说："怎么还会有这么明亮这么好的教室呢？"当时听了那个小女孩儿的回答之后，就想到他们那里去体验一年，看能不能为他们做些什么。之后在支教团选拔面试的时候，又认识了很多志同道合的小伙伴，就决定一定要去那里感受一下他们的生活，并尽自己的努力去帮助她们。

——第八届研究生支教团 贾裕玟

支教的选择，源自内心深处对探索未知的强烈愿望，希望在那样的年纪，通过极具意义的体验方式为求学路画上一段分界，为奋斗注入定力和毅力。

——第十三届研究生支教团 郭鑫

选择支教，最初的想法是将自己本科阶段的志愿服务工作延续下去，也希望利用这一年的时间做一些不一样的尝试，思考自己未来的方向。

——第十三届研究生支教团 孙浩

第三篇
四川大学研究生支教团人物访谈纪实

2011 2018 200
2010 2015 2016
2003 2019 202
2008 2009 2005 2
2013 1999 20

我当时想要支教，第一个原因就是想去实际接触不同民族人们的生活，了解他们的文化；第二个原因则是想要多去亲身经历贫困地区人们的生活，以及想要探索贫困背后的深层次原因。

——第十五届研究生支教团 薛慧卿

因为我一直都没有去过艰苦的地方，从小到大接受的教育环境和教育质量还算是比较好的。我个人可能仅从新闻或者书本上知道一些比较艰苦的地方，所以当时就很想去了解我们国家艰苦地区到底是什么样的。一方面是想去了解比较艰苦的状况，希望能够做一些力所能及的服务工作；另一方面也是对自我的一个教育，让自己能够更踏实稳重一点。

——第十九届研究生支教团 戴威

是信念的践行

当时选择去昭觉支教，就是想帮帮那里的孩子们。一是因为我自己也是在西部山区长大的，深知偏远山区的孩子们的不容易。因为生活环境艰苦，教育资源不足，教育观念也相对落后，很多孩子早早地结束学业开始务农或者打工，没能接受中学、大学等教育，他们很需要接受更多更好教育的机会。二是因为自己在成长过程中深受几位老师的影响，老师们对我的启蒙、教导和帮助让我勇敢坚定地不断迎接挑战，也让我懂得了感恩。所以我也想像我的老师们一样帮助一些学生。三是恰好研究生支教团给我们提供了这样的机会和平台，让我们能用一年的时间，作为支教老师去帮帮孩子们。

——第十一届研究生支教团 杨钊

我自己生长在新疆，上大学前也是在教育欠发达地区学习，深知教育对于一个孩子、一个家庭乃至一个国家的重要性。自己很幸运，一路遇到了很好的老师和家庭，他们把我送入了更高的学府，我想将这种幸福和幸运延续下去。

——第十六届研究生支教团 仲淑欣

2008 年，正在读高中的我经历了"5·12 汶川大地震"，虽身体留下残疾，但幸运的是被救回了一条命，从被救援到之后的学习、生活，党和政府以及许许多多的爱心人士给予了我很多关心和帮助，让我重拾对生活的信心和对未来的向往。通过支教，尽自己的绵薄之力回报社会、传递正能量、传递爱便是我的初心。

——第十六届研究生支教团 晏鹏

因为我从小在农村长大，所以一直以来对贫困地区的发展和教育问题都比较关注。作为从农村走出来的大学生，我深知对于贫困地区的孩子来说，教育是改变他们命运最公平、最快捷的方式。此外，我也希望通过自己的实际经历，让他们知道，自己每一分努力和奋斗，都会得到相应的回报，从而改变他们对教育的看法，为我们的教育事业以及贫困地区的发展贡献自己的一份微薄之力。

——第十六届研究生支教团 张月

之所以选择支教，是因为我本身就是从农村出来的孩子，很希望自己能做一些力所能及的事情帮助落后地区的孩子。

——第十七届研究生支教团 杨文举

第三篇
四川大学研究生支教团人物访谈纪实

2011 2018
2010 2015
2003 2019
2009 2005
1999
2013
2008
2012
2014
2020

我其实特别喜欢教师这个职业。从小到大，我遇到的老师都特别好，特别认真负责。我现在仍与我从小学到大学每个学习阶段的老师保持联系，时常回母校看望他们。他们教书育人的理念对我的影响非常大，因此我一直希望将来毕业后能成为一名教师，继承他们的衣钵，传承他们的理念。临近本科毕业时，我有幸了解到学校在进行一项大学生志愿服务西部计划，提供深入凉山地区，进行为期一年支教活动的机会。我当时非常渴望得到这样一次机会，因为这样就能成为一名真正意义上的教师，给当地小学生们授课。尽管知道条件会比较艰苦，但我还是毫不犹豫地报名了，因为我不想错过这样一次难得的机会。后来的支教经历也证明这是一个非常正确的决定，这一年的支教生活让我成长了很多，也成熟了很多。

——第十七届研究生支教团 杨龙杰

我是从一个叫仡佬族苗族自治县的地方考到四川大学的，感觉自己应该回到少数民族地区，去为他们做点什么。所以，我选择用一年的时间支教。

——第十七届研究生支教团 王彦镐

这是我一直以来的一个小小梦想。我自己也是从一个小地方出来的，经历了努力读书改变命运的历程，深知知识的力量，也看过身边人选择截然不同的路。早在本科一年级的时候，学校就有组织暑期支教的项目，但我感觉时间太短，无法更好地体验，因此错过了。后来，在大三的时候，通过学长了解到了研究生支教团项目，而且时间是完整的一年，我便有了想去的想法。另外一个推动我加入支教团的力量

是自己的一点"私心"，可能是受有家人是教师的影响吧，其实我从小就有一个教师梦。以前总是抢着当课代表，当学习小组长，因为这样好像就让自己离教师近了一步。所以，如果我有一年的时间做一名教师，那我还犹豫什么呢？与其说是帮助当地的小孩学习知识，我感觉更多的是他们给了我实现梦想的机会。

——第十八届研究生支教团 李黎

在我心中从小就埋藏着一颗成为一名教师的种子，选择支教让这颗梦想的种子有机会生根发芽。而去到大凉山，去到祖国最需要我们的地方，给那里的孩子们上课，更是具有特别的意义。我相信支教这段经历将会成为我一生的财富。

——第十九届研究生支教团 廖茂

当初决定加入支教团其实是由挺多因素促成的。一方面，我来自一个国家级贫困县——甘肃省陇南市武都区，我小学和高中的学习生活是在农村度过的。正是这种成长经历让我坚定了用自己的努力改变贫困地区教育落后现状的信念。另一方面，我出身于教师家庭，我的父母都在平凡的教师工作岗位上承担着不平凡的工作，这让我真切地感受到作为一名教师所具有的春风化雨的无形力量和肩负的重大使命。

——第二十届研究生支教团 马玮

第三篇
四川大学研究生支教团人物访谈纪实
2011 2018
2010 2015
2019
2009 2005
2013 1999

是榜样的鞭策

一是理想。血，总是热的。青春的热血之所以澎湃不息，是因为青年的奋斗之心、奉献之心始终强劲跳动。那时，总想把自己化作一道"光"，去指引贫困地区的孩子们寻找自己想要的未来。二是传承。化工学院一直都有支教的传统，从程峰、康凯、张诗博等等到我，可以说，是前辈们感染我走上了支教这条路，这条路也浸透着我们的拼搏、奉献和汗水，是志同道合的我们一起坚守传承、艰苦奋斗的执着探索。三是实干。我在城市长大，对基层不了解，特别想多接点儿地气，沾点儿土气，了解贫困地区、了解彝区，从而融入他们，和他们一起干实事、真干事。

——第九届研究生支教团 缪可言

本科读书期间，每次听前辈讲述支教的故事，心中总是既热血又感动，感叹于我们的支教团是一个多么优秀的队伍。立志基层，奉献社会，改善大山的教育条件，帮助大山里的孩子实现求学梦。"加入他，到基层去，到祖国最需要的地方去，在基层锻炼自己，奉献社会，成为堪当国家建设的栋梁之材"成为我选择支教的初心。

——第十三届研究生支教团 胡培根

本科期间我一直参与学校志愿服务活动的组织与实践工作，应该是在大三的时候开始接触研究生支教团事迹的访谈宣讲工作，顿时感到研究生支教团是一支带有光环的队伍，一年的支教工作充满神秘感，很有意思，值得一做！

——第十三届研究生支教团 林腾飞

　　大二、大三的时候通过人人网上学长的分享认识并了解了支教团这个组织，那时候觉得能在年轻的时候做这么一件难忘而有意义的事，是多么美好的人生经历啊，说不定就能改变一个孩子，一个家庭，而一代又一代支教团的传承和努力，甚至能改变一个地区的小气候。大四的时候，我义无反顾地选择了支教这条路，觉得趁年轻一定要做一些热血而有意义的事情。

——第十五届研究生支教团　胡旺

　　我之所以选择支教这条路，其实是一个美丽的巧合。我记得有一次学校青年志愿者协会举办研究生支教团宣讲会，当时听到第十四届研究生支教团学长学姐的宣讲，就觉得这是一件特别有意义的事情，也就在我的心里埋下了一颗想去西部支教的种子。

——第十七届研究生支教团　章一帆

　　记得 2011 年 7 月的一个傍晚，拿到录取通知书后在家闲着无聊，打开电视机看到中央电视台撒贝宁主持的《毕业歌》，刚好是介绍四川大学的一期，昭觉支教团带着大凉山的孩子讲述支教的故事。当时我就想以后会不会有机会去支教，没想到大学毕业后真能有机会来到昭觉，实现了那个暑假的愿望，让自己有机会成为传递社会关爱的一分子。

——第十七届研究生支教团　明晨

第三篇
四川大学研究生支教团人物访谈纪实

2011 2018 20
2 2010 2015 201
2003
2019 202
2009 2005 2
2008
2013 1999 20

是精神的召唤

"用一年不长的时间，做一件终生难忘的事"，这句话让我深受感动，于是我抱着一颗去探索、去尝试、去奉献的心选择了去支教。

——第十三届研究生支教团 李亚馨

在刚上大三的时候，我看到了关于西部计划志愿者和研究生支教团的相关报道，也记住了那句"用一年不长的时间，做一件终生难忘的事"。后来随着时间积累，我慢慢地也理解了这句话的含义，下定了要去支教的决心。另一方面，自己也曾经担任过主要学生干部，还是想在服务基层、展现青年学生责任担当这块带个头。

——第十三届研究生支教团 张昭

现在回想起来，从心中对志愿者懵懂的想象到决定参加支教服务的实际行动，最终真的就是因为一句话——"用一年不长的时间，做一件终生难忘的事"。人的一生不长，我愿在我垂垂老矣含饴弄孙的时候，能够自豪地向别人讲述我支教的故事。也正是因为这句话，我拉上行李箱坐上了远赴凉山腹地的火车。

——第十四届研究生支教团 胡沛

是自我的提升

大学在读期间就想着能去支教，去看看偏远山区的现状，为那里的孩子们做些事。很庆幸当年做出的选择给了我一辈子的回忆。当时没有想过要去获得什么，我觉得做一件事，就是要真心真意地为之付出，不用考虑那么多，当我们日复一日地为当地教育和生活环境的改善努力的时候，我们自然会有更多的成长和收获。

——第十七届研究生支教团 丁枭辉

高中时，同样考进四川大学的学长回到母校做交流，分享了支教的经历，我颇受触动，暗自向往。大二暑假，随大山的翅膀工作室前往凉山州布拖县拖觉中心校进行了为期15天的短期支教，此次的支教时间太短，很多想做的事情都没有做完，内心留下了不少遗憾，离开的那一刻我就知道我还会再回来，于是毕业后我选择加入川大研究生支教团。当时的想法很简单，就单纯想把支教这件事做完整，了却心中的牵挂，弥补之前的遗憾。

——第十七届研究生支教团 王立娟

说到初心，因为我是华西公卫学艾滋病专业的，当初去大凉山那边做过调研，去调研的时候就和那边结下了特殊的缘分。当听说这个项目的时候，我就放弃了学院的保研名额，选择了去大凉山那边支教。用一年不长的时间，做一件终生难忘的事。

——第十七届研究生支教团 姚永娜

第二节　支教过程中难忘的经历
——一年时光，一生难忘

"人生天地之间，若白驹之过隙，忽然而已。"一生尚且如此微渺，更何况短短一年。但正是这短短一年，将我们的身躯召唤向祖国无垠的厚土，将我们的眸光牵引向孩子纯挚的面颊，将我们的耳蜗贴近那春日琅琅的诵读，将我们的智慧密织在扶贫扶志的原野，将我们的心魂熔铸于家国强盛的理想。一年支教，终生难忘。难忘那知难而进的

第三篇
四川大学研究生支教团人物访谈纪实

2011 2018 20
12 2010 2015 20
03 4 2019 202
2008 2009 2005
2013 19992

勇毅、难忘那勠力同心的拼搏、难忘那天真烂漫的笑颜、难忘那不计回报的善意。风清云朗的飘逸野景、艰苦勤俭的生活境遇、挑灯夜战的备课剪影、走村访户的心灵震颤、临别细数的大小成就，还有那笑脸，如漫天繁星……我的、队友的、孩子的、村民的，哪怕是谷地的鸟雀，也挺直身板迎着晨曦笑闹，啼啭——这些，无疑是我青春时代里永葆鲜活的图景。笃志砺行，青春无悔。我坚信人们对于我们的脊骨，那无数次的探索、迷途、失败和成功，一定会给予热情、客观、公正的评定。

难忘阳光可爱的孩子们

在凉山支教的日子里，总会有一些事情令人震撼、让人感动。难忘初到竹核中心小学任教，面对那双破旧的解放鞋时，我内心深处涌起的酸涩……

这双鞋的鞋面破了许多洞，与鞋底几乎分了家。破洞处露出黑乎乎的脚趾，皮肤粗糙得像老树皮，还有几处裂出丝丝血痕。鞋子比脚要大不少，靠着接过几次的鞋带才勉强保证鞋子不掉……

这双鞋的主人是一个名叫曲木阿依的彝族小姑娘，在我所教授的二年级三班。她有着一双明亮的大眼睛，机灵乖巧。一次我的课上她趁我写板书的时候从察尔瓦（彝族服饰，状如披风，多以羊毛织成用以御寒）中掏出一个塑料袋，抓出一把冷饭塞在嘴里咀嚼起来。我无意中回身瞥到了这一幕，并未深究。下课后我耐心地询问缘由，阿依很不好意思，支支吾吾地告诉我她家住在三座山后面的山坡上，每天很早就要起床，翻山越岭赶三个小时的山路来学校，途中还要经过三条河，哪怕冬天雪水流过也只能涉水而过……一个孩子每天如此劳累

地忙于赶路，根本顾不上吃早饭，难怪她上课时常会饥饿难忍地吃上几口冰凉的米饭或是熟洋芋，有时困得直打瞌睡。看着她瘦弱的身躯，冻得裂出血口子的手脚和长期营养不良造成的惨白脸庞，我打心眼儿里同情和怜惜这孩子。我低下头对她讲："以后可别总是吃凉的东西了，可以到老师宿舍我帮你热一热再吃，不然总是这样会吃坏肚子的。"阿依懂事地说："老师您可千万别生气，我以后再也不会上课时间吃东西了，我会认真听讲用功念书的！"说完，她笑着跑开了，那样的开心自在。我的眼眶湿润了……

其实那里的孩子们很多都有着与阿依类似的情况，当那些赤脚穿着破旧的球鞋、胶鞋，一年四季跋山涉水来读书求学的孩子们出现在你面前，你还会抱怨生活吗？

——第五届研究生支教团 容毅

在小朋友们下课的时候，你会看到一双双纯净的眼睛，他们会用双手捧着梨子送给你吃。因为了解当地的条件，所以不太忍心接受，想让他们留着自己吃，但是从他们的眼神中，能发现他们很渴望把梨子分享给老师，因为梨子对于他们来说可能是唯一的宝贝。

——第五届研究生支教团 张琳琳

令我感触最深的是在我支教结束之后，有很多学生给我写信。他们在信里说舍不得我走，感觉我在那里的时候就是他们的精神支柱，我走了之后他们就没有目标了。之后我就和他们保持长期的书信联系，其中有一个学生后来考上了一所专科学校，他在读大学的时候还给我写信，说如果不是我一直鼓励他，他肯定是坚持不到最后的。他大学

第三篇
四川大学研究生支教团人物访谈纪实

2011 2018 200
12 2010 2015 2016
2003 2019 2020
2008 2009 2005 20
2013 1999 20

毕业之后回到当地的一个县做了一名教师。

——第八届研究生支教团 贾裕玟

我自己生日当天以为没有任何学生知道，准备自己默默地度过或是和支教团的小伙伴简单庆祝一下。但是当天走进教室的时候，所有的学生都起立大声地喊着"祝李老师生日快乐"，响亮的声音一直在教室里回荡。本以为这就是他们送上的最好的礼物，没想到很多孩子陆续从书包里拿出自己精心准备的贺卡和礼物，有的是水晶球，有的是笔筒，有的是自己做的手工。我站在讲台一时间觉得特别感动，想到这些孩子们在自己仅有的很少的零花钱里挤出一些给我买礼物，真是又感动又心酸。

——第十三届研究生支教团 李亚馨

树坪乡中心校是县城边上的一个乡村中心校，那里的学生都要翻越几座大山才能来到学校，住的最远的孩子可能要走两个小时。因此，树坪中心校的上课时间和县城里的学校不一样，一般学生九点半到校，接近十点钟才开始上课，下午四点钟就下课了。中午是没有午休时间的，孩子们就随便吃一点从家里带来的食物，所以有的时候我们就没有时间吃饭，在教室里守着学生。如果我们自己没有带吃的，学校也没开火，我们就只能饿着肚子。孩子们看到就会瞪着眼睛问："张老师，你为什么不吃东西？"我说："老师可以忍一下，等会儿回家吃。"这个时候孩子们会悄悄地塞给我一个被手搓得黑巴巴的荞麦饼子，对我说："张老师你先吃一些吧，不要饿坏了。"

后来，学校有了营养午餐计划，每个学生都有一盒牛奶，一个鸡蛋，但老师们没有。每次走在教室里都会有孩子抬头问："张老师，你饿不饿？我给你一个鸡蛋。"然后直接把鸡蛋塞到我的手里。

这些都是让我非常难忘的瞬间，我觉得那里的孩子，虽然生活条件不好，学习基础也比较差，但他们都有一颗善良质朴的心，他们能够感受到支教团以及众多热心的志愿者给过他们的帮助。他们在用自己的方式来回报我们，虽然看起来微不足道，但我觉得这是他们的一番心意。

——第十三届研究生支教团　张昭

树坪乡中心校每天 10 点才上课，下午 4 点就放学了，这略显夸张的作息时间是为了照顾那些路远的孩子。我曾经询问过其中的一个女孩儿，她的答案震惊了我：每天 4 点就起床，帮着家里把农活做完，揣上个土豆或者馍馍就赶忙上学，这曲折起伏的泥巴山路要走 4 个小时！我问她辛苦吗，她嘿嘿笑了，说不辛苦，因为喜欢上学。这只是众多孩子中的一个，这些孩子中有的经常请假，因为家里要犁地或是放羊；有的每天都要经过一座残破腐朽的吊桥，桥下是湍急浑浊的河水……

初来的我感到非常震撼，如果不是亲身经历，又怎么能知道原来以前觉得很遥远的事真的就在每天发生。但这些孩子们的眼神中一直都充满了感激、快乐、坚强、纯朴和知足，在这恶劣的自然环境下显得格外明亮，就像开遍凉山的那些索玛花儿，绽放出一种无与伦比的美丽，净化着我的心灵，让我坚定了支教的信念。

——第十四届研究生支教团　胡沛

难忘的故事和经历特别多，虽然现在已经过去了 6 年，但当时的

第三篇
四川大学研究生支教团人物访谈纪实

2011 2018 2001
2010 2015 2016
2003
2019 2020
2009 2005
2013 1999 200

人和事依然历历在目。有一次去家访，班上一个小女生和奶奶两个人住在偏僻的深山里，景色很美但是异常孤独，家里黑漆漆，也没有什么像样的物件，小女孩的父母每年只是过年回来三四天。当时小女孩一直不停地和我以及同行的志愿者聊天，告别时一直掉眼泪，并不停地朝我们挥手，这个场景以及女孩挥手的瘦小身影一直印在我的脑海里，让我体会到生活的不易、地区发展的不平衡和扶贫任务的艰巨。现在，通过一番努力，这个女孩已经在成都上大学了，她的生活得到了很大改善。

——第十五届研究生支教团 胡旺

一年的支教经历中值得回忆的事情太多太多了，最令我难忘的是凉山的人。记得在一次家访中，我们去到了一个小学五年级的女孩呷牛家中，她家基本可以用家徒四壁来形容。呷牛一个人在县城读书，租一个几平米的小屋，还要带两个弟弟一起生活，做三个人的饭，洗三个人的衣服。没有衣架，大冬天所有的衣服都平摊在窗台上冻干，家里的灯泡坏了也没有换。女孩儿挺羞涩的，话不多，但跟我们聊天时她都是用的"您"。这次家访后，我托朋友给她带了两把衣架和几只节能灯管，想着自己能做的可能也很有限，没想到不久后的圣诞节那天，我收到了一份惊喜——朋友转交给我她写的一张贺卡，上面满满地写了两页文字，除了表达感谢，还透露出自己对走出大山的渴望和坚强乐观的心态。说实话，看着这些略显笨拙的汉字的时候，我的眼睛湿润了好几次。当天我也回了一封长信给呷牛，希望她能够继续勇敢地往前走。5年过去了，我想她现在一定更棒了。

——第十六届研究生支教团 杨东睿

令我最难忘的是关于地金花的故事。地金花姐弟是我们一对一帮扶活动的对象。地金花读的是美姑中学最好的班，成绩一直是第一。但他们家里条件很差，孩子又很多，她是老大，妈妈在家务农，爸爸之前在外打工受了伤，也在家务农，收入低得可怜，还要养那么多孩子，供孩子们上学。我们就帮地金花一家联系到了帮扶的爱心人士，每年为他们家提供 1000 元帮扶资金。完成帮扶工作后，地金花和我仍一直保持着联系。地金花中考后，因为条件限制我们没有再见过面，后来我们也离开美姑了，但是回成都不久我就接到她打给我的电话，告诉我她到太原上高中了。去年夏天，她用彩信给我发了她西南科技大学汉语言文学专业的录取通知书。去年国庆的时候我们见了一面，她在学校很好，她的弟弟妹妹们现在也在很努力地学习，成绩也都很好，我在她的眼里看见了充满希望的一大家子的未来。

——第十六届研究生支教团 钟静

我教的是昭觉一个寄宿制学校六年级，班上有 40 多名学生。有一次生病，跟校领导请假找老师代课，但是等我回学校之后，发现没有代课老师在上课，因为我们班刚好正对校门，我进学校，第一眼就看见我的学生们在朝我挥手，全班四十多位同学都坐在台阶上等着我。那一刻，我感到非常的幸福和满足。

——第十六届研究生支教团 杨宇航

当时我们一行 7 人前往甘洛支教，其中有 5 个同学是在县城的甘洛中学，而我跟晏鹏 2 人在山上的田坝中学。因为山路遥远，我们跟县城的"大部队"一般一个月才能见一次，再加上山上没有网络，手

第三篇
四川大学研究生支教团人物访谈纪实

2011 2018 200
2010 2015 201
2003 2019 202
2009 2005
2013 1999 2

机信号也很差，下课之后我们几乎没什么其他活动。于是，我跟晏鹏两个人就利用空余时间组建了田坝中学校园电台，平时给孩子们放松放松，开阔一下视野。周末我们也会给愿意来补课的学生单独上课。最后，我们所教的班级语文成绩相比其他班好很多，学生的普通话水平也比其他班的更好。

——第十六届研究生支教团　陈思南

支教生活已结束近 5 年。印象最深的是 2014 年 9 月底，在县团委的带领下，我们支教团第一次去海拔 2000 多米的村子看望那里的孩子们。虽是初秋 9 月，山顶早晚的气温已低至只有几度。穿着厚厚外套的我们下了车依然瑟瑟发抖，可是学校的孩子们，有些还穿着夏天的凉鞋，脚趾被冻得发青，很多孩子穿着不合身的大人的衣服。尽管这样，他们脸上依然洋溢着灿烂的笑容。看到我们来，他们热情地用彝语和我们打招呼，孩子中稍大的主动做起了翻译工作。生活的贫困没有让他们的天真活泼减少半分，反而使他们更乐观，更懂得珍惜与感恩。这次经历，也更坚定了我对此次支教的决心与信心，希望能够尽己所能，奉献爱心，传递温暖。

——第十六届研究生支教团　张月

在支教即将结束的时候，学生们自发地为我组织了一次欢送会，在欢送会上大家畅所欲言。学生们还为我精心准备了纪念册，把与我这一年相处的经历写成了文字送给了我，我至今难忘与这些可爱的学生相处的过程。

——第十六届研究生支教团　查湘军

支教过程中有两件事记忆犹新。第一件事就是第十六届支教团美姑分团成立了"爱心之家"，每周五下午，支教团8人在爱心之家与40多名来自乡村的孩子们轮流分享学习经历和人生故事。第一节课是"我的梦想"，我清楚地记得那堂课的每一个情景：一开始上课，我们让每个孩子分享他们的梦想，有人说想当个科学家，做实验搞科研在祖国技术前沿奋斗；也有的说将来想做一名老师，像我们一样将这份爱心继续传递给其他小朋友；还有男孩子高喊着长大了一定要成为一名人民警察，为民除害……而班里一个小女生的回答却让我最为感动，她说："张老师，我长大了一定要当一名医生，治好爸爸的癌症。我每天回家，看到爸爸只能躺在床上，身上插了好多根粗粗的管子，每餐都吃特别多药，很痛苦。"因为我研究的就是肿瘤治疗方向，所以深知小女孩的愿望是不可能实现的，但是未来有可期，生活才会继续。

第二件事就是一次家访。孩子家离县城很远，我和另一位老师坐了一个多小时的车，走了半小时山路后，才抵达学生家里。为了招待我们，孩子家里专门杀了两只土鸡，留我们在家吃饭。当我问起孩子家里的伙食情况时，小女孩说的一句话让我至今难忘："我长到十几岁，这还是我们家第一次吃鸡肉。"从那时开始，我就每年给予这个孩子1000元的资助，无论是小学、中学还是大学，资助会一直持续到她读书生涯的结束。

——第十六届研究生支教团 张永光

一年的支教经历中有太多难忘的片段，在这里分享一个关于孩子们的故事。

我当年的主课是一年级语文，学完一个阶段以后我会让孩子们逐

第三篇
四川大学研究生支教团人物访谈纪实
2011 2018
2010 2015
2003 2019 202
2009 2005
2013 1999

个过关，没有过关的孩子会被留堂。在我的班上，有大概六七个孩子，他们的基础极差，有的甚至连听懂汉语都有困难，他们上课的时候要么眼神游离，不知道在想什么，要么东张西望，小动作不停，而每每我看向他们，他们就会用无辜的眼神望着我，让我的愤怒无处发泄，只化作深深的无力感。有无数次，我都想教会他们知识，但总是以失败告终。

2016 年 4 月 26 日，我再一次把他们留了下来，铁了心要他们过了关才能回家。当天的过关内容是词语听写，我给他们降低了难度，挑了几个当天过关的词语，写在黑板上，只要他们能读出来这些词语，就可以回家了。

教室里只剩下我和那几个孩子，我把他们叫到前排来坐好，先是一个一个词语地教他们读，然后再让他们自己齐读，读完以后有信心挑战过关的同学就举手，由我随机抽词语。当时我的心情是有些沉重的，于他们而言，别的孩子都回家了，就他们被留了下来；于我而言，我真的有点"怕"了他们，心想这将又是一场漫长的煎熬。

可孩子们的表现却大大超出了我的预料，他们没有一丝被留下来的消极和低落，反而表现出了极大的热情，扯着嗓子大声跟读，空旷的教室里回荡着孩子们的读书声，在寂静的校园里显得特别突兀。没教几遍，就有孩子能够读出词语了。此时的他们，完全没有了往日课堂里的茫然和胆怯，甚至当我问他们谁要尝试过关的时候，他们还争先恐后地举手说"我来我来"，跟平时课堂上活跃的尖子生们没什么两样。原来，他们也能有敢为人先的自信与光芒。

所以最后，本来无奈和沉重的补习变成了充满欢乐的知识竞答。过关后我与他们一一拍手庆贺道别，看着他们带着喜悦和满足的心情

离开。我不知道那一幕会不会在他们的脑海中留下记忆，但至少我记住了那一小段时光里的感动。

——第十七届研究生支教团 王立娟

有一次学校办活动，需要孩子们自己准备统一的服装，然后一个家长专门跑到学校询问衣服的样式。后面就聊到了他女儿的学习，他就请我多关照一下他的女儿，我答应了就去上课了。等我下课出了教室之后，我发现他还没有走，就过去问他，他就说："老师，我忘记告诉你，如果我女儿在学校有什么事，你一定要给我打电话，不要发短信，因为我不识字。"其实，他等了一节课只是为了和我说那一句话。我对这件事印象特别深，也足以看出当地人对老师的尊敬和对教育的重视。

——第十七届研究生支教团 姚永娜

我自己班级里有一个小姑娘——有金同学，品学兼优。一开始，她几次到办公室来，却又什么都不说，我看出了她的紧张，于是便叫她一起到运动场散步。这个时候，她才告诉我，她想得到奖学金来减轻家里的负担。在她家中，弟弟在读小学，爷爷奶奶因为年老只能做一些简单的农活，母亲有病但却是家里的主要劳动力，而谈到自己的父亲，小姑娘一下子有些哽咽，泪水就在眼睛里打转。她的父亲早年在矿井中务工，井下的粉尘使他患上了矽肺病，我知道这种病无法治愈，并且随着肺部逐步纤维化，患病者最终会非常痛苦地走向生命终点。我猜，小姑娘一定也是知道这些的。十三岁的小姑娘，要面对的是身体每况愈下的父亲和那总有一日将要到来的噩耗，如果不去用心了解，

第三篇

四川大学研究生支教团人物访谈纪实

2011 2018 20
12 2010 2015 20
2003 2019 202
2008 2009 2005
2013 19992

我们真的不知道他们在这小小的年纪，面对和承受的是什么。

——第十七届研究生支教团 王彦镐

印象深刻的事太多了，孩子们、当地的朋友们带给了我们珍贵的回忆。与其说我们给他们带去了什么，不如说他们给我们留下了更多。

伍洛是民中的一个女孩，她父母在她很小的时候因为车祸去世，家里有一个弟弟和一个妹妹，经济上全靠奶奶一个人劳作，非常困难。她每天就吃一个土豆，省下钱给弟弟妹妹上学。有时候她奶奶塞给她几元钱让她加强一下营养，她都偷偷省下来给了弟弟妹妹，当时我们非常感动，也希望能为她做点什么。后来我们为她联系了资助人，也非常争气，高考考上了成都的一所大学，在当地是考得非常好的了。她也很懂得感恩，会自己手工制作一些包包或者小饰品给资助人和我。她说她不知道如何才能表达谢意，只能自己手工制作一些当地流行的东西给我们。她奶奶也是令我尊敬的一位长辈，她跟我说砸锅卖铁也要让3个孩子都上大学。在当地，这样的教育理念也让我肃然起敬。伟大的奶奶，善良的孩子，这就是一个在偏远山区的困难家庭带给我们的感动。

——第十七届研究生支教团 丁枭辉

我记得，支教期间我带过5个学生来川大参加艺术节开幕式表演，走的时候和自己教的班级说：你们要努力学习，峰哥的支教任务要完成了，马上回川大了，如果你们月考考得不好，我就再也不回来了。然后，表演结束返回昭觉的时候正在月考，学校老师让我趁此机会多休息几天，也就没有去学校，期间听说很多学生去班主任和参加表演

的学生那里问我的情况，甚至为了再见到我，学生熬夜复习地理（我当时教初一3个班的地理），月考成绩出奇的好，班级平均分一个班年级第一，一个班年级第三（一共8个班），其中年级90分以上的基本都是我所教班级的。

还有一件令我印象深刻的事是在要离别的时候。东晨中学一共有15个班，我上了4个班的课，但由于偶尔代课，还在东晨中学启动"索玛花儿"和"百川图书角"等活动，再加上每周二、四的中午给部分学生上英语课，所以很多班级的学生都认识我。要离开昭觉的时候，学校组织了一次欢送会，我以为是自己教的班级欢送自己，到了学校才知道，在校的学生都出来了，在教室门口、过道、楼梯间喊着"峰哥，我们会想你的""峰哥，一定要回来"，虽然不是那么整齐，但真的让我瞬间泪崩。离开学校时，学生们排着队在校门口要和我拥抱，那一刻我体会到"熊孩子"也是可爱的。

支教结束后的那一年的彝族年，我专程回学校去看自己教的班级（那个时候已经升为初三了），当天学校正好在办活动，团委老师提前和我说好让我来当评委，但西昌到昭觉堵车了，晚点了，学校专门把活动推后了半个小时。当我走进学校的时候，学生们齐刷刷地看着我，我教的一个班级的班主任说："你们峰哥来了，还不动起来。"然后就看到整个班级站起来奔向自己，围得有点窒息，但真的让我很感动。

学生们就是我的精神支柱。支教结束回学校后，有一段时间，由于课业、科研任务很重，再加上自己当兼职辅导员，事情很多，整个人感到低落，娜姐（当地的老师）专门去找了我曾经教的班级，录了全班合唱的《成都》，还找了个别学生单独录了给我加油打气的话。记得自己收到的时候是在校车上，当场哭成了泪人。后来只要自己不

第三篇
四川大学研究生支教团人物访谈纪实
2011 2018 20
12 2010 2015 20
2003 2019 202
2009 2005
2008 2013 19992

开心时，看看视频，想想远处的他们，立即会元气满满。

——第十八届研究生支教团 吴峰

印象最深的是攀登悬崖村过程的艰辛，让我领略了贫困地区劳动人民的坚韧与顽强；还有冬季下乡到昭觉县古里片区发放棉被，孩子们不惧严寒，乐观向上、坚忍卓绝的求学精神令我触动；在昭觉县帮助拉尔三姐妹，让我坚定了研究生支教团育人达人的理想。

——第十八届研究生支教团 罗杰

一个村小，只有一个老师，十几个学生，都还不太会说汉语。用的书桌、铅笔、本子都是坏的。第一眼看到的时候真的很受触动，很感慨。但好在这些孩子眼中还是很渴望知识的，仅有的一个老师在教他们拼音的时候，他们都读得很大声，也很开心。他们尤其喜欢音乐课，对于天生爱唱歌的彝族孩子来说，这是他们一天中最开心的日子。孩子们的午餐也是捐助的爱心餐，每人一根火腿肠，一盒牛奶。我们为他们带去了一些运动器材和文具，孩子们很开心，虽然一开始由于语言不通，他们有点怯生，后来也还是可以开心地玩耍起来。学校没有热水，一个小男孩很自然地拧开水龙头大口吞咽起来，这样不经意却又娴熟的动作，真的让人十分心疼，刺骨的凉水下肚，也不知道他会不会因此生病。这样的学校有很多，扶贫困难在这一刻我似乎全明白了。

——第十八届研究生支教团 李黎

支教时我去的是美姑县，美姑县在凉山州的最东边，就是所谓老凉山，最贫困的地方。我们当时一个班有近七十个孩子。我记得我去上第一堂课的时候，就是相当于"破冰"，去了解当地小朋友的情况。当时有一个小朋友特别小，可能六岁多一点，刚好达到上一年级的年龄，还没有上过幼儿园。他家住在农村的大山里面，离我们上课那个学校有很长一段距离。当时他父母外出打工认识到教育的重要性，所以也比较支持他来上学，这是很让人欣慰的。那个小孩汉语都不太会讲，比如问他问题，他只会说"嗯嗯""是是"等简单的词语。第一堂课上他很内向，但是上课特别认真，虽然他有点怯生，不太愿意表达自己，但可以看出他是很想融入和参与到这个集体里的。这个给我一个很深的感触，就是当你切切实实面对这么一群孩子的时候，你会觉得你的责任感强了很多。孩子们给了你完全的信任，并且是带有一种崇拜的感觉，接下来你就会更加有动力去提升自己的能力来帮助他们。

——第十九届研究生支教团 戴威

一次下乡去山上村小开展捐助活动，见到了一位让我印象深刻的校长。因为学校在山上，孩子们的家大多离得比较远，天亮得晚，出于安全考虑，学校每天 10 点半才会开门。当天我们在学校门口等着校长的到来，没想到走来的是一个穿着破旧棉衣、双手提着两个编织袋的人，孩子们一拥而上，这个人就是校长。校长提着的袋子里装着一路上山走过来拾到的水瓶、柴火等可利用的杂物。我真真切切地感受到了当地艰苦的教育环境和老师学生们的不易。

——第十九届研究生支教团 刘凯奇

9 月 10 日教师节，我走进班里的时候班长拿着一捧花走到讲台上送给我，然后全班同学自觉起立对我喊道："老师，教师节快乐。"

第三篇
四川大学研究生支教团人物访谈纪实
2011 2018 20
2010 2015 201
2003 2019 202
2009 2005
2013 19992

课后，有一个非常调皮的男生跑过来操着一口不那么流利的普通话跟我说：老师，真的很谢谢你大老远跑到我们这里来教我们，虽然有的时候你说的东西我还听不懂，但我一定会好好学。当时我的眼泪差点夺眶而出，大家应该可以理解那种在你怀疑自己时突然感受到强烈被需要的幸福感。从那个时候起，我不再纠结一年不长不短的时间里，我究竟能做什么，我告诉自己，只要我尽自己的全力去教给这些孩子一些东西，哪怕最后我只影响到一个孩子，那我做的事情也是值得的。

——第二十届研究生支教团 黄晨桀

难忘并肩战斗的"战友"们

我在支教的时候认识了很多朋友和同事，也认识了一位非常好的彝族哥哥，他叫蒋木果，我因此也有了一个彝族名字叫蒋木噶。毕竟自己投入了大量的时间和精力，真正把昭觉当作了第二故乡，在支教快要结束的时候，我手写了一封信给昭觉县县长，里面主要是自己的一些感悟和看法，也包括几条建议，特别提到了要保护环境，不要通过毁坏当地的自然环境来获得发展。

——第四届研究生支教团 蒋韬

从2009年8月到2010年7月，一年的支教时间，我们第十一届研究生支教团10名成员一起工作奋斗。在昭觉县的郭鑫楠、关键、曹燕、眭婷、王艳和我，在树坪乡的周俊和陈舟，在长宁的齐泰宇和罗杰斯，支教中的点点滴滴，偶尔想起仍然历历在目。支教结束后大家开始了各自忙碌的学业、工作和生活，各奔东西，联系也少了很多，很想念

大家。时间很快，今年已经是我们结束支教十周年了，期待今年大家能聚起来。

——第十一届研究生支教团 杨钊

"一年的时间，一生来怀念；一样的悲欢，同样的心愿。"《索玛花开的春天》中的这句歌词依然回响在耳边。2010年8月28日，我们从成都出发，十年过去了，七里坝蓝天下的湖泊、去往昭觉民小路边两侧的麦田、徒步到永乐乡冲洛村小需要跨过的溪流、昭觉民中孤儿班学生的笑脸，一幕幕都时常浮现在眼前。有人说支教团架起了大凉山的孩子们与外界连通的桥梁，其实支教团只是人们看得见的桥面，许许多多关心大凉山教育的好心人才是一个个桥墩，支撑起了这座桥梁。十年再出发，希望我们都能成长为这些桥墩，架起更多的"桥梁"。

——第十二届研究生支教团 龙柯

最温暖的事儿，当属我们支教团同学之间的相互关心。让我记忆最深刻的，就是有一次我下乡发放物资，由于山路泥泞只能徒步爬山，衣服被汗水湿透，到达目的地后气温很低，又没有换洗衣物，因此患上了重感冒，第二天早上发烧到40多度。室友得知消息后，马上移交了手中工作赶回来照顾我，当毛巾放在我额头的那一刻，眼眶突然就湿了，正是这样的"战友情"让我们渡过了一个又一个难关，让我们坚定信念，携手向前！

——第十三届研究生支教团 冯旸

我们刚到服务地还会感到陌生和不习惯，但是民族中学的阿卢体哈校长全力帮助我们支教团的成员，在我们到的时候他已经把床单被罩、牙膏牙刷都准备好了。在后来的生活上也给了我们无微不至的关心。工作中则是一位教化学的陈老师对我的启发很大。作为一个非师范类刚毕业的大学生，刚开始教学还是会感到紧张和迷茫，而在当地老师的帮助下，我学会了怎么把看似简单的知识，完完全全地教授给学生，写板书、备课、改作业等工作上我也受益良多。

——第十四届研究生支教团 姚景

我们支教的那一年，是第十七届，一共 8 个人，住在昭觉民族中学旁边的家属院里，一个三室一厅很破旧的小瓦房，但是 8 个人住在一块儿的日子还是非常快乐和开心的。虽然面临房子漏水、有老鼠蟑螂等各种各样的情况，但是并不影响我们在一起快乐地生活、和睦地相处。到现在，我们都是感情非常深的战友，如果没有支教的这段经历，我不会认识到这些非常有意思的伙伴。

——第十七届研究生支教团 彭博

没有美姑支教团一年的支教经历，我不会想到会遇到 6 个如此可爱的战友，我们来自不同学院，有着不同的学习生活经历，却在县城篮球场附近的顶层居民楼，彼此照顾，彼此温暖，像家人般度过了充实、快乐、难以忘怀的一年。2/7 的男生，承担起了搬运重物的责任，虽偶尔有所抱怨，但没有遗漏掉女生每一个随口一提的请求；女生们喜欢热闹，每一次早课相约而行的等待与照应，都让人感到非常安心与温暖；虽都是同龄，却给予了战友般细腻无声的陪伴与温情。

支教生活已经过去三年，偶尔还会回想起我们一起唱歌，一起搭乘大巴，一起买菜，一起做饭，一起打扫卫生，一起吃过桥米线，一起吃宜宾拉面，一起下楼在邮政阿姨那里取快递的日子。这些都是我们共同的、历久弥新的经历。如今大家都已毕业去向了不同的城市和不同的工作岗位，只希望这份感情我们可以永存于心，希望我们永远记得美姑蓝蓝的天空和五层居民楼的灯光。

——第十八届研究生支教团 刘珈辰

一年的支教时光是短暂的，但也是极为充实的。在这一年里，尤其要感谢我的队友们，在我失望沮丧时，给予了我许多支持和鼓励。从他们身上，我也学到了很多东西，关于合作、关于勇敢、关于坚持。相比一年前，我也收获了很多，现在的我，有直面困难的决心、不懈努力的恒心和孜孜不倦的耐心。用一年不长的时间，做一件终生难忘的事，青春无悔！

——第二十一届研究生支教团 陈艳

难忘取得的小小成就

我是在昭觉支的教，大凉山让我终生难忘，我以前老说，凉山美得让人心动，穷得让人心痛。我印象最深的是瓦西村小，我负责定点帮扶那里。前段时间看到照片，发现瓦西已经完全变了样，但我那时候，只有三间土坯房，一个教室，一间储物间，用来放土豆，还有一间应该是唯一一名老师兼校长的寝室。学校不通电，房顶开了天窗，白天也黑乎乎的。好多学生需要从另一座山翻山蹚河来上学。我们那时好想把教室翻新一下，装一部从山上引水的水流发电机，后来我回

第三篇
四川大学研究生支教团人物访谈纪实

2011 2018 200
2010 2015 2016
2019 2020
2009 2005
2013 1999 20

学校募捐，勉强把教室改造了下，但是发电机的钱不够，很遗憾。后来，在学弟学妹们的努力下，我看到瓦西大变样了，很感慨，也谢谢大家的努力！

——第八届研究生支教团 费江涛

瓦西爱立方村小的建立。摇摇欲坠的土坯教室，泥泞破败的操场，让孩子们缺少了资源，支教团受四川大学志愿者的委托，对爱立方小学的考察、招标、监督、建设、验收的每一个环节进行监督，我作为其中一员，参与了整个过程。到最后学校顺利落成，给予了当地孩子较好的教育设施。

回想支教的生活，热血、感动、欢乐、悲伤的点点滴滴涌现在眼前，很多动人的小事，都让我泪流满面。我记得曲目尔各，一个彝族小女孩，她内向、少语，困难的生活让她失去了信心，在学校里，她总是待在角落。观察到这个情况，我觉得小孩子不应该让愁云布满头顶，得想办法改变这个现状，于是我在课堂上给予她更多夸奖和表现的机会，在生活中常常找她聊天，让她受到更多的关注，慢慢的小女孩脸上开始出现了自信、灿烂、纯真的笑容。完成支教服务的时候，小女孩送来一封袒露心声的信和一个代表祝福的彝族三角包。看着这封信，我就知道小女孩的内心已经被我们温暖。

——第十三届研究生支教团 胡培根

印象最深的一件事，应该是和第十三届支教团的伙伴们一起努力，重建了昭觉县比尔乡瓦西村瓦西爱立方小学，让原本在一间破败不堪、不避风雨的破房子里上课的学生，能够在一座没有安全隐患、明亮崭

新的教室里安心上课，这是一件快乐的事情。

支教一年中有许多触动心弦的经历，但最令我感动和激动的是去年9月收到的一个消息：我关注了6年的一名学生告诉我，他成功走进了大学校园。支教那年，他还在工农兵小学读六年级，6年后，他已经完成高考进入了大学！

——第十三届研究生支教团 林腾飞

我当时是在甘洛的民族中学支教，教的是平行班。在重点班，有一对姐弟，两个人成绩都很好，弟弟是班上的四五名，姐姐比弟弟的名次更好一点，是二三名吧，而且和我们支教老师关系还很好，来去总会打招呼。有一次周一开早会，他们班的班主任告诉我这对姐弟这一周都没来上课，我就很纳闷，成绩很好为什么会不来上课呢。后来我了解到，是因为他们家非常偏僻，在一个乡镇的村上，来镇里上学需要坐面包车，车费是7块。姐弟俩和奶奶相依为命，家里的收入都是靠奶奶做农活卖红薯之类的农产品。那周奶奶的红薯没有卖出去，所以姐弟俩那周没有7块钱的车费，也没有第二周的生活费，就没办法来上学。后来是老师们开着车去接姐弟俩来上学。我们第十七届甘洛支教团的老师们和甘洛民族中学的老师们，自发发动身边的朋友，在甘洛支教点组建了一个四川大学奖助学金。这个做法一直延续到了现在。

后来这两姐弟一个读了甘洛高中，一个读了甘洛职业中学，这对于他们而言已经非常不容易了。

——第十七届研究生支教团 戴丰芮

　　我们这一届去美姑的有三个是来自华西公卫的，我们就商量着怎么给孩子们养成良好的卫生习惯。正好我们教的是小学一年级，正是孩子们卫生习惯养成的时候。所以，我们就在他们每个班都修了一个洗手台，配备有洗手液，每天都会督促孩子们去好好洗手，从小培养孩子们的卫生习惯。另外，我们还做了一个孩子们饮用水的调查和研究。因为当地的孩子们都是直接去水管里面喝水，所以痢疾的发病率比较高。我们也针对这种现象做了一些应对的措施和宣传，到我们离开的时候，那一届的孩子们都养成了特别好的卫生习惯。

——第十七届研究生支教团　陈饶

第三节　支教带给我的成长
——汀兰远赠 芳馨萦抱

　　"我们必须奉献于生命，才能获得生命。"川山虚静屹百代，秋春往来人不同。历届支教团成员以意气风发之姿，赴艰苦奋斗之路，将支教启智的火把代代相赠，直奔过蒙昧与贫苦，递向荆棘尽除的明日。我们坚信，为他人的幸福奋斗，便是为自己的幸福奋斗——扶贫扶志，炬火共燃的那个明日，我们将共抵一个更加富强、昌盛的历史站台。时光飞逝，为期一年的支教工作已成往事，驻足回首，保质一生的体悟从未褪色。风霜不曾剥脱我们的笑颜，泥泞无法损耗我们的意志，在无数次体察、关怀、给予中，我们重塑着自己的三观、思维与心灵。对理论与实践关系的探析、对现实与理想距离的细察、对个人与时代命运的求索、对基层与自然景观的深入……这些无一不使我们更加睿智沉着、实干求真，无一不驱策着我们稳步向前，肩负起家国天下的无声期盼与民族复兴的伟大使命。

思想更加深刻，眼界更加开阔

我也是来自农村的，家在崇州。我在昭觉看到了基层的贫困情况。在支教地，除了课堂教学，我还得帮着催收学费。那里的小朋友冬天都没有完好的鞋子穿，很多鞋子都破得不成样子了。同时，我思考问题变得更全面，不管是学习还是工作的时候，思考问题时的关注点不会只集中在大城市上，也会多想想贫困地区。

——第四届研究生支教团 蒋韬

我原来是一个不善言谈的人，但是通过支教那一年，我觉得自己的眼界更加开阔了，然后谈话各方面，包括看问题的角度都比之前好了很多。我身边的人也发现我有了很大的改变，变得更独立了，而且更加外向了。

——第五届研究生支教团 张琳琳

支教对我后来研究生阶段的研究兴趣、论文的选题产生了很大影响，也为我的职业发展奠定了坚实基础。作为一名支教人，在人到中年之际，回望十几年前的往事，有些事历历在目，有些人刻骨铭心，我为成为一名支教人而骄傲。在接下来的人生岁月里，我将和所有支教人一起，不忘初心使命，永葆赤诚之心，作为满天繁星中不起眼的那一颗，默默地为祖国保驾护航。

——第八届研究生支教团 费江涛

支教这一年，我付出了很多，也收获了很多，有过成就、骄傲，也有过灰心、挫败。但总体上来说，还是那句话，用一年的时间做了

第三篇
四川大学研究生支教团人物访谈纪实
2011 2018 200
2 2010 2015 2016
2003 2019 2020
2009 2005 2
2008
2013 1999 20

一件终生难忘的事，我没有后悔，并且我也时刻以自己有这么一段经历，自己曾经是一名支教人为荣。我记得支教最后一天下午，我们从昭觉离开的时候，去西昌坐火车回成都，路过学校，我下了车，孩子们都围了过来，不少女生都在抽泣。有个女生说：张老师，我舍不得你走。我当时也暗自下了决心，并对他们说：不要总靠外边的人帮你们，最重要的还是靠自己，到时候张老师在大学还会做你们的老师。后来，我就考取了电子科大的编制，成了一名老师，就算为了承诺和情怀，做一名"守望者"吧。

——第十三届研究生支教团 张昭

短短一年的支教经历对我产生的影响一直延续至今。首先，刷新了我对国家地区贫富差距的认知，原来发达城市与贫困山区贫富存在着很大的差距；其次，刷新了我对贫困落后原因的认知，除了地域、历史原因以外，更重要的是落后的思想观念与生活习惯。此外，学生们给予了我应对困难的正能量，这群学生身处逆境依旧乐观开朗，希望追求美好生活的那种率真自我的态度，反过来成为鼓励我在艰苦紧张的读研生活中进行自我调节的一种力量。

——第十三届研究生支教团 林腾飞

看到了与自己生活环境完全不一样的世界，感受到了奉献带来的快乐。最大的变化和成长是通过支教开阔了自己的视野和格局，增加了面对困难的勇气。在后来继续读研的日子里，我更加坚定了好好读书的信念，也更加珍惜当下的生活。

——第十三届研究生支教团 李亚馨

一段经历对一个人的影响是潜移默化的，我觉得支教对我来说，让我收获了太多难忘的记忆，使我在以后的人生路上更有力量；让我对待生活更加积极乐观，更懂得如何调节情绪去生活和工作；让我更加理性地看待这个世界，从"空谈"走向"实干"。

——第十五届研究生支教团 胡旺

支教给我带来的不仅仅是经历上的丰富，更是价值观上的改变。作为一名人民教师，肩上最重要的责任就是上好每一堂课，认真对待每一个学生。在接下来的生活过程中，我始终坚信责任是我们在社会上的立足之本，每一个选择都要认真对待，每一件小事都要尽力做好，这是支教带给我的最大的收获。

——第十六届研究生支教团 查湘军

一年的支教生活，使我各方面的能力都得到了较大提升，让我更加清楚地了解了我自己，明白了自己有哪些优点，也清楚了自己还存在什么不足，不断反思自己，改变自己，提升自己，让自己变得更加成熟，更加积极乐观，更加具有荣誉感和责任感；我对自己未来的人生有了更加清楚的规划，也更加关注贫困地区的发展情况，希望未来能够有机会、有能力帮助到更多需要得到帮助的孩子们。

——第十七届研究生支教团 杨龙杰

一年岁月走过，在外表上几乎不会留下什么痕迹，无非是黑了糙了多了几道皱纹。但内心跟刚来时大不一样了，有了追逐内心真实情感的勇气和情怀。"寄蜉蝣于天地，渺沧海之一粟"，一年下来，长大了也成熟了，少了几分慌乱与迷茫，多了几分从容和宠辱不惊，少了几分急切和功利，多了几分人文关怀，对现实、对自我的认识更加深刻，对真善美的坚守和信仰更加坚定，对于自己要成为一个什么样的人，在内心深处有了更具体的认知。

——第十七届研究生支教团 明晨

在我本科的时候，我一直想要创业，或者去大公司当销售总监或者市场总监，想挣很多钱，过更高品质的生活。但是支教结束后我觉得要去实现人生价值和社会价值，在平凡的岗位上，把平凡的工作做得不平凡，把平凡的工作坚持做下来，我觉得这才是人生的成功。

对我改变最大的，就是我之后选择做一名公务员，促使我的择业观发生巨大转变的原因是我在支教过程中体会到了，真正的幸福，长存的深刻的幸福，是给予而不是获得。这一点我是在当支教老师的时候，有深刻体会的。尤其是在教小孩子的时候，你每次站在讲台上，你是支教团的老师，是很好的学校的大姐姐大哥哥，是他们的榜样，你身上是自带光芒的，他们很喜欢你讲故事，传播知识。每次只要你开始给他们分享你的经历、你所见的东西，他们就会用非常渴望的眼神直勾勾地盯着你，希望你给他们说更多的东西。你就会觉得，原来给予的这种力量是发自内心的，是很幸福的。

——第十七届研究生支教团 戴丰芮

思想上，我有了毕业后当一名老师的想法。老师这个职业很神圣，也很纯粹，陪伴一群孩子成长，自己也跟着成长，这件事还挺酷的。

——第二十届研究生支教团 刘龙飞

更加自信开朗 更加独立坚强

支教让我"吃得了苦"，面对艰苦的生活环境、繁琐的日常工作、复杂的工作形势都能够始终泰然处之、敢于面对、主动担当。让我"听得懂话"，不再理想化，褪去了书生气，更加接地气、更能沾泥土，在任何环境中都能够及时切换话语体系，也能入乡随俗，主动融入，拉近距离。让我"扎得下根"，对"琐碎事"有了耐心、"苦差事"有了决心、"新鲜事"有了信心，不再眼高手低，不再有浮躁心理和优越感，能够从点滴做起，脚踏实地。

——第九届研究生支教团 缪可言

经过一年的支教生活，我变得更加独立，更加外向，也更加自信，综合素质得到了较大提升。在支教过程中，我遇到了很多教学上的问题和困难，比如怎么才能吸引小朋友们的注意力，让他们认真听课；怎么才能把我们觉得很简单但小朋友觉得很难的知识讲得浅显易懂，让他们能快速吸收掌握。遇到这些问题，只有努力去思考，去请教，去实践，再去反思总结，才能不断积累经验。在后来的读研、读博期间，遇到科研上的问题或者生活上的困难，我也学会了发挥主观能动性，去积极努力地解决它们，而不是一味回避困难。

——第十七届研究生支教团 杨龙杰

在甘洛的这一年，带给我许多惊喜与成长。在生活上，我们都变得更加独立，也体会到了团队生活的有趣与温馨；在教学上，当地的老师都很热情，我们也学到了如何备课、教学、反思；在扶贫工作中，我们通过下乡调研，更加贴近现实，了解到了当地真实的经济发展情况。

第三篇
四川大学研究生支教团人物访谈纪实

2011 2018 20
2010 2015 20
2003
4 2019 202
2008 2009 2005
2013 1999 2

要说带给我的成长，现在想来，我觉得是让我变得更加沉着、冷静了，学会了如何更加理智地处理一些事情。

——第十八届研究生支教团 李黎

就自身而言，来到凉山昭觉的一年不仅是切身参与国家脱贫攻坚的事业，也是作为一名准研究生，从理论走向实践，在最基层的工作中学习新技能、新知识、改变自身认知的过程。希望未来的路上，能不断从优秀个体、团队中汲取养分，不断提高个人综合能力，将人生志向转化为奋斗动力，在顺境中不骄傲不急躁，能善待他人；在逆境中不消沉不动摇，能善待自己。

——第二十一届研究生支教团 林凡

学会珍惜生活，懂得心怀感恩

支教的意义不仅仅在于从凉山州返回学校之后，对于之后十几年我自身的成长也有非常大的帮助，甚至在自己成立家庭、有了孩子之后，我也会给孩子看一些支教时的文字、图片、视频资料。现在的孩子真的很幸福，生活在蜜罐儿里，他们想象不到在同一片蓝天下，还有一些地区是非常贫困的。所以等他再大一些，有机会我肯定会重返凉山，带他去看一看当年他的父亲母亲曾经奋斗过、洒过青春热血的土地。

——第五届研究生支教团 容毅

给我内心最大的感触就是我们真的要懂得感恩，学会回馈社会，尽自己的努力去帮助那些需要帮助的人。我们之所以能过得这么好，有这么好的平台，是因为国家和人民给我们创造了条件。我觉得这句

话对我们支教的人来说真的不是在唱高调，因为我们真的到这些贫困的地方去看过、经历过，发现他们真的需要帮助，而且我们在支教地待了一年，对当地也是有感情的。这种视觉上的冲击和对当地的感情，使我们发自内心地想要去帮助他们。

——第八届研究生支教团 贾裕玟

我发现，每个经历过支教的同学都改变很大，在之后的研究生学习中总是很努力，面对挫折困难也会更勇敢。就我而言，我觉得支教改变了我的人生。首先我的职业理想变了，家国情怀更浓了，总想着能做点于国于民于社会有利的事，这直接影响了我后来的职业选择；第二是形成了勤俭节约的习惯，脑中总是浮现孩子们吃着土豆蘸辣椒面、喝酸菜汤的场景，想浪费都浪费不起来。这个习惯应该也会保持终生了。

——第八届研究生支教团 费江涛

虽然支教的时间不长，但它是我生命中最宝贵的一次实践经历，也是很难忘的人生阅历，在这一年中我学会了复杂的事情一点一点地做、重要的事情踏实做、简单的事情用心做；深刻感受到了"爱与被爱都是幸福"的人生哲理；更让我在实践中锻炼出自身的软实力，真正成为我人生的硬指标。我更加懂得感恩，感恩父母给了我生命，感恩当地可爱的人们让我们有了这样一段难忘的经历，更要感恩国家、学校让我们年轻一代能够深入基层，从而成为有温度、有深度的可靠接班人。我支教结束后每年都会去看望学生，直到他们初中毕业，因为我想让他们知道，这里就是我们友谊开始的地方。到现在我们也保持着联系，他们有些工作了，有些还在大学里念书，每次教师节我都有回不完的祝福短信，这都是我现在充满激情地从事自己教育事业的一个最大的动力，感谢我亲爱的朋友们！

——第十四届研究生支教团 迪力木拉提

让我更有责任感，因为我想把这件事做好，不愧对学校和服务地的孩子们，就需要更加有责任和担当地做好支教这件事。让我更加积极乐观，对生活充满热情，这是我在服务地的环境里受到的感染。支教地的环境从外而内感染了我，使我对生活充满激情，充满热情，充满动力。

——第十九届研究生支教团 戴威

我意识到了身上的责任。支教的一年，我是讲台上的老师，要教授学生知识和人生的道理；回到川大读研后，我是一名学生；今后走进社会，我是其中普普通通的一分子。每个人在不同阶段不同境遇下，都应该踏踏实实地在这个世界上找到自己的角色，做出自己的贡献。我感受到了伙伴、团队的重要性。支教一年，我们分团的 7 名同学在同一所学校服务。我们一起备课，一起下乡，一起家访，一起生活，为了共同的目标一起努力。离开了大学，没有班级、考试、老师的约束和压力，我们本是零散的个体，却难得地成为彼此最重要的支持。感谢他们让我体会到了伙伴的力量、团队的温暖。

——第十九届研究生支教团 刘凯奇

从最开始站在讲台上的紧张不自然，到后面的从容自信，是一种成长；从最开始的厨房小白，到后面能轻松做出一道好菜，是一种成长；从最开始遇到学生不听话很容易情绪失控，到后面能管理好自己的情绪，是一种成长；从最开始对大凉山的认知只停留在书本及媒体上，到后面能真正领略它的自然和人文风光，是一种成长；从最开始的学生身份，到后面自己也慢慢成为一名受学生喜爱的老师，是一种成长。支教在教给我很多社会实践经验的同时，也为我带来了无限的精神财富。

——第十九届研究生支教团 廖茂

充满奋斗热情 未来继续逐梦

用一年不长的时间，做一件终生难忘的事。一年的支教工作，我们用青春热情努力帮助了一些孩子，也让我从中学习和成长了很多。

一是有了一颗平常心。有了在昭觉一年的生活工作经历后，对艰苦偏远地区有了新的认识，了解多了后能够用平常心去看世界，也少了些对客观条件的抱怨。

二是更加深刻地理解了知识的意义和奋斗的力量。知识改变命运，见识决定高度，不论什么东西都需要通过实实在在的奋斗去实现。我们要克服惰性，用勤劳和智慧不断地去挑战自我，让生活和工作更有意义。

——第十一届研究生支教团 杨钊

2007年入川，四年的校园时光里，有师长的呵护、同学的陪伴，也有丰富的知识和多彩的课余生活，稚气少年迅速成长。但与此同时，这漫天的精彩匆匆而别，也留下了丝丝戾气与浮躁。支教一年最大的

第三篇
四川大学研究生支教团人物访谈纪实

2011 2018 20
2010 2015 20
2003 4 2019 202
2009 2005
2008
2013 1999 2

改变莫过于对心态的调整，于我是一次蜕变：其一是笃定，每每想起学生为冲破束缚而努力读书的画面，这是对困难发起挑战时最强有力的号角；其二是自信，从百十位初三学生突然出现，到交出中考答卷的刹那，一年的时光教会我不负韶华。

——第十三届研究生支教团 郭鑫

大山里的孩子们生活远比我们想象的还要艰苦，但是他们从不放弃求学的渴望，以不屈服的坚韧态度实现对梦想的追求。孩子们成了努力奋斗的追梦人，有着自己追求的梦想，孩子们的品质时时刻刻感染着我，这时候不仅仅是我去支教帮助他们，山里的孩子也用他们的坚韧品质改变着我们，成为我求学，乃至工作、生活的榜样。

——第十三届研究生支教团 胡培根

支教对我的影响主要体现在让我对未来更加坚定，我相信我们的努力都是有回报的，它对我们的生活是有改变的，一切都充满了希望。可能是山区的小朋友让我看到了希望，也可能是因为这一年的经历。现在的我相信，一切都是可以变得更好的，用一句话总结就是，革命尚未成功，同志仍需努力。

——第十八届研究生支教团 王爽

更加善良温暖　更加脚踏实地

支教过程中，除了课堂教学，我们的工作重心都在扶贫上。一是对接各方资源，为昭觉县的贫困学生募集了物资，最有成就感的是我们在瓦西村建起了一所爱立方小学。二是参加了昭觉县政府办的扶贫

工作，对接了国家、省、州、县的扶贫部门和慈善机构，获得了一些扶贫工作经验，让我在后来的精准扶贫工作中能够快速进入角色。

——第十三届研究生支教团 冯旸

支教使我坚定了为基层服务的理想信念。我在支教的过程中，见到了一些因为贫困而导致的悲剧，因此坚定了服务基层的理想。毕业之时顺利考取了江苏省选调生，现在南京市栖霞区委办工作，正在为实现自己的目标而奋斗。

——第十六届研究生支教团 张永光

在与队友的朝夕相处中，我们缔结了深厚的友谊，来自他们的宽容、爱护和善意让我成为一个更温暖的人，能更加大方地去表达自己，同时他们也提供了看待事物和生活更多元的角度，让我的思维变得更加开放。

在照亮别人的过程中，也让自己变成了一束光。那些跟随着学生的表现而快乐、满足、忧心、愤怒的日子，曾给我带来很多自我怀疑和痛苦，也让我变得更加沉稳和坚强。后来的日子我常常想，要成为更有力量的人，才能去传递爱和希望。

——第十七届研究生支教团 王立娟

支教这一年，我体会了当地的生活，一方面让我有了很强的责任感，让我知道我们无论是作为大学生、研究生还是支教老师，都要努力向上做到该有的样子，要把自己的学习、工作各方面协调好。还有就是让我有了能够帮助他人就尽力去做的责任感，让自己更有一种由内而

第三篇
四川大学研究生支教团人物访谈纪实
2011 2018 200
2010 2015 201
2003 2019 202
2009 2005
2013 1999 20

外的动力去帮助他人。另一方面就是当地的一些老师、学生、扶贫干部，都是非常乐观、淳朴、善良的人，在这样的环境下成长，给我一种非常正向的感染，让我觉得不管什么时候都应该对自己周围的事物充满热情，只要想做一件事情，就全力以赴地去把它做好。

——第十九届研究生支教团　戴威

一年的支教实践，让我对昭觉县的义务教育现状和落后的生活状况深感忧虑，但同时我也尝到了初为人师的快乐，获得了通过自己和团队的努力能够帮助孩子们和当地百姓改善一些学习、生活条件的满满成就感。此外，一年的教育扶贫工作让我对昭觉县的基础教育现状有了比较全面的了解，对研究生支教团的运行模式也进行了深度思考。更重要的是，在昭觉县的一年时间里，我深刻体会到了国家实施大学生志愿服务西部计划的重要意义，研究生支教团的工作意义不仅是扶智，更重要的是扶志，扶精神和知识上的贫瘠，让从这里成长起来的下一辈可以凭借自己的知识和力量彻底摆脱贫困。同时我也亲眼见证了国家脱贫攻坚的决心与信心、实力与担当。我坚信，在研究生支教团的持续助力下，大凉山的孩子们会接受越来越优质的教育，大凉山的老百姓会生活得越来越幸福，我们也一定能在脱贫攻坚战这场战役中赢得最终的胜利。

——第二十一届研究生支教团　张毅丰

第四节　对支教的思考
——新时代　新机遇　新思考

经过长期努力，中国特色社会主义进入了新时代。这个新时代是

决胜全面建成小康社会，进而全面建设社会主义现代化强国的时代；是全国各族人民团结奋斗、不断创造美好生活、逐步实现全体人民共同富裕的时代。党的十八大以来，习近平总书记多次表达了对青年的深切关怀和殷切勉励。致信祝贺全国青联十三届全委会全国学联二十七大召开时，他强调："我国广大青年要坚定理想信念，培育高尚品格，练就过硬本领，勇于创新创造，矢志艰苦奋斗，同亿万人民一道，在矢志奋斗中谱写新时代的青春之歌。"支教于我们而言，是深入基层、矢志奉献、提升自我、迸发新思的良机；于服务地而言，是扶贫扶志、公平资源、茁壮后代、启迪梦想的巧遇。诗书饱读，山河遍历，赤忱满怀，知行合一。一年来，我们不仅体察着西部僻地基层的真实情况，更体悟着新时代赋予我们青年的历史重任。支教的过程中，我们深刻意识到"扶贫先扶志"的重要性，从保障落后地区的教学资源、保证支教者的素质能力入手，推动支教扶贫工作有效开展。

注重教育方法 提升教学能力

我认为支教扶贫，就是通过教育来带动的，比如在给学生上课或是资助一些学生给他们提供帮助的时候，一定要让他们认识到读书有用，这样他们才会积极主动地学习，不断努力，才有机会改变命运。而且，个人的改变对家庭状况的改观也能起到一定作用，进而可以通过家庭带动社区有所提升。我觉得我们就支教一年，讲课能力肯定是不及专业老师的，我们更多地就是带去更宽广的视野以及起到一定的陪伴作用，从不同的角度给孩子们描述外面的世界，让他们可以不停奋进。另一方面就是可以让孩子们觉得支教老师带来的知识、视野等是好的、有用的，有些东西是需要通过读书学习才能争取到的。

第三篇
四川大学研究生支教团人物访谈纪实

2011 2018 20
12 2010 2015 201
2003 14 2019 202
2008 2009 2005
2013 1999 2

——第四届研究生支教团 蒋韬

教育扶贫是真正能够从人的思想上、根本上完成扶贫的，只有接受教育，读书识字才能有机会改变自己的未来。支教扶贫工作也是有用的，可能我们的志愿者们在教学能力和经验上没有办法跟当地老师比，但是我们有更多新的思维、视角，或者说我们到当地开展这个工作就已经给当地带来了一些希望和变化。

——第十六届研究生支教团 钟静

凉山地区一直是四川较为贫困的区域，受制于地理位置，难以发展大规模农业牧业，人民群众生活来源单一；同时与金三角地区邻近，毒品流入和艾滋病也成为贫困的一个原因。这些因素对教育影响很大。第一，很多家庭父母外出打工留下了大量留守儿童，哥哥姐姐带着弟弟妹妹也是常见的家庭缩影，学生的身心健康都需要得到关注。在政策的支持和很多社会爱心人士的捐赠下，学校配备了"村村通"的多媒体教学设备，开设了爱心午餐，逐步修建了图书室、篮球场、新教室，以及提供各种各样的奖助学金。但是学生家庭的情况多样复杂，从精准扶贫的角度，还需要投入更多的关注去帮助他们。第二，生活窘迫也造成一些学生在义务教育阶段外出务工。每学期开学时学校的领导、老师以及政府部门的工作人员都会花费大量时间和精力通过家访、电话劝导学生返校。这里最大的困难是摸底排查，以及帮助学生和家长树立信心。第三，教育对于一个地区的发展已经发挥出巨大的作用。我们在支教和多所村小的帮扶活动中，遇到很多当地干部、老师热心地帮助我们，他们中很多都是从凉山地区走出去，在外地学习后返回

这片热土工作的。他们既有先进的文化知识，具备很强的专业素养，也熟悉这里的民族文化和风土人情，带有浓厚的感情。我想，只要我们坚持教育扶贫的思路，这片土地将永远充满新鲜的活力。

——第十六届研究生支教团 仲淑欣

我觉得支教扶贫这件事是一件很长远的事情，必须要我们一代代人的努力才能把这件事做好。教育是扶贫的根本，必须在孩子们小的时候给他们树立正确的人生观、价值观，他们长大之后才能做出正确的事情。这也就是支教扶贫的根本所在吧。

——第十七届研究生支教团 姚永娜

教师，是一个良心活儿，是做一个榜样。

"扶贫先扶智，治贫先治愚"，要改变学生们的思想状况，要靠教育、要靠一线教师的坚持。需要教师用自己的良心去换来学生的真心，用自己的行动来为学生做榜样，要让自己成为学生的标杆和旗帜。站上三尺讲台，就是一份职责、一份坚守。

——第十七届研究生支教团 王彦镐

作为研究生支教团的一员，作为一名拥有丰富知识的新青年，最重要的就是做好教学工作。我希望我们更加注重的是当地孩子的教育。不仅仅是教自己所负责的内容，更重要的是去思考如何提高当地的教学质量，如何帮助当地孩子认识世界，激发他们学习的动力。只有这些孩子们能够走出去，有更好的发展，才能回到家乡，助力家乡的建设，提升家乡的经济水平，才能真正实现共同致富。当地的教育还有很多

第三篇
四川大学研究生支教团人物访谈纪实

2011 2018 200
12 2010 2015 2016
03 4 2019 2020
2009 2005 2
2008
2013 1999 20

机会，还有很多我们能做的事情。发放物资只能应一时之急，但教育，虽然历时较长，但改变的是子子孙孙的生活。

——第十七届研究生支教团 丁枭辉

注重思想引导　强调教育作用

我觉得最关键的是要引起他们思想上的改变，既要扶贫，又要扶志和扶智。如果不从思想层面上去改变他们，扶贫工作是很难达到理想效果的。只有引起了他们思想观念上的转变，他们才会有主动提升自己的意识，这样也能有效地避免"等、靠、要"等消极思想的产生，可以促使他们主动脱贫致富。所以扶贫工作除了经济上的援助以外，还要注重教育和思想层面的帮助。

——第八届研究生支教团 贾裕玟

教育扶贫只是扶贫工作的一个方面，除了教育扶贫之外，我们还要结合当地的具体情况，为当地人民找到一条可持续发展的脱贫之路。就像我们经常说的一句话："授人以鱼不如授人以渔"，我们不能光给他们输血，更要帮助他们发挥这种造血的功能。如果总是靠外界的救济，是很难解决根本性问题的，而且容易产生"等、靠、要"等消极思想。我们要结合当地的具体情况，激发他们内在的潜力，这样才能达到较的扶贫效果。

——第八届研究生支教团 张雯

除了客观条件外，思想观念落后、生活生产技能不足、缺乏奋斗

的生活态度也是造成很多地区长期贫困的重要原因，改变这些状况只能通过教育来实现。相对于当地已有的教师和教育资源，支教老师只是星星点点，支教能直接覆盖到的学生人数较少，影响力也不能持续。如果支教扶贫工作的重点从学生转向教师，通过提升当地已有教师队伍的教育水平，应该能覆盖到更多的学生，产生持续性的影响。

——第十一届研究生支教团 杨钊

扶贫工作中扶志是高校教育者以及当代大学生青年朋友们的责任与使命。作为大学生，作为普通的老师，虽然我们经济上解决不了眼前的一些困难，但我们可以以自己的实际行动和积极向上的人格魅力来影响这里的孩子们。我相信榜样的力量是无穷的，或许你的一两句激励的话语就会为这里的孩子们点燃梦想，用心地对待会让你产生更多的成就感，孩子们的梦想成真就是我们最想看到的，那时候一家人甚至一个家族都能彻底脱离贫困。

——第十四届研究生支教团 迪力木拉提

我觉得单纯的经济资助是不够的。另一方面，教书育人肯定是首要的。我们的很多学生是没有家庭教育或者家庭教育存在问题的，我们首要的任务肯定是让学生们不仅能够学习到课本上的知识，还能认识到只有刻苦学习才能改变他们的命运，要让他们认识到通过自身努力学习去回馈社会才是有价值的东西。

——第十六届研究生支教团 杨宇航

我一直认为支教和扶贫有着非常密切的关系。对于贫困地区的学生，我认为他们首先要做一个独立、坚强的人，这样在面对困难的时候才不至于迷失方向，知道自己想要什么以及怎么去做是更为关键的。一定程度的物质帮扶也是需要的，但是他们更需要的是精神层面的帮扶，我认为我们支教团的老师们在这个方面一直以来是做得很好的。

——第十六届研究生支教团 查湘军

扶贫工作在当地是一项艰巨而重大的工程，作为川大青年学子，我们也以自己的行动加入其中，尽我们最大的努力联系爱心人士，获得了一些资源，帮助当地的孩子。通过"索玛花儿"一对一帮扶，很多孩子得到了继续读书求学的机会。但毕竟我们只是学生，除了做好本职工作外，其他能做的还很有限，改变贫穷落后的面貌，只靠物资帮扶是不够的，必须花力气、下功夫挖掘出发家致富的内生动力才行。

——第十七届研究生支教团 明晨

支教给我的感受就是，我们一年的支教并不能带给他们多大的改变，不要想着你去支教，就能改变他们的命运什么的，那是不可能的。这个是一个需要延续的循序渐进的过程。扶贫最重要的是要改变他们落后的思想，因此必须发展教育，只有改变他们的思想和观念，才能让他们真正地脱贫。这是我最大的感受。

——第十七届研究生支教团 彭博

我们支教的地方往往比较偏远，比较落后，因此，我觉得我们在进行支教扶贫时，不仅仅是去当地给孩子们上课或是捐赠物资，更应将一些先进的理念植入当地，从方方面面去提升当地的文化水平和综合素质。支教扶贫不仅要扶贫，更要扶智，只有大家的观念改变了，综合素质更进一步，才能做到真正的脱贫。

——第十七届研究生支教团 杨龙杰

在甘洛支教的时候，一个学生问我："老师，你是只教我们一年吗？"我想都没有想就回答了："是的，一年。"后来，我从学生眼中看到了一丝失望，虽然学生可能是觉得时间短暂，没法相处更久，但那一刻我更多是开始怀疑，一年的支教到底是不是有益的呢？

如果一个人未曾见过星辰大海，他就不会知道见不到的失落。如果你告诉他这个世界上有更多美好的事情，但是他知道了却无法经历，这或许不如不知道吧。那一段时间我一直在思考这个问题，或许是因为一年的时间，无法完整地带他们走过一届，也无法悉数将那些美好告诉他们，或者是无法努力带他们去经历。后来，有学生告诉我："老师，我想读大学"，"老师，我们想去成都读大学"，"老师，我爸妈说还是多读点书，学点技能好一些"，"老师，我们还是想去外面更大的世界看看"。看着这些稚嫩的文字，我仿佛明白了，也许一年的时间的确非常短暂，但好在我们星火相续，不曾断离。

扶贫先扶智，当你深入贫困地区，这句话你就会理解得更加透彻。支教这个项目是长期的。通过教育，改变他们的一些想法，开阔他们的视野，帮助他们学习一些知识技能等，这样长期地输入才能帮他们摆脱贫困。授人以鱼不如授人以渔，物资扶贫不如支教扶贫。而且在我们进行支教扶贫的过程中，可以与当地团队建立起更加紧密的联系，

第三篇
四川大学研究生支教团人物访谈纪实

2011 2018 200
2010 2015 201
2003
2019 202
2009 2005
2008
2013 1999 2

这样能够进行更多的支教扶贫的工作，并且能够更贴近当地的实际情况。

——第十八届研究生支教团 李黎

在支教扶贫工作期间，我很深切地感受到，由于信息的极度不对称，树坪乡的家长和孩子们对教育的重视程度远远低于城市，甚至县城里的人们。由于长期缺乏对成功案例的感知，很多家长和孩子难以认识到教育可以带给他们的远期回报，甚至认为基础教育是可有可无的。课堂上50多个孩子，有超过一半都不认为坐在这里努力学习是一件必要的事情，在这样的氛围中，能坚持认真学习的孩子少之又少。所以在教授孩子们知识的同时，提供机会让孩子们认识到教育可以带来的改变也十分重要。

——第二十届研究生支教团 廖金雷

教育精准扶贫是促进教育公平、阻止贫困代际传递的重要途径，是精准扶贫的治本之策。但是在支教扶贫过程中我们发现，教育扶贫具有周期长、回报慢等特点，而这些特点是需要从根本上转变观念，从家庭和学生两方面深入意识转变的，这样才能让教育起到真正的"扶贫"作用。再多的扶贫政策、扶贫举措、社会爱心帮扶措施都是外界的拉动力，而起关键作用的是贫困地区自身的贫困意识转变。如此一来，便不会再有"让孩子辍学打工挣钱，家里经济条件会轻松些，会更好"这样的观念产生了。

我们支教扶贫过程中应该在传递新理念、培养好习惯、加强现代化教育的同时加强孩子们对民族文化的认同感，关注民族文化的传承

教育，秉持"取其精华，去其糟粕"的传统文化发展理念，这才是少数民族贫困地区支教扶贫的重要内涵意义。

——第二十届研究生支教团　田源

我觉得这是一件很有意义的事情，因为那边的孩子们都没有走出过大山，我们真正走进去以后能让他们更加深入地了解外面的世界。我们的例子能让他们了解到，人生的意义不只是局限于一个小地方，而是要为自己的梦想去拼搏，走出大山，去做更多有意义的事情。

——第二十届研究生支教团　余城诚

促进经验交流　立足地方需求

想对现在的支教成员说的话：20 年关山飞度，20 年惊鸿一瞥。20 年的支教工作对我们这些已经完成支教任务，还在求学或已开始工作的人而言是一个感叹号，但对支教这份事业来讲只是一个逗号。走过这 20 年，我们从未如此自豪。迈向新征程，你们更加自信坚定。愿你们以梦想为岸、以团结作帆、以奋斗划桨，在浩荡的时代东风中，向着下一个光辉的 20 年启航。

——第九届研究生支教团　缪可言

研究生支教团是外界了解大山、大山看向外界的一个窗口，在支教扶贫过程中，支教团不仅要发挥个人的力量，更需要借助外界的支持。支教团有一年的时间驻扎在当地，为调研走访、校情关系和内外联络等营造了便利，为各项教学扶贫工作打下了很好的根基。基于高校的优势和互联网的广泛传播效应，支教团可以深入地思考当地的现实需

第三篇
四川大学研究生支教团人物访谈纪实

2011 2018 200
2 2010 2015 2016
2003 2019 202
4 2009 2005 2
2008 1999 20
2013

要，从资源、文化、教育等多方面探究扶贫之道，并积极争取外界资源，扩大影响力。同时也可以将支教扶贫工作与自身的学科背景相结合，开拓扶贫的边界，创新研究课题。支教扶贫工作不会有立竿见影的效果，需要一届又一届支教人的持续性努力，才能创造改变。

——第十七届研究生支教团 王立娟

第一，传承与创新。应该将每一届的工作亮点传承下去，并在此基础上创新；第二，利用好支教团成员的资源。20 届支教团，很多师兄师姐都在各自行业发光发亮，加强支教团成员间的联系，他们的经历或许能给支教扶贫工作带去新的启发。

——第十八届研究生支教团 吴峰

保障教育资源 完善基础设施

我们是四川大学第一届去美姑的支教团，当时当地没有比较成熟的方案可以借鉴，支教扶贫工作的开展更多是通过我们成员自己自发地联系社会上的公益机构、有意向的企业或社会爱心人士来进行捐物，主要是书籍和衣物。而捐款都是通过支教成员募捐，向自己的老师和已经工作的同学们宣传，前前后后募捐了几万块。我印象比较深的是给美姑民族中学捐了热水器。当地没有热水，是从山上直接接了管子，将山上的水当自来水，孩子们洗脸洗头洗碗都直接用山里的雪水，卫生条件比较差。我们当时给那里安装了两个热水器，之后孩子们有了热水用，他们都很开心。

支教结束后，我们在 2014、2015 年回去看望学生都是个人自发的行为。我们和同届的支教团朋友联系了后两届支教团，回去帮助当地的

学生，已经参加工作的支教团成员会给学生捐款。记得 2013 我们支教结束走的时候民族中学的校舍已经开裂，2015 年回去时，国家资助翻新校舍，已经在重建中。

——第十四届研究生支教团 姚景

在全面决胜小康的路上必须过扶贫这一关。这几年精准扶贫行动切实地改善了贫困落后地区人民的生活质量，这些变化都是可以在新闻和老百姓的口中清晰得知的。而作为一名青年大学生，除了寻求一份好工作以外，更应该有国之重器的责任感和使命感。我们能够在其中做的一点微小贡献就是将我们这些年学习收获的知识再传播出去。一个人支教一年的力量也许很微小，但 20 年里一代又一代研究生支教团成员的接力已经将星星之火变成了壮丽的火把，足以照亮脚下的路。我也坚信，通过"西部计划""美丽中国"等一系列公益支教项目，更多的优质教育资源会向偏远地区倾斜，求知若渴的孩子们将有更多的机会走出大山看看外面的缤纷世界。火把若能变成灯塔，就不止照亮脚下，还可以指引前方。

——第十六届研究生支教团 杨东睿

2020 年是决战决胜脱贫攻坚战的关键一年，四川凉山彝族自治州是脱贫攻坚的主战场。贫困地区教育资源不足、教育体制落后，这是不能忽视的历史事实，也是扶贫路上亟待解决的现实问题。短时间内进行支教活动的老师，并不一定能为孩子们带去多么深厚的文化知识，也不一定能让他们学会那么多基础知识，但一定可以通过耳濡目染，让他们更好地理解学习的意义所在，只有这样孩子们才能更好地在日

第三篇
四川大学研究生支教团人物访谈纪实
2011 2018 200
2010 20152016
2003
2019 202
2009 2005 2
2008
2013 199920

后的学习和生活中，拿出自己最积极、昂扬的一面，真正地去做一个有担当、有抱负的青年学生，甚至将来走出山区去到更广阔的天地。这应该是支教所能带来的最大的成功了。

"用一年不长的时间，做一件终生难忘的事。"支教路上不只有彩虹和鲜花，更多的是艰辛与付出。在祖国最难最苦的地方，总有一群最美的身影坚守，孜孜不倦地奉献着智慧和力量。这是一支优雅的"生命赞歌"，他们在山区播种希望之花，在支教路上书写璀璨人生。

——第十六届研究生支教团 段炼

真正的落后地区扶贫应授人以渔，要从思想观念上改变落后地区的人们，让他们有知识、有学识，有一技之长，有为自己谋生的能力，这样才能从根本上解决贫困。支教扶贫是放眼未来的扶贫，坚持下去，是能够影响一代又一代人的伟大事业。

——第十七届研究生支教团 杨文举

一年的时间很短，我们走进孩子们的生活，留下了短暂的光亮，但当我们带着满满的经历和收获离开后，他们的人生依旧停留在原地，带着对我们的依恋和对未来的迷茫。希望国家能够提供更多的支持，让山区里的孩子享受到和发达地区一样的教育资源；同时，扶贫扶智扶志这项事业，应该延续下去。所以回到川大后，我成为云微扶智社团的社长，和身边想要为山区学生带来积极帮助的同学们一道，整合校内外各类资源，汇集老师同学们的爱心力量，多次回到凉山开展"温暖凉山"爱心捐赠、"奋斗的青春最美丽"励志分享等活动。

——第十九届研究生支教团 刘凯奇

　　我们的支教扶贫工作主要分为两个板块。一个是在支教学校开展的"索玛花儿"助学帮扶，联系社会爱心人士一对一帮扶家庭经济困难学生。受帮扶学生普遍的特点是家庭经济十分困难，随时都可能面临辍学，他们又格外珍惜在校的日子，学习非常刻苦。爱心人士的帮扶或多或少给他们减轻了一些压力，甚至直接为他们争取到了更多在校学习的时间，这一扶贫工作是充满温暖与希望的，值得我们支教团届届传承。另一个板块是对接社会爱心人士或企业对部分乡村学校进行物资捐赠，支教过程中我曾四次陪同爱心人士下乡发放物资，每一次都会被深深触动。乡村孩子的单纯可爱让人内心融化，爱心人士路途再劳累也要亲自为孩子们带去自己的善意让人感动，当地老师克服艰苦条件始终坚守岗位让人佩服，而正是这一切激励鼓舞着作为志愿者的我们，我们也应当在扶贫工作上做出自己最大的努力。

——第十九届研究生支教团　廖茂

第五节　关于支教的感悟

——于支教中磨砺　于感悟中成长

　　"我们准备着深深地领受，那些意想不到的奇迹，在漫长的岁月里忽然有，彗星的出现，狂风乍起。"——人生若羁旅，需涉越千山；支教为璨星，蕴无限奇迹。凡是过往，皆为序章；支教分秒，皆是成长。我们立誓，用一年不长的时间，做一件终生难忘的事。这一年，我们满怀理想，勇毅担当，支教西部，把青春过成想要的模样；这一年，我们耕耘山野，扶贫助弱，启智拓思，将才干升华于第二"故乡"；这一年，我们深入基层，埋头实践，反躬自省，以最真的感悟勾连起

第三篇
四川大学研究生支教团人物访谈纪实

2011 2018 20
12 2010 201520
014 2003 4 2019 202
2009 2005
2008
2013 19992

家国天下。苦有过，甘有过，笑有过，泪有过。恰同学少年，韶华不负，我们在广远天地伫立，终得成长最好的奥义。

归根到底一句话，如果让我再次选择，如果还有这种机会摆在眼前的话，我相信我会做出同样的选择。我记得当时我们去布置自己房间的时候，在窗户上还专门贴了八个字——扶贫支教，青春无悔。

——第五届研究生支教团 容毅

不管你的家庭是什么样的，只有当你去到最基层，你才会发现我们真的需要珍惜当下，需要学会感恩社会。当你生活得很好的时候，有一部分人可能还没有解决温饱问题，你要学会去帮助那些需要帮助的人。有些地方你没有去过，你可能就不会想到在国家的某个地方还有这样一群人需要我们去帮助。

——第八届研究生支教团 贾裕玟

支教经历让我体会到，奋斗的方式有很多种，它可能是一张刻着"早"字的书桌，见证着"少年辛苦终身事，莫向光阴惰寸功"的寒窗苦读；也可能是一摞沾满泥土味的民情日记，记录着"济困扶贫挥雨露，走村串户历山川"的辛勤脚步；还可能是支教"筑梦人"放弃金钱往返于山沟沟，筑梦于田野间的言传身教。无论哪一种方式都是对自我的一种超越，让我抛弃了许多人生中不切实际的空想，在今后的学习生活中更加注重"接地气"，更加注重实干。

——第九届研究生支教团 段燕

一年的支教时间很短，却留下了很多美好的回忆，也让我交到了

很多当地的朋友，一直到现在我们都有着密切的交往。最大的收获，应该是昭觉县恶劣的自然条件、落后的基础设施、困难的语言交流，磨炼了我不怕苦、不怕累，勇往直前的工作作风。

——第十三届研究生支教团 冯旸

　　细数支教已过数载，每当翻阅照片，那时还是消瘦的面庞。回忆这段经历，留下的记忆片段总是温馨而愉悦的。磨砺的过程或许单调，但它绝不乏味，它已然成为一种精神，一直激励着我在现有的科研岗位执着而笃定地向前进发。多年后，我仍旧时常联系支教地的好友，他们还像当初那样亲切；多年后的某天忽闻长宁地震，担忧与牵挂更源于我曾是那里的一分子；多年后再回长宁，高铁直达、高楼在建，脱贫攻坚让当年的街坊发生了巨大的变化。对过去，川大支教二十载，不忘初心，坚持不易；对未来，一批批学子还将奔赴那片热土，为这份荣耀的使命添光加彩。

——第十三届研究生支教团 郭鑫

　　"用一年不长的时间，做一件终生难忘的事。"当我完成支教服务的时候，我的思想发生了巨大的变化，我从一个理想主义者，变成了一个脚踏实地的"追梦人"。开始我们带着抱负理想来到了山里，有着天之骄子的心态，认为一年的支教扶贫工作，会完全改变当地的状态，理想让我们脱离实际，很快我们回归到现实，开始明白支教扶贫工作并不是一蹴而就的，改变必须从一点一滴开始，必须"积跬步"，才能"至千里"。脚踏实地，通过我们一届又一届的支教人努力才能实现改变当地情况的最终目标。可能我们不是最后完成目标的见证者，

第三篇
四川大学研究生支教团人物访谈纪实
2011 2018 200
2010 2015
2003 2019 202
2009 2005
2013 1999

但我们是这条道路的实践者与奋斗者。我相信支教团员们，包括我在内都是怀揣着改变大山贫穷面貌的梦想，立志基层，奉献社会，希望成为能够堪当国家建设的栋梁之材的追梦人。

——第十三届研究生支教团 胡培根

简单来说，我想我支教的心路历程和大家差不多。

支教以前：天马行空，充满希冀。

支教初始：震撼震惊，无从下手。

支教中途：灰心丧气，怀疑人生。

支教高潮：点燃希望，坚定信念。

支教结束：聚散难期，感恩伤怀。

支教以后：怀念过去，满怀希望。

——第十三届研究生支教团 林腾飞

一年的支教生活，让我体验了过去未曾经历的生活，也接触了许多让我感动、记忆深刻的人，更学会了在平淡中做好每一件事情。经过支教的洗礼，我变得更加成熟，学会了以社会人的眼光面对事物，也让我更加珍惜之后的学习机会以及幸福生活。

——第十三届研究生支教团 孙浩

　　我想支教的意义就在于让这些孩子认识到走出去的重要性，知道外面的世界很大，一定要出去看看，就算他们最后回到了这片土地，他们的孩子也会越来越重视教育。而长此以往，在一代代人观念的更替下，这片土地落后的面貌才会得到最终的改变。

——第十四届研究生支教团　胡沛

　　支教虽然只有短短一年的时间，但这份经历却深深地烙在了我的脑海里，对支教地、支教学生、支教地的同事和老乡都有一份特殊的感情，还在关注着他们的发展。如果非要总结的话，我的感悟有以下几点。

　　一是坚定了我对我们党、我们国家体制制度的信心。虽然支教地仍然贫困，但相比以前，真的是发生了翻天覆地的变化，而且目前正在经历着剧变，老百姓的生活越来越好，这是我们制度优越性的集中体现。

　　二是认识到我们国家还有很长的路要走。支教的经历让我更加清晰全面地认识了国情，更加深入地了解了当前的发展阶段，也体会到农民群体生活的不容易。这一方面激励我做好本职工作，通过自身的努力为社会和国家贡献自己的力量，另一方面提醒我要珍惜自己当前的幸福生活，要感恩周围善良的人们，要用正能量去对待周遭，影响别人。

　　三是对支教这件事本身，我的感受就是三个字：不后悔。真真正正是用一年不长的时间，做了一件终生难忘的事。希望学弟学妹们能够珍惜机会，用心投入，相信他们也会收获满满的。

——第十五届研究生支教团　胡旺

第三篇
四川大学研究生支教团人物访谈纪实
2011 2018 20
12 2010 201520
2003 4 2019 202
2009 2005
2008
2013 19992

在过去的五年里，每当和亲人朋友聊起支教这段经历，我都会强调这一年的经历对我的重要意义。这一年我过得简单而充实：备课、讲课、改作业、运发物资、募捐和助学。我第一次体会到有明确的目标带来的幸福感和踏实感。甚至在返校前的一段时间里，我会明显察觉到自己的变化。另外，支教之前我对贫困地区的了解和社会百态的观察基本都来自网络和电视，对很多事情都无法感同身受和理解。支教的这一年，我们走访了很多村落，和形形色色的人打交道，处理各种以前从没有经历的事情。

——第十六届研究生支教团 杨东睿

十年育树，百年育人，相信我们薪火相传的支教精神会在每一个学生的心中播下一颗希望的种子，在将来他们长大成人的时候，这颗种子能够给予他们方向的指引和帮助，这是我们最需要做的事情。

——第十六届研究生支教团 查湘军

支教带给我的感悟，就是不后悔。我不后悔自己将一年的青春贡献在这片土地上，不后悔和这群小伙伴相伴的一年，不后悔和孩子们相伴的这一年。如果要我再选择一次，我还是会选择去支教。

——第十七届研究生支教团 陈饶

说到感悟，我还真的对生活方面的困难深有体会。当时我们住的是平房，我的床头一下雨就滴答滴答漏雨，我挂了个水桶在床头接雨水。最让人头疼的是晚上，有时候雨下大了，半夜得起来倒一次水，然后继续睡。

另一个印象深刻的体验就是当时修路，去树坪教书一路泥沙，有时候封路，就要走路过去，走上两三个小时，满身黄土，一到雨天就很泥泞。有时候走一段搭一段顺风车，我记得当时搭过马车、拖拉机、水泥搅拌车、救护车、运输车等。但心里想着这些孩子们，还有当地热情好客的朋友，我觉得没啥特别困难的。

——第十七届研究生支教团 丁枭辉

以前想着世界那么大，哪里都想去看看，支教后才发现自己国家都没看完，西部地区还有很多地方可以去开发建设。我们总想着要去更好的地方，但更酷的是把这些相对落后的地方建设成更好的地方。

——第十七届研究生支教团 胡啸

这一年，没带走昭觉的山水和蓝天白云，却带走了一份责任和牵挂。爱与被爱都是一种幸福，从知道被分配到昭觉的那一刻，这里已经成为我们一生的牵挂。我们爱着这片土地，从这里走出去，也带着这片土地给予我们的爱，用自己的真实经历告诉外界凉山昭觉独特的美；我们也用自己的行动践行支教的誓言，肩负责任、坚定信念、走向未来、勇往直前、传递幸福。

用一年不长的时间，做一件终生难忘的事。这一年，我们无怨无悔、铭记终生。

——第十七届研究生支教团 明晨

我最大的感悟还是在深入基层之后，更加深刻地认识到了中国的现实问题，也更加深刻地认识到，"没有实践就没有发言权"。只有

第三篇
四川大学研究生支教团人物访谈纪实
2011 2018 200
12 2010 2015 201
2003 2019 202
2009 2005 2
2008 13 1999 20
2013

自己到了那个地方，真真切切地感受到了当地那种不一样的东西，以后考虑问题的时候才会更加深入地去思考，去想到更多的可能性。这是支教一年带给我最大的感悟。

——第十七届研究生支教团 章一帆

感悟的话，比如说我觉得命运可能就不是绝对公平的，有些人刚开始的时候条件就很好，有些人可能条件要差一些，但如何在已定的现实中寻找自己的位置，让生命变得精彩，是每个人都要思考的。如何让自己不因碌碌无为而羞愧，不因虚度光阴而悔恨，是山区小朋友和在校的我们都要面对的问题。

——第十八届研究生支教团 王爽

"这个世界上只有一种英雄主义，就是当你认清了生活的真相后，仍然热爱生活。"山区的教育资源相对匮乏，学生们学习基础薄弱，学习习惯较差，有些学生可能无法走出大山，但终究是要有人留下来建设家乡的。我相信他们一定会扛起肩上的责任，扛起家人的未来、凉山州的未来。我开始明白每个人发挥价值的地方是不一样的，作为普普通通的一份子，我们需要做的，就是静下心来，踏踏实实做好自己的事。我会把我一路走来受到的感动继续用我的方式传播出去，去影响更多的人，而被我影响的人，未来可以继续像我一样去影响更多的人，用生命影响生命。

——第十九届研究生支教团 刘凯奇

回想这一年支教生活，我收获了很多。支教老师这个称呼，看起

来好像是我们走进大山教给孩子们知识，但在我看来，我教给他们的与他们教给我的比起来是微不足道的。他们教给我乐观积极，教给我耐心，教给我宽容。我收获的也比想象中的多：这一年我收获了来自社会各界的肯定，收获了来自学校师生的感情，更收获了一群志同道合、彼此"嫌弃"却又相互信任支持的朋友。

——第二十届研究生支教团 黄晨桀

生活中许多我们看起来理所当然的事情都是来之不易的，接受优质教育的机会，可以发挥更大价值的工作机会，甚至精致美味的食物和安稳睡觉的床榻，对许多在困难中生活的人们来说都是美好的理想和追求。作为幸运的人，我们不仅要珍惜这份拥有，更应在工作学习中创造更多的价值，助力祖国和社会的进一步发展，不仅让我们自己过上幸福美好的生活，也让更多的人分享这份拥有。

——第二十届研究生支教团 廖金雷

支教一年感悟颇多，见过了生活的很多种，看到了人性的很多面，也了解了一个很有特色的少数民族——彝族。在这个国家级贫困县，这一年里我支教调研、下乡扶贫，好像真的看到了"贫困"，好像真的理解了"贫困"，又好像切切实实感受到了"脱贫"；在支教扶贫的探索过程中，我经常会有一种"无力感"，这种无力感源自远比我想象的更真实的贫穷，比我想象的更可怕的愚昧无知，比我想象的更毒害至深的封建迷信。一开始，这种"无力感"常常把我的昂扬斗志击溃，但后来随着经常和团里的战友们探讨，我才明白我们应该学会接受这种"无力感"，接受自己的普通。我们是一群青年志愿者，我

第三篇
四川大学研究生支教团人物访谈纪实

2011 2018 200
2010 20152016
2003 2019 2020
2009 2005
2013 199920

们的力量是有限的，我们能做的就是不放弃，就是明知道"贫困"是块难啃的硬石，但还是会去努力克服困难。正因为中国有许许多多这样的人，前赴后继地坚持在扶贫道路上，才有了今天的脱贫战绩。

而正是因为"贫困"，我也在这里感受到了最纯粹的快乐和满足，那是不能用金钱或物质来衡量的，唯有感谢经历；也正是因为"贫困"，让我感受到了人性的恶和愚昧，让我明白教育是阻断贫困代际传递的重要途径。我感觉这一年的实践经历不再是在校读书时，校园象牙塔式的成长，更多的是更真实的耳闻目睹。亲力亲为让自己的内心变得更强大，承受能力更强，自己也因此有了更大的包容性。我是一名大学生，是一名支教老师，是一名志愿者，更是一名普通人，一名普通的中国青年。

——第二十届研究生支教团 田源

我觉得这一年在大凉山收获了很多东西。首先是我的学生们，在和他们相处的过程中，我看到了很多之前没有接触过的东西，他们对知识的渴求和对我们的喜爱，远远超出了我的想象，感觉在他们的世界里我们的到来就像给他们带来了一束光一样。我永远忘不了我走的那天他们在学校门口送我时的眼神，至今我都很想回去再见见他们。在那边同样工作在一线的志愿者，他们的无私奉献也让我觉得很感动。最后就是我的团友们，这一年，我就像生活在一个大家庭一样，我们一起经历了很多事情，一起努力。这一年的支教经历，让我在现在的生活中面对困难时，不再感到害怕和迷茫，对于自己的未来有了更明确的方向。每当我遇到挫折的时候，我总能想起在那边的日子，也就能微笑着面对。

——第二十届研究生支教团 余城诚

第六节　重温支教记忆

回忆支教

回首过去，或许我们都能讲出一两件意义非凡的事情，仿佛一件事就改变了自己的一生。慢慢地我才明白，这种特殊意义，其实是自己在后来的追忆中不断剪切加工，不断自我赋予的结果。

1998 年秋天，我刚刚升入大四，按平时成绩算，离保研差了一位。继续考研还是就业，考虑到家庭情况，我有些举棋不定。一个平常的下午，我记得天气仍然是成都惯有的忧郁的灰调，我被周志文老师（时任学院团委书记）从教室里拉出来，他让我赶紧到张必涛老师（时任学院党委副书记）那里去一趟。在张老师办公室，他俩告诉我有个申请团中央研究生支教团的机会，如果申请成功，可以获得保研资格，出去支教一年再回校读书。看着两位老师兴奋的表情，我毫不犹疑地答应了。后来我才知道，这个机会非常难得。全国 22 所教育部直属高校总共才选了 101 人，而川大只有 4 个名额，除了我，另外三人分别是公共管理学院的周晶、历史学院的郭瑞敏、电气学院的梁海燕。

1999 年 8 月，101 人在北方交大集合，经过热热闹闹的短暂集训后，分赴青海、甘肃、宁夏、河南、山西等地的 7 个国家级贫困县开展支教活动。我们川大的 4 位同学被分到 4 个省份，一年后才重聚母校，这是后话。我分到青海省循化撒拉族自治县，位于黄河上游河谷，也是全国唯一的撒拉族聚集地，自然风光和人文习俗都非常独特。那里的黄河还没有黄，清冽澎湃。河谷开阔，良田千顷，一阵风吹过，麦浪随着节拍翻滚。河谷两侧高山威严耸峙，云净天如洗，常有雄鹰盘旋巡弋。

青海的支教点有 3 个县，每个县安排了 10 名队员。队员们在西宁休整一天后，被各县工作人员接走。从西宁到循化，要翻几座高山，穿越两个峡谷，山路居多。队员们坐在中巴车上，胆小的都不敢往外看。到了县里，10人又被分成4个组，县中4人、女中2人、职中2人、循阳乡中学2人。我的支教点是县中，学生素质最高，生活条件最好。县中另外3名支教队员，来自北大化学系的何建涛担任化学老师，来自中科大管理系的杨晓宇和崔浩分别担任物理老师和语文老师。县中的韦璋校长对我说：学校还缺一名几何老师，你上几何吧。学化工的自然不怕数学，我满口答应。于是，我就教了一年的初中平面几何、高中立体几何和解析几何。我平时喜欢画画，在黑板上画多边形、圆切线、抛物线，连教具都不用，驾轻就熟，又好又快。高原的孩子们特别有热情，也点燃了我的青春激情，虽说是几何课，课堂上却始终充满着欢乐，有几次因为笑声太大，竟然引来韦璋校长的光顾。

现在回想起来，一年的支教生活非常充实。支教团是首届，学校不把支教队员当外人，我们与当地老师同劳动，大家的教学任务都很紧凑，每周要上20多节课。生活上，自己开伙做饭，有人负责买菜，有人负责烧火，有人负责做菜，其乐融融。四人中间，我有些生活经验，所以基本上由我掌勺。撒拉族的孩子成熟得早，很小就干家务，偶尔也有大一点的学生来指导我们做当地的面食。课余时间，爬山打球，喝酒聊天，比大学生活还要丰富多彩。那年，我连春节都是在循化过的，可以省点往返路费，顺便还兼了一个补习班的课程。

快乐的时光过得快，一年也就一转眼的工夫，很多事情值得记录，我捡一两件说说。

先得说成果。我个人觉得，时间短暂，收效甚微，只能说圆满完成了教学任务，也许对个别孩子的启发和帮助比较大。那时候，县里教育水平不高，最好的县中一年只有 8 个委培名额，除此之外极少有孩子能考入大学，好点的苗子都被家长送到西宁去读书了。韦校长的儿子是全县中考状元，那年也恰好要升高一。校长觉得如果自己的孩子到西宁读书，别的家长更不会信任县中，于是不顾孩子和母亲的反对，硬把孩子留在了县中读书。我们到了以后，孩子与我们接触多，常来宿舍请教作业。一年下来，孩子的学习状态改变很大，后来也考取了比较好的大学。另外，中科大的杨晓宇发挥计算机专长，为学校建起了县里的第一个微机室，孩子们开始接触计算机，我也跟着学了不少，这也算是一个实实在在的成果。

再说说收获，受益最大的是我自己。不到一年的时间，结识了一批同道青年，结交了几个当地好友，从此多了一个安放心灵的所在。学校的同事对支教队员都很客气，带我们到家里做客是常事。几个脾气相投的老师经常聚在一起秉烛夜谈，后来都成了我多年的好友，至今常常思念。最重要的是，我还在支教时收获了爱情。我爱人也是支教队员，由北师大选派。2014 年，我俩重游故地，当作结婚十年纪念。

感谢母校，感谢化工学院，感谢张必涛老师，感谢那段支教生活！祝愿川大研究生支教团红红火火！

——第一届研究生支教团 程峰

支教，改变我一生的决定

1998 年，对身处象牙塔内，即将继续学业深造或奔赴远大前程的大四莘莘学子来说，"支教"还是一个有些陌生的概念。彼时刚满 21 岁的我，有着一腔回报社会的热血，在得知共青团中央计划开展研究生支教接力的项目后，尤其那句"用一年不长的时间，做一件终生难忘的事"深深地打动了我，于是欣然决定成为四川大学首届研究生支教团的四名成员之一。对我个人来说，这是一种荣誉，更是一种神圣的使命。

1999年8月，我们从全国22所高校招募的101名支教团成员从祖国四面八方来到北京，在北方交通大学（现为北京交通大学）进行集训。8月底，集训结束后，我们在人民大会堂举行了庄严的出征仪式，随后我们101人便分赴青海、宁夏、甘肃、山西、河南等各个开展支教服务的学校，开始为期一年的支教服务。

最初在得知我被分配到河南新县去支教的时候，我心里是有些失望的。因为在那时的我看来，河南不算边远地区，我更愿意到青海、宁夏这些条件更差的地方服务，充分发挥自己的光和热。当然，我也明白作为一名志愿者，我必须服从组织的安排。既来之，则安之，无论身处何地，我都要尽力把自己的工作做好，不忘初心，不辱使命。

河南新县处于大别山腹地，是革命老区，这里的自然条件、气候条件等方面，相比青海、宁夏等地毫无疑问是更好的。但20年前的新县属于国家级贫困县，这里的贫困人口还相当多，也许这也是新县被团中央选为研究生支教接力计划的首批支教服务地之一的原因吧。我和分别来自清华、武大、华中师大的其他三个小伙伴一起，被分配到了当时的新县职业高中做志愿教师。我成了高一年级一个有50多名学生的班级的班主任，并教两个高一班级的数学。

在当年，新县职业高中是在新县高中录取完成之后再进行录取的，学生的基础相对来说要差一些。因此对我来说，教学是一方面的挑战，而更大的挑战是如何帮助学生树立信心，使他们相信只要通过自己的

不懈努力，就能有光明的前途和未来。为了朝这个目标努力，在那个没有网络、信息还不发达的年代，我常常利用晚自习前的读报时间，给学生们读报读杂志，讲很多励志的故事，私下也经常找学生聊天谈心，希望能通过自己有限的"见识"和诚挚的关爱，给他们带来正能量，激励他们为了自己的未来努力学习和奋斗。

作为班主任，我需要每天5点半就起床，到学生寝室督促学生起床、做早操、吃早饭，然后再上早自习。而晚上，又需要在学生们都就寝后查寝，确保学生都入睡后我才能回到自己的寝室睡觉，基本上每天晚上都在12点左右才能休息。日复一日，除了周末，每天如此，即便是在室外温度零下10度的寒冷冬天，我也能够雷打不动地在早上5点半起床，因为叫醒我的不是闹钟，而是肩负的使命感。

多年后的一天，我收到一条短信，短信内容大致是：梁老师，我是你以前的学生某某，这些年我到处打听你的消息，终于找到了这个电话号码。我想告诉你我非常幸运成为你的学生，因为你的鼓励和教导，我努力考上了大学，现在已经毕业，找到了不错的工作，我要跟你说声谢谢！看到这条短信，我思绪万千，多年前支教的一幕幕又浮现在了眼前。如果要问支教这一年我收获了什么，除了和学生们以及当地教师们建立了深厚的友情外，更重要的是我认为自己的人生价值在一定程度上得到了实现。没有什么比能够从正面意义上去影响进而改变另一个人的命运更令我自豪的事情了。

直至今天，虽然距离我支教已经过去了整整20年时间，我仍然会时常关注志愿行动以及支教之类的社会话题。我深信知识能改变命运，教育能改变世界。对我个人来说，毕业以后没选择教育作为我毕生事

第三篇
四川大学研究生支教团人物访谈纪实

2011 2018 20
2010 2015 20
2003
4 2019 202
2009 2005
2008
2013 1999 2

业也成了我心中的一个遗憾，我希望有一天我能够弥补这个遗憾，再次去支教，为"make the world a better place"贡献自己的微薄之力！

——第一届研究生支教团 梁海燕

感受昭觉

离家5年多了，已经习惯了每次假期在郑州与成都之间奔波。20多个小时的车程，看看书、聊聊天也就过去了。但是，这次的旅程中我却感觉异常兴奋，因为列车上的广播正在为即将到达天府之国的乘客介绍文化、旅游等四川的种种。当听到"彝族年""火把节"等熟悉的词语时，我显得尤为激动，原来它在介绍凉山彝族自治州——这个对我来说再熟悉不过的地方。一路上我不断地向别人介绍它，介绍这个美丽的地方，介绍这个善良的民族，巴不得告诉所有的人，我了解那里，而且我正要到那里去。

半年前的那个夏天，我很幸运地成为川大第五届研究生支教团的一员，与其他四位队员一同来到了昭觉——这个坐落在中国四川西南部的高原明珠，开始了我们为期一年的支教生活。

昭觉之初体验

还记得第一次从西昌到昭觉的路上，陡峭而又绵延不断的山坡上时常能见到一群可爱的放牛娃，一棵棵挺拔的桦树屹立在盘山公路的两旁，远方的山上穿插着一块块黄绿相间的梯田，快到城里的时候，公路下面是一条湍急的河流，这一切的一切对于在城市里见惯了高楼大厦的我来说倍觉新鲜，有种眼前一亮的感觉。这是个美丽的地方，

我对自己说。

彝族人好客、热情，也许是高原造就了他们的这种性格。披着"擦尔瓦"的彝家人围坐在地上，唱着传统的祝酒歌，热情地邀请客人与他们一起分享荞粑粑、砣砣肉等传统的彝族美食，让你在喝着苞谷酒的同时与他们一起分享快乐。

受历史、交通以及自然环境的影响，昭觉县县穷民困，年财政收入不足 1700 万元，为国家级贫困县，全县 90% 的彝族青年生活在农村，许多青年由于家庭、经济等原因辍学、失学在家而无所事事。所以，昭觉县的教育水平相当落后，他们因贫穷而无法上学，又因为没有知识而更加贫穷，形成了恶性循环。在当地条件相对较好的竹核中心校，一年级几个班的孩子甚至还没有桌椅板凳，他们有的坐在地上，有的趴在地上做作业，条件稍好一些的四五个人挤在一张破旧不堪的乒乓球桌上。当我看到他们围在地上吃一盆不知道是什么东西的午饭时，心里有一种说不出的难过。在城市里的孩子们，一个个在吃着肯德基，穿着米奇，坐在电脑前思考去哪里玩的时候，大凉山里的这群孩子却在思考今天中午吃几个土豆当午饭。因为这顿多吃了一颗，就会面临着下顿没有饭可吃。而一学年不到 100 元的学费对于他们来说更是一个天文数字。望着他们，从那一张张被强烈紫外线照射得异常黝黑的脸上，我读出了他们对知识的渴望、对学校的向往。而我们能做些什么呢？捐款吗？以此去资助更多的孩子上学，这当然是可行而且必要的，但我认为更重要的是改变他们的思想，改变他们落后的观念，一代一代传下去。

第三篇
四川大学研究生支教团人物访谈纪实

2011 2018 20
12 2010 2015201
2003   4 2019 202
        2009 2005
2008 2013 1999 20

我工作的地方——昭觉青年创业培训中心

来之前我只是模糊地知道自己被分到了一个学校教计算机。半年多来的实习将我之前的所有疑惑和少许不安完全消除了。我很庆幸自己能加入这个集体，成为昭觉青年创业培训中心的一员，在担任电脑老师的同时，我从这个集体中看到、学到了许多的东西。我付出，我收获！

几年前，当国际专业服务机构（MSI）在昭觉无偿地从事医疗卫生、畜牧、教育等扶贫援助时，与昭觉县人民政府在 1999 年 10 月共同创办了昭觉青年创业培训中心。它是一个非营利性社会公益机构。中心成立三年多来，在"MSI"的大力支持和昭觉县人民政府的直接领导下，在省州领导的亲切关心和国内外各界人士的无私帮助下，中心各项工作顺利开展并且取得了显著成效，实现了"一年一大步，三年大发展"的可喜局面，现在更成为昭觉县的窗口单位，这所有的一切都离不开这群可爱的、无私奉献的人们——MSI 员工。

志愿者是一个跨越国界的名称，它已经超出了地域和国家的界线。几年来，不同国籍的 MSI 员工，源于一个"爱"字，为了给昭觉县社会青年提供健康的学习和活动场所，不惜千里迢迢来到陌生而又艰苦的环境，在这片土地上为全县的青年默默奉献着他们生命中的光和热。更让我感动的是他们有些人为了奉献，拖家带口地来到这里，其中一个员工年仅 6 岁的儿子已经能够说一口比我还流利的四川话了。从他们的身上我看到了"奉献、友爱、互助、进步"的精神。我相信在今后我会同他们一起，伸出我们的手，献出我们的爱心，用自己的努力去影响更多的人！

我的第一堂课

由于要担任昭觉县团县委电脑基地的初级培训班和中心中级电脑晚班的老师，从没上过讲台的我产生了很大的压力。虽说之前在陕西师大也进行了一些相关的培训，但对于自己的第一堂课心里还是没有底，天天拿着教材狂啃，就是不断调整时间，控制进度。也许是没有经验，也许是太过紧张，平时语速就颇快的我一句话就讲了好几遍，以至于下面的学生还以为老师怎么了。

上课前，我的心就一直扑通扑通地跳得厉害，我对自己说："你要镇静，不要紧张，毕业两次答辩都挺过来了，这小小的电脑晚班有什么好怕的"，深呼吸一口气，好了。我走上讲台，望了望台下的人，心有点虚，强作镇定地说："同学们，大家好……"哎呀，不行，速度太快了，怎么下面一点反应都没有呢？慢点慢点，要不你准备的那点儿东西撑不到 20 分钟就讲完了！哎，偏偏第一节课要讲理论知识，偏偏这些学生的基础不一样，偏偏我这个老师的语速又快，讲了一遍，看看台下，鸦雀无声。我心想：怎么搞的，懂还是不懂啊，给点儿反应？我又重复了一遍，还是没有回应，怎么办，我应该怎么办？现在有点佩服以前我的老师了。这课堂是需要互动的，学生的反应是对老师极大的鼓励，而我有点失望了。又说了一遍，嘴巴已经干了，脸憋得通红："大家明白了吗？"等了一会儿，总算看到有人点头了。天呐，做老师好辛苦啊！

一年来，电脑、普通话、主题课、思想品德、数学等一系列课程已经让我积累了很多的经验，现在上起课来已经没有当初的尴尬，可以做到游刃有余了。当然，让我觉得收获最大的是我已经从一个刚刚离开学校的学生变成了一名西部的教师。还记得第一次被人称为"张

第三篇
四川大学研究生支教团人物访谈纪实
2011 2018 20
2010 2015 201
2019 202
2009 2005
1999 20

老师"的时候，我激动了一晚上没有睡着，很多次在这个他乡的街头听到别人亲切地招呼"张老师好"的时候，真的有种涌上心头的幸福，有种说不出的快乐。

——第五届研究生支教团 张琳琳

收 获

记得支教面试的时候，团委的老师问我为什么要支教，我说了两个理由。首先，当老师是自己从小到大的梦想；其次，自己小时候家里穷，是别人帮助了我，现在是我帮助别人的时候了。要上小学的时候妈妈刚刚去世，为她治病家里欠下巨额债务。要不是杭州的方翠凤阿姨，还有希望生计划，还有陈爸爸和张妈妈，还有大学里的那么多好师友，我不可能如此顺利走到大学毕业那一天。

我一度以为，支教是奉献，其实这一年更多的是收获。我收获的不仅仅是索玛花、一小袋炒豆子、肉、美丽的彝族耳饰、木制漆器手镯和发簪、蛋糕、支教的衣服，还有来自孩子们的真挚感情，来自支教地领导同事的关爱，来自支教团团友的携手前行，来自母校的关怀，来自支教事业的崇高感和幸福感以及那些永远无法忘怀的记忆。

我的学生

我们要走的时候，孩子们给我们唱歌跳舞，印象里是拥抱、眼泪，抹了满头满脸的蛋糕。我们离开昭觉的时候，孩子们站了一地，那一年我和孩子们一起经历了一种真实的情感交换。

一、语文助教马志明

上课了，站在讲台边，一句"上课"让自己的人生位置突然发生

了转换——从学生到教师，从知识的受者到施者。当整个教室的学生整整齐齐地向自己鞠躬，道"老师您好"的时候，我深感震撼。孩子们发言踊跃，并不像同事们所说的"吵闹"。他们喜欢语文，他们热爱发言。有些害羞的孩子在发言前与同桌大声讨论答案，可是一旦站起来，顿时羞红了脸，又扭捏了。真是可爱极了。一个叫志明的学生因为在军训期间违反了纪律，在第一天上课就被罚站。和他聊天中，我得知他喜欢语文，小学时语文成绩非常好，便顺势鼓励他担任语文课助教，他红着脸，答应了。志明同学在担任了语文课代表后，工作态度十分认真，与此同时，自己的作业也完成得很好。我批改完作业正要送到教学楼，他就已经到楼下等我了。真是好孩子！

二、初二五班的崔波

我还上初二3个班的历史课。班上的学生年龄跨度很大，有的幼稚可爱，有的老气横秋。可是大多数学生在上课的时候都特别认真，要抽问时，害羞不肯举手的，都用青涩的眼神告诉你，他想要回答问题。那眼神夹杂着热切的情感。我想，如果我能让他们都有机会表现一下，孩子们该能享受到多少成就感！有时学生们也很幽默，试题问"收缴鸦片的大臣是谁"，有两个学生一个答"李则徐"，一个答"林则许"。改卷改得乐不可支。

初二五班的崔波是学习最认真的一个。但是，在最开始接手初二五班的时候，情况却是一片混乱，而崔波就是其中的"带头大哥"。在其他老师眼里他仿佛是个刺儿头。五班学生吵闹，我也曾满眼泪水打转自我怀疑过，也在昭中留下了带扩音喇叭上课的美名。有苦口婆心，也有掏心掏肺。崔波大概觉得这个老师还挺仗义，把我当朋友了，

第三篇
四川大学研究生支教团人物访谈纪实
2011 2018 200
2010 2015 201
2003
2019 202
2009 2005
2008
2013 1999 20

开始每节课都认真做笔记，慢慢地班上听课的人越来越多。我们要结束支教的时候，初二五班这群最皮的孩子给了我最深的感动。

三、初二六班的吉衣莫

课间吉衣莫来找我。她的脸色很苍白，眼睛四周红红的。她说自己很不舒服，希望我陪她去医院检查一下。我陪她到了医院，挂了急诊，期间打电话通知了她的父母。结果过了一段时间，吉衣莫爸爸妈妈非要送肉给我。来找我的时候，吉衣莫还带了个小侄女来，眼睛很大，怯生生的，只是衣着单薄。在别人都穿羽绒服的天气，她只穿了件单衣和一个小马甲。从脸蛋到鞋子，全身黑乎乎的。我问她，妈妈有没有给你买衣服。她摇了摇头。中午，我带她俩一起去吃面，在街上给小女孩买了件外套。吉衣莫一家虽然经济并不宽裕，但他们从来都是自强自立。支教团去家访，看到吉衣莫家养了小黑猪儿，看到条件有限但干净整洁的家，还受到了他们一家人的热情招待。

四、伍枝

来凉山支教，认识的第一个学生就是伍枝。那天她站在新盖的教学楼下，歪着脑袋出神地想着什么。她看见陌生人来搭话，有点慌乱地羞红了脸。渐渐熟悉些后，伍枝每个周日都准时到办公室向我请教地理问题。我们支教团昭中的三个姑娘，给好多初中、高二、高三的孩子补过课，伍枝是那些学生中最认真的一个。她微微仰着头，专注地听我讲的每一句话，每次临走前都要再三说感谢老师，然后羞涩地跑掉。

过了一阵，有个周末她却没有出现，一周后她才有点疲惫地站在支教团门口，浑身上下挂着雨水。看见我出来接她，她开始不停地道歉。我开始给她补课，可是伍枝一直心不在焉的。原来，伍枝的爷爷那个

星期去世了。她家在四开乡的一个村子里，家里没有电话，她在爷爷去世的第二天晚上才听说了这个消息。伍枝的父亲在她很小的时候就不在了，全家就爷爷疼她、护着她。没想到……

伍枝着急地在泥地里拦车，想搭车回去，可是最后一班车已经开走了；漆黑的夜里，顺路的卡车都不愿意带她；出租车司机说至少要50块钱，可伍枝只有5块钱。她说她绝望地蹲在地上大哭。因为按照当地的习俗，人去世后不久就要火化了，她说她怕自己这回见不到爷爷了。

"怎么不找老师帮忙呢？"

"那时老师应该已经睡了，我怕影响您休息。"

最后，她历经辛苦在雨地里摸黑回了家。

五、学生会的孩子们

在昭中，走在路上不停有学生向我问好，有时候点头都点不过来，我和这些孩子们可叫作"点头之交"。作为团委老师，接触最多的还是团委学生会的孩子们。

换届之前，昭中团委副书记是段纪丁。纪丁同学学习非常好，吉他也弹得很好。在团委学生会换届，我的工作还不太上手的时候，是昭中团委书记谢老师、纪丁和我一起把这个工作做好了。若干年后，在西南科技大学的电梯中恍然见过他一面，再后来，纪丁同学由于成绩优异，被国家公派出国读博。

换届之后，在谢康文老师领导下，我同新一届的团委学生会成员某色伍呷等同学一起，努力把团的工作、少先队的工作、学生会的工作、广播站的工作做好，把校刊出好。虽然条件有限，昭中的团委学生会这一年的工作却开展得有声有色。团委学生会的学生中，有踏实可靠的，

第三篇
四川大学研究生支教团人物访谈纪实
2011 2018 200
12 2010 2015 2016
2003 2004 2019 2020
2009 2005 20
2013 1999 20

也有多才多艺的，但最普遍的特质是可爱。

有一次，日火比古、王庙侠和我、郭雨依老师一同去检查仪表。这两个小伙子个子很小，走路都带跑的，像两个小猴子。我笑他们，自己都没有仪态和风度可不行，他们听了，腰板直了不少。检查到高三一班的时候，因为是早读时间，全班一片哗啦哗啦的读书声。我进门和值日老师说要检查仪表，值日老师转头很严肃地说："同学们，请停下。"全班刷的一下就没有声音了，气氛变得特别严肃。结果两个小猴子风风火火地跑进去，又像小鱼一样跑出来，一点都不严肃，真是被他们逗得不行。有了团委学生会的孩子们一起工作，我们支教团的工作多了很多乐趣。

我的昭中同事

昭觉的九月，很像西安的十月，特别是下雨的时候，风雨交加，极冷。军训汇报那天，天灰蒙蒙的，似乎是要下雨的样子，结果汇报刚开始，雨就突然下了起来。我、雨依、燕子同昭中的同事一起在风雨中为军训的孩子打分。孩子们都在雨中淋着，所有的老师都没有打伞。衣服淋湿了，头发滴滴答答都是雨水，风一吹，刺骨的冷。不知过了多久，一位刚下课的不知姓名的女老师上前来为我撑着伞，伞檐慢慢地向我倾斜，我说不用不用，可给我打伞的那位老师自己的后背都淋湿了，却一直陪我撑到汇演结束。

昭中团委书记谢康文老师工作特别认真，记忆里我支教的一年中，他没怎么准时下班过。如果哪天连着上晚自习，他好像就从来没有吃成过晚饭。谢老师话不多，但工作认真细致，给了我很多指点。有段时间我生病了，是谢老师请校医来支教团驻地为我看病、送药。彝族

年的时候，他很热情地邀请我们去他家过年。我们支教团的生活琐细，谢老师总是尽量帮忙照顾。

还有许多老师，如初二五班、六班、七班的班主任，因为调课、班级纪律、工作交接等事情麻烦了他们好多次。初二年级段的老师们热情地接纳我加入他们的队伍，周末还扛着啤酒一起搞集体活动。学校的雷主任、刘老师、校长和副校长等，给了我们支教团好多关怀。印象比较深的是 2008 年 3 月 8 日，那天是一个星期六，我们要出学雷锋活动月板报。黑板在露天环境，太阳很毒，感觉衣服都要被烧破了。由于团委板报特别长，我和 5 个学生一起弄了一个下午，昭中的陈校路过看到了我们在出黑板报。这天是妇女节，晚上中学全体女教师聚餐，定在五点半，可五点多板报才出好，还要收拾工具，所以等我们赶到吃饭的地方已经是五点半过了。没想到的是，全体老师一律没有动筷子，都在等我们。有的尊重在无言，有的友爱在微末。

我的战友

太多故事了，没有办法写完。我们七个人，可以说是共同战斗，守望相助。说是战友，实际上我们是兄弟姐妹，在那一年里生长出了不可磨灭的情感印记。印象深刻的，不是小缪发烧支教团成员不眠不休的照顾，而是两次双腿打颤的经历。

第一个学期放寒假的时候，其他团员比我早一天回乡。冬日，高山上结满了冰棱，寒冷的湿气凝成薄冰，铺在台阶，早晨出门，我不留神滑倒。这样的日子，车子容易打滑，尤其是在盘山公路上。大家要走的这一天，天气不如昨日寒冷，不禁为他们庆幸。早上忙活着准备做饭，忙碌幸福而伤感。收拾完一切，送他们去车站。大家的行李

第三篇
四川大学研究生支教团人物访谈纪实

2011 2018 200
2010 2015 201
2003 2019 202
2009 2005
2008
2013 1999 20

都多，却尽力彼此照顾，闹哄哄的车站，混乱的人群，狭隘的过道，迷离的眼神……紧贴窗口呵出的热气打湿了行人的眼睛。没想到接到的第一个电话，听到的不是报平安，而是"出车祸了"……瞬时，双腿开始颤抖。后来我才知道，不是他们乘坐的那辆车，但他们一定吓得不轻。连人带车冲下悬崖，那么真实而残忍地发生在眼前。我不知道怎么描述听到车祸消息那一瞬间的感觉，好像被抽掉了所有的力气。

没想到支教的第二个半年，又有了同样的感觉。那天是5月12日。为了早点把校刊赶出来，我中午提前到办公室加班，正在编辑排版的时候，突然感觉头一阵晕眩。电脑好像在摇晃，接着是桌子也在摇晃，然后是大地在摇晃，这更证实了我的猜测，确实是地震了。想到小依他们有的在家里，有的在单位，就赶紧拿出手机给他们打电话。可是拨了好几个，怎么也打不通。地震第一时间，学生跑出来了，泥地升腾出黄色的尘雾，却没有看到我的战友。我一个人站在操场，脑子里全是可怕的画面，心里祈祷平安平安平安，战友们不要出事。

工作上，我们七个人是共同战斗。虽然只有我在昭中校团委，但每次昭中团委学生会举办大型活动，基本上都是整个支教团一起出谋划策、分工合作、共同出力。参与或承办团县委组织的活动，都是整体上前，从来没有谁叫苦叫累。川大承担的扶贫和支教工作，同样是在常乘亮带领下，由我们七个人并肩战斗。

生活中，我们七个人守望相助。老常不善厨艺，洗菜洗碗兢兢业业；小缪胃疼，还花三个多小时给大家做烙饼馒头；璇子和燕子咳嗽很凶的情况下，依然奋战在油烟密布的厨房里；最美的是雨依每天早起为我们做早饭的背影。我和小缪互相切磋英语，和老田一起买菜，大家一起爬山，就像小缪说的那样，我们支教团每个人的感情都这么好，真是缘分。心情不好的时候一个人躲起来偷偷哭，总会听到门外他们关切的问候。忙不过来的时候，他们一定会帮忙做饭。生病的时候，总有他们在身边嘘寒问暖。晾晒在屋外的衣物，总有人取回来。我们像一家人，相互扶助，有他们一起，辛苦都不叫辛苦，难都不叫难。

我想带着老公和孩子去昭觉，看看我曾经战斗过的地方，摸摸那片热情的土地，看看淳朴的人民，见见师长朋友。我是多么想早点回到昭觉，那个地图上遥远的西南角。我梦见过好多次去那个高山草甸，牛羊成群，刮粗砺的风的地方。我总是回想那渲染了大块的生黄、青黛颜色和蓝天凝固在一起的画面。

在那里，我第一次听到学生甜甜地喊自己"老师"，第一次站上讲台，第一次备课，第一次改试卷，第一次收到教师节礼物，第一次家访，第一次为学生难过，第一次在课堂上发火，第一次做川菜，第一次吃坨坨肉，第一次组织辩论赛，第一次做中学学生活动，第一次穿正式制服，第一次编辑刊物，第一次收团费，第一次教团课，第一次持续失眠，第一次一个月瘦掉十斤，第一次晒脱皮，第一次过彝族年，第一次听满城的猪的惨叫声，第一次在十二月份就看到冬雪，第一次用电炉烤火，第一次穿彝族服装。感谢川大，感谢昭中，感谢支教，我收获了好多第一次，也收获了一辈子无法忘怀的记忆。

——第九届研究生支教团 周晶晶

十年前的这个时候，我即将结束在昭觉县树坪乡中心小学二年级担任数学老师的支教生涯。至今我都还记得那个在群山环绕中的小学，每天早晨起来呼吸的清冽的空气，逐渐喧嚣起来的校园，彝汉交织的语言，还有学生们纯真的笑脸。

第三篇
四川大学研究生支教团人物访谈纪实

2011 2018 200
2010 2015 2016
2003
2019 202
2009 2005 2
2008
2013 1999 20

　　支教的初心，最初是源于大学四年的志愿者经历。无论是担任各类赛事志愿者，还是参与"5·12"抗震救灾，还是在周边社区开展日常的志愿服务活动，我见到了太多需要帮助的人，感受到了志愿服务的重要意义和独特魅力。当知道有这样一个机会，能够到一个贫困地区开展一年的支教工作，我感到这样系统、完整的志愿服务机会是非常难得的，或许也是人生中不会再有的。用一年不长的时间，做一件终生难忘的事，应该是每一个选择研究生支教团的同学的心声。

　　支教的这一年，在群山环绕的那个不大的院子中，我吃在学校，住在学校，每天上午迎来学生们，晚上又送走他们，备课、上课、批改作业，生活简单却也充实。现在回想起来，没有宽带只有 2G 网络，没有电视节目只有一开始带去的几本书，没有娱乐聚会只有风啸虫鸣，这样的生活可能单调，但绝不枯燥。

　　一年的时间确实不长，似乎在一天天的读书声中就迅速溜走了。十年后再回想起来，一个个片段依然鲜活，串成记忆中珍贵的项链。有上课时学生忽然递过来的一个会把手染到漆黑的鲜核桃，有用那架破旧的风琴和学生一起唱《让我们荡起双桨》时的歌声，有和学生在操场亲手架起篮球架时的欢呼，当然也有面对作业本时的苦恼。令我印象最深刻的事大概有两件，一是有一次对面山上突发山火，隔壁乡政府和学校老师集体动员，爬山涉水去开展灭火工作，乡党委书记、乡长冲在最前面，在根本就没有路的峭壁上攀登，让我直观地感受到了党员干部冲锋在前的先锋作用；二是在我们即将离开的时候，一个前来看望学生的老师对我说："我感觉同学们的变化很大，上一次我们来的时候，给同学们送文具，同学们都是往后躲；而这一次，同学们都会微笑着给我们说谢谢。"除了知识之外，我们为学生打开了另

外一扇通往外界的窗，这大概是我这一年最值得自豪的事了。

前几天，我在给大二的学生上课的时候，谈到中国梦，让我再一次想到了支教的经历。中国梦的本质是国家富强、民族振兴、人民幸福。人民幸福是中国梦的落脚点，要让全体中国人民共同享有人生出彩的机会，共同享有梦想成真的机会，共同享有同祖国和时代一起成长与进步的机会。我认为，支教和扶贫最大的意义就在于，这是实现中国梦的重要组成部分，通过支教和扶贫，让生活在伟大祖国的全体人民都能够共同享有与祖国、时代一起成长和进步的机会，唯有这样，才能实现中国梦。

——第十一届研究生支教团 周俊

我选择支教是一种偶然和冲动。学校通知研究生支教团报名时我才知道有这个项目，在毕业之前的迷茫之中忽然觉得这是自己该走的路，于是满怀期待和兴奋地加入这个队伍。抵达西昌站的时候，团里去昭觉的8个人拍了一张合影，现在看来那时的我满脸的青涩与稚嫩，和当时单纯的初心相映成辉。而一年之后，除了晒黑的肤色，我们也收获了沉甸甸的内心。

十年过去了，至今我仍然无法忘怀初到大凉山时内心的震撼。这片广袤的土地上，山峦相连，海拔瞬息万变，白云像巨大的伞盖荫蔽着大地，把地面分割成明显的一片片黑白和金黄。在西昌到昭觉的班车上，看着明媚温暖的阳光衬托下的这幅苍茫图景，呼吸的空气都更加清凉而透彻，格外沁人心脾。彝乡人淳朴豪爽，热情好客，能歌善舞，独特自然环境造就的性格让我们这些涉世未深的青年很快地融入了凉山的山水。一年的时间不算长，但是足以让我们对凉山义务教育

第三篇
四川大学研究生支教团人物访谈纪实

2011 2018 20
2010 2015 201
2003 2019 202
2009 2005
2008
2013 1999 2

状况有一个基础的认识和理解。硬件方面，地广人稀、基础设施落后、人们生活贫困，让完整的小学、初中教育体系成为稀缺资源，学校少、学生少、老师少、资金少，我的学生中接受过完整九年义务教育的屈指可数。软件方面，学校的管理理念和方式、老师的专业素养都与非贫困地区存在差距，更为重要的是对教育重要性的认识：有些家庭虽然受制于时间和经济成本无法让孩子接受更多的教育，但能够认识到接受教育的重要性，有些家庭则采取放任的态度，个别家庭觉得读书是浪费时间和钱。我们有一次去援建的福缘小学查看修建进度，途中见到这样的场景：老大是七八岁的哥哥，带着弟弟妹妹玩，哥哥身后背着一个，手里牵着另一个，仿佛自己就是家长。等老二再大点能带老三了，老大就可以去读几年书，十五六岁就可以跟父母一起去打工，或许这就是凉山很多孩子的真实写照。改变这种状况不是一朝一夕或者几个人就可以办到的，要想真正改变凉山州义务教育的现状，改善硬件或者弥补软件只是其中的一部分，更需要让这里的人富起来，解决经济基础的问题。

不敢说神圣，但我们是真诚的。当老师的过程并没有想象的那么轻松。我在昭觉民中每周要上 6 节高一数学课和 2 节初一生物课，由于没有专业教师常年的积累，每次准备和讲授对自己来说都是新的内容，上课、备课、批改作业占据了一年之中的大多数时间。由于教育条件和教育观念落后，这里的学生年龄差距较大，知识水平参差不齐，有些学生甚至不能完全听懂普通话，给我们的教学工作带来了很大的挑战。满腔的青春热血和崇高的使命感是我们选择这条道路的理由，但也往往会被严峻的现实慢慢消耗掉，真正让我们能够面对困难和挑战一如既往地坚持下去的唯有真诚的心，真诚地对待自己的岗位，不

辜负青春和汗水；真诚地对待每一个学生，不辜负每一个期待的眼神。

　　能力有限，但我们是用尽全力的。2020年是扶贫攻坚的决胜年，而研究生支教团也是提高农村义务教育水平的重要一环。客观来说，支教工作确实存在一定的局限性，一方面，参与支教的研究生拥有较高知识水平和综合素质的同时缺乏专业教师的技能和经验；另一方面，一年为周期的教学工作缺乏连续性，对学生建立完整知识体系有一定的影响。我认为，支教的意义在于弥补贫困地区师资力量匮乏的现状，让更多学生有机会接受教育。支教能够搭建贫困地区和外界沟通的桥梁，拓宽贫困地区的对外宣传和交流渠道，吸引社会关注和引进更多的社会资源，在这二十多年的时间里，四川大学研究生支教团一届届热血青年都在为这一目标而努力奋斗。此外还有一点很重要，优秀的四川大学支教团成员给大凉山深处的孩子们带去了更多的希望，让孩子们看到和接触到更广阔的社会，在对美好未来的憧憬下就有了不断努力实现梦想的动力。研究生支教团的力量或许有限，但是希望的力量是无法估量的，我们无法一下子改变凉山州的贫困，但是每一届支教团、每一个成员，都在不断地努力尝试有意义的事情，不断地影响更多的人。我们不是这幅恢宏磅礴、唯美壮丽画卷的执笔者，但却有幸成了笔下的一根根线条，起承转合、描摹反复，用尽全力展示自己的美丽，让整幅图景更加美好、动人。

——第十二届研究生支教团 林涛

匆匆十年

　　如果回望自己过去30多年的人生，2010年是一个想起来就与众不同的年份，特别的、宁静的、抽离的当然也是难忘的。"用一年不

第三篇
四川大学研究生支教团人物访谈纪实

2011 2018 20
12 2010 2015 20
2003 2019 202
2009 2005
2008
2013 1999 2

长的时间，做一件终生难忘的事。"

一年的支教经历，对我来说首先意味着挑战。在陌生的几乎全是彝族同胞的外部环境下，面对三四十个桀骜不驯、敏感羞赧的彝族青年，要确保教学计划的顺利开展着实有不少挑战，完全自主解决日常生活，与学生在课堂上"斗智斗勇"，既要树立老师的威严又要传达外界的关爱，既要完成上课的本职工作又要很好地融入当地的社交以便开展其他助学工作，对于刚刚本科毕业的自己来说，着实令我成长了不少。

随着对当地环境和学生的不断了解，我有了很多思考和感悟。当去家访和下乡途中看到五六岁的孩子衣衫褴褛，背着比自己小的弟弟妹妹站在泥地里玩耍；看到一岁多的小婴儿被裹着直接放在地上睡觉；看到一些不到十岁的小孩拿着沉重的锄头在地里费力挖地；同时看到学生们家里脏乱破败，看到学生们上学的路途遥远崎岖，看到学生们寒冬里衣着单薄满脸通红。我渐渐地不再对学生们恶劣的卫生习惯充满嫌弃，不再盲目地对他们麻木、散漫的学习态度生气，我开始思考，如果我是他们我会做得比他们好吗？我开始理性地来看待他们的种种习惯和想法，而不是一味地告诉他们应该怎样，我告诉他们或许他们的成长会比外面的孩子面临更多的挑战和阻力，但他们有权利而且应该去追逐他们可以想象的最好的未来。

临近支教结束，我收获的是满满的惊喜和感动。时间长了，我才知道原来彝族的少年们内心感情丰富，个个能歌善舞，原来他们懂得感恩而且极重感情。我们相约一起去爬山，一起野餐，一起唱歌，原来他们牢牢记得我跟他们说过的话，原来他们每个人心中对未来都有期许和梦想。

一年的支教时光，对于当地的孩子来说或许只是有一个不一样的老师的一年，但对我来说是无比厚重的一年。支教之前的我懵懂迷茫，对于未来跃跃欲试；支教回来的我经历了人生的一些挑战和挫折，同时也收获了生活的馈赠，我渐渐进入了不同的人生阶段，每天接收着焦虑、努力、成功、财富的各种信息，每天坐在办公室里体会着平淡、冲击、不甘和偶尔的满足，每天重复的生活和工作内容让我麻木、冷漠，偶尔一个人静下来的时候我会想，我们每个人生活的意义究竟是什么？总有那样一个时刻，我的思绪会回到那个偏远、闭塞、特别的地方，想起那一双双格外明亮、天真又充满期待的眼睛，想起我煞有介事地站在讲台上大声地说着："我们每个人都有权利而且应该去追寻自己能够想象的最好的未来。"

加油吧少年们，加油吧我自己。

——第十二届研究生支教团 张智芸

与孩子们共同成长

2013 年 8 月至 2014 年 7 月，我作为四川大学第十五届研究生支教团的一员，在四川省凉山彝族自治州昭觉县民族中学支教。每周超过 20 节的课堂教学，周末和节假日 18 个乡徒步数百公里的家访，以及支教团丰富的扶贫助学活动等，让我在昭觉度过的 200 多天充实而幸福。和孩子们度过的这一段美好时光，也成为我人生中最美好的记忆。

用一年不长的时间，做一件终生难忘的事

在正式入选研究生支教团之前，我从来没想过会有机会到凉山去支教。尽管在大学期间，我自己也组织了几次短期的小学生暑期夏令营活动，作为一名青年志愿者参加了大大小小几十次志愿活动，但这

第三篇
四川大学研究生支教团人物访谈纪实

2011 2018 200
2010 2015 201
2003
4 2019 202
2009 2005 2
2008
2013 1999 20

次真的是偶然的机会。已经做好毕业后找工作打算的我，抱着试一试的态度向学校提出申请，意外的入选着实让我兴奋。西部计划那句宣传语写得真好，"用一年不长的时间，做一件终生难忘的事"。年轻人，真的需要一些敢于放下的勇气，为了一点点理想全力做一次。

这一年，我和120个孩子结下了一生的缘分，和他们一起哭过、笑过，一起学习玩耍，一起翻山越岭，他们数次成了我这个很少做梦的人梦里的主角。我和昭觉从此建立了像故乡一样的联系，后来每每提到昭觉，甚至凉山，都有一种莫名的亲切感。自己一份小小的爱，换来的是120倍，甚至更多的回报。是我的学生们让我学会了爱与被爱，每当我学习生活陷入困境，想起他们总会让我重新燃起斗志。

他们初三毕业、高三毕业的时候，我赶回昭觉参加他们的毕业典礼，看到孩子们一个个长高了，也成熟了，心里真替他们高兴。学习成绩最好的曲木合合，2018年考上了中央民大，他在确认录取之后通过QQ给我发消息，发来了我当时离开昭觉时给他写的明信片，令我欣慰不已。2019年，我因工作原因正好借调到北京工作，周末经常约他一起吃饭聊天，一起去国家图书馆看书，如今他已经是一名诗人，发表了一些诗歌，可以用自己的稿费带父亲到北京看看，俨然比我有出息了。

比成绩更重要的是成长

在我来到昭觉之前，上一届支教团的木拉提老师找到我，希望我能接他的两个班，因为这两个班是支教团中课程任务最重的，他希望找到一个可以信任的老师承担起这个任务。的确，要接他的班并不轻松，每周有超过20节课，每天早上6点多其他人还在睡觉的时候就要起床跟早读，晚上9点下晚自习后还要留在学校给有需要的孩子解答各科的问题，10 点钟回宿舍休息，备课、上课、做饭、批改作业、帮助班主任处理各种各样的事务，生活十分忙碌。但不管身体有多疲惫，也不管开心或者失望，一觉醒来看到学生的时候总有满血复活的感觉，有时候孩子一句"李老师您回去休息吧"，或者他们的哪怕一点点进步都可以让我开心好一阵子。

昭觉是全国最大的彝族聚居县，彝族人口占总人口的 98%。我负责的是昭觉民族中学八年级两个班的英语教学，作为第二外语（他们的母语是彝语，既要学汉语又要学英语），孩子们在英语学习上有很大的困难，所以需要给他们补习基础知识，帮助他们掌握学习方法，上课进度很慢。

我带的两个班中，有一个班是爱心班，也有人称为"孤儿班"，因班上的孩子都是孤儿或者单亲而得名。在学校和社会各界的关心和帮助下，他们得以顺利地在民中继续上学。班上的孩子身高普遍比同龄的孩子矮一些，做广播体操或者升国旗的时候特别明显。由于家庭的原因，很多孩子上学偏晚或者中途辍学，学习基础很差，有的孩子用汉语交流都有困难。有十几个孩子学习特别认真，每天晚上下了晚自习后会继续在教室看书，我每天也会在下自习后帮孩子们解答一些英语和数学上的疑问。他们班通常是初二年级最晚熄灯的，有时候 10 点过了，需要我催着他们回宿舍休息才肯走。

为了让腼腆的孩子们在大家面前敢于讲话，同时也给孩子们创造一个较为轻松的交流和分享的平台，我在两个班上开设了一个节目，叫"My Story, My Top 3——我的故事我的歌"，在每个英语晚自习抽出十几分钟时间，由一位学生站到讲台上分享自己的一个小故事和 3 首自己喜欢的歌。开始的时候让孩子们在大家面前开口并不是一件容易的事情，有的孩子站在讲台上可能要在数次的鼓励下或者数分钟之后才能吞吞吐吐地开始讲，但是随着节目的持续和深入进行，孩子们越来越放得开，有些调皮的孩子也学会了在大家面前开个玩笑调动气氛了。

印象最深的一次，有个平时大大咧咧的小姑娘分享自己的童年故事。她小时候父亲因为车祸去世，妈妈出去打工又受伤落下了残疾，周围不懂事的小孩又嘲笑她是没爸爸的孩子，她甚至想过自杀，说着说着泣不成声，本来有点闹哄哄的教室变得异常安静。有的孩子哭了，班上最调皮的拉谷跑上讲台来拿给她一张纸巾擦了眼泪。结尾时，她告诉所有人，她已经不是小孩子了，她有自己的梦想，她会为了妈妈更为了自己而努力学习，她刚说完班上的同学就给了她最热烈的掌声。后面几期的话题就显得轻松许多，在他们的要求下，我也做了一期《我的故事我的歌》，讲了我自己作为一个山里娃成长的经历，希望能带给他们信心，用自己的行动创造未来，实现梦想。

在英语教学中，我始终认为学习英语的最终目的是使用，而不是应付考试。所以我一直坚持把听和说放在第一位，几乎每天都会给孩子们听一些英语材料，帮助孩子们培养语感，同时利用有限的资源创造孩子们说英语的机会。在学校安装多媒体设备后，我充分利用多媒体设备，采用数字化教学，搜集与课文内容相关的影音材料，扩展知识覆盖面，力图使课堂更加生动，让孩子们更有兴趣，同时能够更有效地学到知识。课余时间，我还给孩子们放了一些非常好的英语纪录片，在培养兴趣和语感的同时，也能够让孩子们增长见识。唯一遗憾的是，尽管我们大家都很努力，可是成绩并没有非常显著的提升，这也让后来的我每每想起都有些愧疚。

这一年中，我先后和两个班的班主任一起，组织了国庆文艺汇演、阿诗且（彝族达体舞）比赛、彝族年活动、五四爱国诗歌朗诵比赛、板报评比、篮球联赛等一系列集体活动，并取得了优异的成绩，提升了孩子们的集体荣誉感。在三班班主任老师请假不在的时间里，我主动承担起了班主任的工作，管理班级的日常事务。初中生正处于叛逆期，不遵守纪律甚至打架的事情时有发生，加上现代流行文化的冲击，孩子们在还没有形成正确价值判断的时候就要面对纷乱的社会和诱惑，对他们的教育真的要花心思、花时间，跟他们在一起有时候真的感觉精力有些跟不上。

陪伴，让我们互相理解互相学习

为了更多地了解孩子们的成长环境，了解这里的风土人情，我利用国庆、五一假期和平时周末的时间到孩子们家里去走访。到离开昭觉时，我先后走访了 18 个乡近 40 个村的近 70 个孩子家庭，行程数百公里，平均每个周末徒步 10 公里以上。我成了一些村里"第一个到村里的汉族人""第一个到村里的眼镜儿"。无意间打破的这些记录，让我觉得我更有必要也有责任，以一个老师的身份，走进那些偏远的山村，播下希望的种子。通过跟随孩子们重走他们的上学路，我知道了这里孩子们上学的不易，也更加理解他们所面临的困难。在路上，我们一起游山玩水，共同度过了一段无法复制的快乐时光。一路上孩子们总试图照顾我，担心我徒步太累，提醒我山路湿滑，有时大家还一起唱歌、讲讲班里发生的趣事，旅途也就有趣了很多。他们愉快地当起了导游和翻译，介绍当地的风土人情，在我和家长或者乡亲们交谈的时候一句一句把彝语翻译成汉语。当然，我的小导游们还有一个

第三篇
四川大学研究生支教团人物访谈纪实
2011 2018 200
12 2010 20152016
2003 2019 202
2009 2005 2
2008
2013 199920

重要的任务，就是帮我劝阻家长们做饭招待我。彝族的乡亲们特别热情，对老师特别尊敬，有个老奶奶跟我说："老师就像他们的父母一样。"去了学生家里他们总要留我吃饭，招待客人一般都会杀鸡或者杀猪，而我总是以还要去其他学生家中或者赶路为由婉拒他们。再加上我的导游比较给力，一般都会成功，但是也有两次没能"逃脱"，他们太热情、动作也太快，我只能留下来吃饭。学生的家里也是千差万别，有些家庭就在公路边上，装修比较好，家里农田也还肥沃；而有些家庭在大山深处，青壮年一般都出去打工，家里只有老人和孩子，家徒四壁，到处裂口的土坯房里又黑又冷。孩子们在家中都特别懂事，帮助家里做农活，照顾弟弟妹妹。

在和孩子们的相处中，他们带给我的快乐和幸福比我教给他们的知识更多。

比物质本身更重要的是，让他们感受到了爱

除了日常教学工作以外，我们支教团还会借助我们的公共平台，做一些力所能及的扶贫助困活动，比如联系爱心人士资助家庭困难学生，让他们不因家庭困难而辍学，或者募集冬衣、文具、图书等物资，把物资发放到山里的孩子手中。这一年中，我们的爱心物资发到了昭觉县多个乡小和村小，包括最西边的碗厂乡中心校、最东边的支尔莫和龙沟乡、最北边的比尔乡，让那里的孩子们也感受到了温暖。

我在支教团中负责的是爱心物资的联系接收、登记和反馈工作。收到物资后，我负责联系车辆去邮局将物资暂时拉回宿舍，然后对物资进行清点登记，及时向寄送人反馈我们收到的情况；联系好发放学校并完成发放后，再向捐赠人反馈发放情况。冬天，为了让孩子们能

够有热水洗头、泡脚，我为两个班的孩子们买了暖水瓶和电热水壶，每天在办公室给他们烧好热水，晚上上完晚自习孩子们就可以提热水回去泡个脚。

十月，当大多数地方还在享受天高气爽的金秋时，海拔两千多米的大凉山深处已经寒风习习，最低温度只有 4 摄氏度，我们不得不早早穿上了羽绒服。可是山里的孩子还穿着破旧的夏装，在用稚嫩的身躯抵挡寒流；住校的孩子没有热水，即使天气再冷也直接在水龙头上洗脸洗头，女生湿漉漉的头发一晚上都干不了；给孩子们一本童话书，就可以让他们兴奋半天，争抢着全班都要传着看一遍；给他们一个小足球，他们一到周末大半个班的学生就抱着球去操场玩半天。看到这些我心里总是特别难受，问他们冷不冷，他们会说"冷啊，但是习惯了"。

有很多爱心人士通过各种各样的形式关心和支持着大凉山里孩子们的成长，我们也会持续收到各界寄来的物资。看着洗得干干净净、叠得整整齐齐的衣物，写着鼓励话语的图书，崭新的文具，心细情深，感动不已。这些从远方寄来的爱心物资和收到物资时孩子们开心的笑容，也激励着我们把自己的工作做好，把每一份物资送到最需要的人手中。

那些日子真的可能是人生最快乐的时光

与学生在一起，是幸福的。每周周六休息的时候，他们会约我去打篮球或者踢足球，这也让我重新找回了每个周末锻炼两三个小时的习惯。在球场上一起挥汗如雨的时候总是很好的，当然比起精力旺盛的他们来说我确实弱多了。周日学校收假的晚上，我会带着团里的投影机和自己的电脑，给孩子们放一部电影，丰富他们的课余生活，同

第三篇
四川大学研究生支教团人物访谈纪实
2011 2018 2001
2010 2015 2016
2003 2019 2020
2009 2005
2008
2013 1999

时也开阔他们的眼界。有时候和他们一起去学校伙食团（食堂）吃饭，一帮人把饭卡收起来打好饭，然后在学校里找个空地，蹲成个圈大口地吃饭。他们总是盯着我，我回以目光的时候，又害羞笑着转过头去。

作为一个团队，我们支教团的8名团员一起工作，一起生活，在这一年中建立了深厚的"革命友谊"。大家为了共同的目标走到一起并为之努力奋斗的这段时光弥足珍贵。在忙碌的工作中有一个属于我们自己的温馨的家是那么幸福，有时候利用周末难得的休息时间大家一起动手做大餐犒劳自己，聚在一起聊起在学校和孩子们的各种故事，恐怕人生当中再也没有这样的经历。

在昭觉，在民族中学我也结识到了很多非常好的朋友。民中的老师们对我非常关心，阿牛老师和师老师两位班主任对我照顾有加，让我在学校的备课室有自己的位置，并且提供了非常好的办公环境，老师们工作之余一起聊天，一起解决遇到的问题。除了在民中，在昭觉我也认识了很多朋友，大家或者是同龄人，或者有相同的兴趣爱好，正是他们的关心和帮助，让我们在昭觉的这一年过得踏实顺利。

一年来和孩子们在一起的点点滴滴，共同写就了我人生中最难忘的一页。太多的感动，太多的欢乐，太多的感情无法言说。给予爱，收获爱，让他们始终保持善良的心，相信自己能行，也许比传授知识更加重要。

——第十五届研究生支教团 李锴科

回顾我的支教生活——支教结束的第5年

最近支教团的程学妹发来消息，说学校要制作一本研究生支教团的20年回忆录，于是在时隔5年后，第一次将脑子里不停回顾的那一

年的经历写下来。

教师家庭出身的我从小就对教师这个职业有着憧憬，自小接触的教育使我成为一个自认为比较善良的人。在 2010 年进入大学后，我通过多次参加志愿与无偿献血活动献出爱心，此外，来自西部小县城的我对于和来自城市的同学们在认知上的差距体会颇深。所以在 2013 年9 月得到支教团报名的通知后，我毫不犹豫地报了名。还记得当时有人问："如果有保研机会，你还会报名吗？"在近 7 年后的今天，我的回答还是一样："会。"

2014 年 8 月 22 日，雨夜，我们一行 8 人在经历了 10 多个小时的车程后，抵达了美姑。11 个月后的一个清晨，我离开了这个叫作"美丽姑娘"的地方，仿佛仅过了 1 夜，就已经离去。

在去美姑之前，我以为一年很长，经历过后才发现，一年真的很短，短得来不及与认识的每一个人说声再见，短得来不及再去一次教室跟孩子们告别，短得来不及跟每一个给予过我们帮助与关怀的朋友说一声谢谢。

在近 1 年的时间里，我们融入当地生活，熟悉了菜市场的阿姨，熟悉了一些餐厅的老板，交了一些球友，也与一些人成了朋友。在作为一年级 2 班数学老师与孩子们相处的过程中，共有 4 个让我感触最深的时刻。

第一个时刻。9 月初，踏入教室的第一天，由活动板房搭建的教室的角落的一个灯不亮，9 点左右的阳光还没能照进教室，有些许昏暗。我申请灯泡后进行更换，在打开开关的瞬间，孩子们"哇"的声音以及脸上的笑容提醒着我，"光"就是希望，不知我是否在他们小小的心里埋下了希望的种子。

　　第二个时刻。在最初的一个月，我会在某些下午给部分孩子补课，有时会补课到天黑。一次和班上的一个小女孩聊天中得知，她每天早晨上学要独自走半个多小时的山路，而像她这样的学生还有不少，并不是所有在县城上学的孩子都住在县城。从那之后，我再也没有补过课。冬天，昼短夜长，我还会经常担心这些七八岁的小朋友们回家的路是否顺畅。

　　第三个时刻。支教期间，我们支教小队会与社会上的爱心人士联系，部分爱心人士会选择一对一帮扶。为了确保能够帮助到真正需要帮助的人，我和卢老师在 2015 年 3 月 21 日对一位在美姑中学上初二的女生进行了家访。从县城到她家需要坐 1 个多小时的汽车再走半小时的山路，还记得在那一天家访后，我发了一条朋友圈："这世上哪有什么生而平等，人的出生不能被选择，能选择的只是我们要走的路，哪怕艰苦万千，一定不能停下前行的脚步！"

　　第四个时刻。在期末考试的最后一科开考前，与班里的几个小朋友一起走向考场，他们问："冯老师，我们考完试后，你是不是就要走了？我们以后还能见到你吗？"我没有回答，而是问："如果冯老师走了，你们会想我吗？"直到今天，回想起那个叫勒格李星的小女孩的话都十分感动，她说："冯老师，你以后不回来也没关系，我会把和你的照片放在桌子上，这样我每天都能看到你了。"我当时被这个一年级的小女孩感动到泛起泪花。

　　如同第一学期结束时那样，在第二学期快结束前，我们为每一个小朋友拍了照片，并洗出来发给他们，希望照片能够存储一些快乐与记忆，能够伴随他们茁壮成长。但我知道，对于这些孩子们来说，他们还太小，如今，或许已将我忘记。不知在他们成长的道路中，是否

偶尔会回想起一个曾带给过他们欢乐的模糊的面庞。

在离开美姑的车上，我暗下决心，今后不论身处何处，从事什么样的工作，都要一直善良坚定地走下去。虽说距离支教结束已接近5年，但回想起那一年发生的事，还是那么印象深刻，确实做到了"用一年不长的时间，做一件终生难忘的事"。

衷心感谢在那一年给予我们极大支持的团县委的领导及美姑县城关小学的每一位领导与教师，感谢在那一年遇到的每一个友善的人，同时也感谢那一年正值青春的我们自己。

扶贫工作一直以来是国家重点关注的，支教团的每一位同学都能够发挥自己的光和热，应当在确保教学质量、能够完成教学任务的同时，增强与当地团县委的沟通。虽说是支教教师，但实质上还是一名学生，个人的力量十分有限，我们可以充分利用自己支教教师的身份，结合丰富的互联网资源，联系社会上的爱心人士，帮助他们将爱心准确地传递给需要帮助的人。愿母校的研究生支教团越来越好！

——第十六届研究生支教团 冯志豪

最美姑，且是你

美姑，一个坐落在半山腰上的县城。一座座大山将她与外界隔离，但7位来自不同地方的支教队友相聚于此，"用一年不长的时间，做一件终生难忘的事"！

——谨以此文献给第20届支教团美姑分团的小伙伴

习近平总书记在2020年新春贺词中以"用汗水浇灌收获，以实干笃定前行"回顾2019，我也想用这句话来总结第20届支教团美姑分团那一年的支教时光。

第三篇
四川大学研究生支教团人物访谈纪实

2011 2018 200
2 2010 2015 201
2 2019 202
2009 2005 2
2008
2013 1999 20

从选拔到分团，从培训到赴岗，悄然间，我们一同来到了美姑，共同开启了为期一年的支教生活。那是忙碌而充实的一年，也是井井有条的一年。我们忙着教学、忙着做公益、忙着学习、忙着洗衣做饭……7个人不仅是队友，更胜似一家人。

还记得我们完成的第一个团队任务。在赴岗前，为解决84位贫困学生助学款的问题，大家可谓是费尽了心思。因为涉及"一对一"，要从茫茫人海中寻找爱心人士为孩子们助学，并建立长期联系，所以还要对资助人的资质进行筛选。这让本来社会资源就少的我倍感压力。我们着手分工整理学生资料、做推送，大家通力配合，最终，在我们赴岗前，圆满完成了募集助学款的任务，全学年累计发放助学金18余万元。在此，也感谢那些爱心人士对我们支教团的信任和对美姑孩子们的关爱！

一分耕耘，一分收获，与孩子们的感情也在一节又一节的课堂中慢慢加深。放学后泽安身后总是会围着一群"跟屁虫"，佳琪现在想想朱家俊是否还发愁呢？今年还是要约个时间，一起回去再看看班里的孩子们吧。

在教学的同时，我们利用课余时间进行公益活动。一月一次的资助金发放基本上都要全团出动，确保把每一笔资助金发放到每个受助学生手里。儿童节期间的系列活动、"暖冬"冬衣捐赠、布里莫小学的台灯捐赠等公益活动，公益款项累计达68万余元，这些都离不开队友们的团结合作。

生活中的我们也是彼此协助，共同成长。大家的厨艺增长是最明显的，每天轮流做饭，每个人逐渐都有了自己的拿手菜。男生头发长了就互相理发，日用品坏了就自己修。虽然也有些磕磕碰碰，但也都

是些鸡毛蒜皮的小事儿。

回首那一年，在我们的共同努力下，我们团队荣获了"索尼梦想教室"优秀团队奖、大学生公益视频优秀团队奖、凉山州十佳志愿者服务组织等称号。对于个人，我们也收获了团队间彼此的友谊、60多张可爱的面孔和不忘初心的使命感！

最美姑，且是你。因为有你们，我们支教团美姑分团的生活才会如此多姿多彩，愿你们今后学习生活一帆风顺，愿我们友谊地久天长！

——第二十届研究生支教团 杜文杰

愿我们永远享受那片天空

从凉山回到成都已经91天了，还记得一年前，坐了9个小时汽车去到甘洛，从车窗里远望，对这个县城有期待也有不安。一条河，一条街贯穿了县城的主线，街上餐厅、茶馆、酒吧、电影院一应俱全。白天，不宽的街道会因为车辆随意停放随时堵车，走在路边，每有风起或者大车驶过，漫天的尘土让人略感窒息。静夜，街上随处可听到沙沙流水声，好似晴日下雨，洗去一身的尘埃与一肚的心事。主街的尽头，是我们支教一年的地方，甘洛县职业技术学校。

这是一所综合性高中，这个被校长誉为具有甘洛县最美校园环境的学校，教学楼、办公室、食堂、教师宿舍任意两个地方的步行时间不超过两分钟，我的办公室出门就是操场，环绕在山间像是建在山沟里面，记得当时我的第一个想法是如果地震了跑到操场上是否安全。

我负责的是高一年级烹饪专业班的英语和高二普高班的通用技术教学。烹饪班49名学生清一色的男孩子，有的学生独自一人到江浙地区打过工后回家读书，有的学生在高中以前没有接受过任何教育却热爱学习。学生们的年龄差距也很大，有人请假是为了回去举办婚礼，有人在学校开家长会时因为无人照看而把自己的孩子抱到学校……一年以来，我尽力去适应这些对我造成一次又一次冲击的事实，我会在看到每一次测验与月考成绩后，熄灭又重燃起心中的火焰，我会因为偶然听到学生对我的抱怨而辗转反侧、惆怅百结，也会因为个别学生突然高涨的学习热情与学习动力喜出望外、充满鸡血。

是的，支教的生活没有那么高山景行，但我们努力用我们的方式去履行教育使命，我们要学会抗压、学会自我调节、学会成长。我是以一名老师的身份进入到学生们的世界中的，然而学生、学校，这里的人、这里的环境，这个小世界更像是我的一位老师，没有咄咄逼人的姿态，没有温文尔雅的风采，却用每一天、每一个人以最直接的方式告诉我世界的多彩、人生的无奈，又用一个个活生生的例子教育我无论身处何地都要充满希望。

记得走上讲台的第一天，我几乎就用上了我能想到的所有"手腕"，晚自习下课后，班里的学生突然开始拿出手机，三五人合起影来。看到我目光投过去，他们很快地挪开桌子，搬来一张椅子放在中间，自觉站在后面。"老师，请上座！"一名学生喊道，笑着迈出第一步后我突然犹豫了，是试探？恶作剧？早就听说过烹饪班学生的"桀骜不驯"，气走那么多老师，我可不能这么早就撕掉我"严厉"老师的标签。喊话的学生紧跟着来了一句："老师，我们就想跟你合张影，发个快手。"边说还边走上讲台，拿起手机大方地和我合影。

那一刻我知道我误会了他们，即使看到过生活的真相，他们仍然是孩子，是少年，孩子的稚嫩、少年的冲动让他们会因为喜欢一个老师而喜欢一个学科，因为讨厌一个人而不断地给出负面反馈，但这些都不会持续太久，因为他们的情绪是敏感又善变的。一次家长会的前夜，班主任在班级准备，我走进教室布置作业，教学楼突然停电，本来纪律很差的教室像是炸开了锅。一个学生突然向我喊道："老师，为什么我们这栋楼总停电，旁边却不停，这不公平！"我愣了一下，班主任接过话茬就把他责备了一顿，大概是怎么只有你话这么多云云。"如果你想学习，跟我去办公室，那里有电。"我说，"其他同学也是，想要写作业，跟我走。"班里肃静了，喊话的同学头埋在了胳膊里，那一刻我真希望有人可以站出来，但是并没有。如果语言的作用是认知的拓展与情感的传递，那教师的作用之一，就是让语言深入人心，我意识到自己做的还远远不够。

从那以后，我开始找学生们聊天，开始在晚上给有进一步学习需求的学生补课。我了解到吉克的梦想是成为一名体育事业工作者，阿苏从来没有学习过英语但却对英语十分感兴趣，数学成绩拔尖的木基觉得自己无论如何也学不好英语……教学相长，我和吉克共同讨论他未来的规划与努力方向，阿苏想当歌手，我就把英文歌里的单词一个个教给他，我还告诉木基，我在最初学习《新概念英语》的时候也以为自己永远学不好英语。我认为，教育是一个润物无声的过程，我们现在或是曾经做过的事，即使微不足道，即使目前看来似乎不能改变什么，但是它们一定或多或少产生了一些潜移默化的影响，这些影响足以改变发展的偏移轨迹，产生看似巧合却也是必然发生的结果。那些满意的结果我们称之为成果，我希望我的成果远不止那些不过三位的数字，而是吉克在一边锻炼身体、一边补课，正在为转到体育班付出的努力，是阿苏偶尔张口令我惊艳的歌声，是上课开始融入的木基，也是课上偶尔涌现的对英语感兴趣的每一个"木基"。

第三篇
四川大学研究生支教团人物访谈纪实

2011 2018 20
2010 20152
2003
2019 20
2009 2005
2013 19992

电影《少年的你》中提到，我们都生活在阴沟里，但仍要仰望星空，愿我们、愿孩子们永远享受那片星空。

——第二十一届研究生支教团　贾云霄

第八章 伴我成长——服务地教师访谈篇

　　"结交在相知，何必骨肉亲。"重岩叠嶂不足惧，穷窘劳碌亦为诗。服务地教师与研究生支教团青年和衷共济、奋勇敢为，毫无故步自封、戒惧自利之气。一年又一年，他们与青年同运物资、共攀峭壁、同授学科、共做宣传；"索玛花儿"助学项目、"暖冬计划"、第二课堂教学……服务地教师协同研究生支教团青年奔忙呼吁，接续发力，在物质上、精神上点亮孩子们的笑颜，在工作、生活中充沛各县教育力量，推进各校教育方法模式持续进步。信任为纽，热忱为带，服务地教师们是研究生支教团亲切的挚交、永恒的战友。风过竹梢而有声，雁渡潭泊而留影，他们是研究生支教团青年工作的后盾与支撑，以阳光积极、吃苦耐劳的风貌，扶志扶贫、注重创新的信念，给当地学子留下了无尽的财富。

　　川大研究生支教团给我们带来了新思想，为孩子们的教育教学注入了新血液，同时也推动了新实践。除了日常教学，每一届研究生支教团都积极争取社会爱心捐赠，连续3年为我县争取到"索尼梦想教室"项目，为乡村小学捐赠投影仪一台，"索玛花儿"助学项目持续帮助230余名贫困学子，每年开展"暖冬计划"，每年开展学生家访100余户，在服务学校开展"第二课堂"教学，积极参与团县委组织的志愿服务活动。

　　川大研究生支教团给我的感觉首先是在工作期间吃苦耐劳，勤奋诚恳，不讲条件。他们从大城市优越的环境中来，却也能迅速适应大山里小县城的艰苦条件，非常了不起。他们用健康、积极、乐观的性格影响着孩子们，也感染了团委的每一名工作人员。

　　每年我们都会与他们共同参与一些志愿服务活动，他们做事认真、积极，产生了良好的效果。让我印象比较深的是第十九届研究生支教团的7位同学刚来报道不久，就与团县委工作人员一起到帮扶村开展"四好创建"移风易俗宣传工作，我们租的面包车在半山腰被一截塌方下沉的路拦住了，5名女生、2名男生都下车，从农户家借来锄头、铁锹一起平山路，一起推车。过程中下起了雨，大家被淋成了落汤鸡，每个人都气喘吁吁，但大家不怨不艾，加油鼓劲，齐心协力渡过了难关。后来我们来到海拔2500米的乃祖库村，挨家挨户到农户家走访，帮助打扫卫生，那时有部分农户还是人畜混居，门口有成堆牲畜粪便。面对这样的环境，同学们没有畏畏缩缩绕道走，而是找来扫帚、木棍和铁锹等，一起帮助农户顺好边沟，打理好院坝，指导农户整理好室内卫生，为贫困户发放了洗漱用具才离开。同学们第一次行进，从蜿蜒山路到悬崖峭壁，从战战兢兢到克服恐惧、迎难而上，我看到了"90后"青年志愿者的担当，他们很好地诠释了"奉献、友爱、互助、进步"的志愿服务精神。

——美姑县团委书记 马吉石子

　　记得巴尔德斯曾说过一句话："把别人的幸福当作自己的幸福，把鲜花奉献给他人，把荆棘留给自己。"这正是川大研究生支教团志愿者工作的真实写照。2017年川大研究生支教团志愿者们来到了我校，他们如温暖的春风，给我校师生带来了希望，他们用温暖的手为我们搭建了捐资助学的桥梁纽带，使寒门的莘莘学子看到了希望，圆了山里孩子们的求学梦。同时，他们也在潜移默化中塑造着学生的心灵，不断地激励学生努力学习，开拓进取，以优异的成绩来回报社会，回报资助自己的爱心人士。整个校园学习氛围更浓了，学生们不再迷茫，他们看到了希望的曙光，相信明天会更好，会走得更远，因为这一路上都有他们相伴——川大研究生支教团的志愿者们。

在与川大研究生支教团这几年的相处中，平淡的往事里却藏着志愿者们为山区贫困儿童奉献自己力量的赤子之心。记得有一次，第十九届研究生支教团的彭瑞婷队长带着几位队员上山家访，他们出发前我挺担心的，孩子们的家都在大山深处，远的要爬三四个小时的山路，我怕他们吃不消，但是年轻的志愿者们不畏路途艰难，勇往直前，崎岖山路上留下的足迹是他们的付出与担当，他们为孩子们所做的一切我们都看在眼里，暖在心里，他们身上折射出的满满正能量感染了同行的老师们。

川大研究生支教团是一支求真务实、甘于奉献、不求回报的队伍。他们利用空闲时间深入到每一位学生家里去走访，了解学生们家庭存在的困难，并且将走访调查的结果整理宣传，便于社会上更多的爱心人士伸出援助之手，帮助这些偏远山区的优秀学生们。他们还会把每一位学生的资助情况如实反馈给每一个资助人，让他们更好地了解每一位学生。

川大研究生支教团的志愿者们还为彝区的孩子们送去了书籍、棉被、衣服、手套——孩子们再也不怕寒冬的来临，这让孩子们更加珍惜今天所拥有的一切，把这份深厚的情感化作奋斗的动力，立志成才，

第三篇
四川大学研究生支教团人物访谈纪实

2011 2018 200
12 2010 2015 2016
2003
2019 2020
2009 2005 2
2008
2013 1999 20

努力学习，不辜负爱心人士的热心资助和殷切希望，以优异的成绩来回报社会。我们深信：只要人人都献出爱心，世界将变成美好的明天！

——美姑县牛牛坝小学老师 苏小安

近年来，川大研究生支教团的志愿者们工作认真，在每个日日夜夜里无私奉献，甘当孺子牛，成了我们全校师生心中的榜样。他们依靠努力，出色地完成了各项支教任务，得到了受援学校师生和家长的充分肯定与一致赞扬。

在我看来，川大研究生支教团的志愿者们给我们带来的更多是希望，他们用自己的知识和汗水为我校的孩子点燃希望，让教育的种子在高原上、在大山中生根发芽，更燃起了孩子们努力求知、改变人生的希望和信心；他们用扶贫支教的实际行动践行了党和国家在扶贫攻坚战中"志智双扶"的工作要求。此外，当地师资力量短缺，这成为当地教育部门最大的困扰，我校师资更是十分匮乏。因此，他们的到来不仅缓解了教师紧缺的现状，还给我校教师队伍进行了有力补充。同时，研究生支教团的成员还给予了我校特困生一定的经济支持，发放了爱心物资。他们专注教育教学，发挥专业优势和特长，带来了先进的教学理念和管理模式，有效优化了服务地学校的教育理念，开阔了学生的知识视野，为我校教育教学工作注入了新鲜血液。

据我了解，川大研究生支教团的志愿者们在前往服务地之前的一年里，要接受地方情况、政策解读、教学方法、志愿者精神、团队建设等方面的培训。因此，我认为他们是一支基本功过硬、具有川大特色和水平的教育团队。他们每一个都有丰富的学生工作经验以及不胜枚举的获奖经历，他们怀着对凉山州支教服务工作的热忱，喊出"青春无悔，愿

我们不负韶华，留得春光看四时""日就月将，学有缉熙于光明""脚踏实地，不负一年凉山之行"的支教宣言。他们的到来为我校教育做出了贡献，为凉山地区的教育扶贫事业贡献了青春力量！

我们和一批批川大研究生支教团志愿者之间也建立了深厚的感情，我们常常会通过电话、微信等通信方式进行交流和问候，他们也随时关注着自己曾经带过的学生和班级，常常询问孩子们各方面的情况。与此同时，也有不少支教老师再次返回我校看望孩子们，还会给孩子们带来礼物，孩子们看到他们也很开心，很激动！由此可见，师生之间早已建立了深厚的感情。

川大研究生支教团的志愿者们不仅是在工作中讲究细致、精益求精的好老师，而且是热爱生活、多才多艺的好青年。让我印象非常深的是第十六届研究生支教团的志愿者们，那一年，我们学校的老师参与了全县教职工的篮球友谊赛，川大研究生支教团的武其达、段炼、冯志豪三位年轻小伙子也加入到了我们的团队中。当时，我们的明星球员杨拉萨负伤，我们小学篮球队不被大家看好。但令大家没有想到的是，川大的几位高材生，不仅书读得好，篮球也打得好，炎炎烈日下，几位志愿者敢打敢拼，在比赛中挥洒汗水。最终，我们小学一路过关斩将，取得了全县第二名的佳绩，冯志豪也被评为优秀球员。

总的来说，川大研究生支教团的志愿者们都非常优秀。我希望在以后的支教工作中，志愿者们能与当地教师更多地交流探讨，使我们的教学工作更上一层楼。同时我也希望未来能有更多优秀的青年志愿者加入到我们的队伍中来，让山区的孩子享受更好的教育，助力推动教育均衡发展。

——美姑县城关小学校长　何春福

　　我们学校是中职学校，川大研究生支教团的到来给我们注入了新鲜的血液，也让我们的老师和学生们看到了不一样的教学风格，起到了促进创新的作用。支教团不仅在教学上给了我们新的启发，在其他方面也给学校带来了改变。支教团的志愿者们都有着无私奉献的精神，主动利用自己的休息时间帮孩子们辅导功课，还成立了"高考特训班"，为孩子们取得优异成绩保驾护航。此外，他们还做了很多爱心助学的事情，帮助家庭困难的学生，缓解他们家庭的经济压力。同时，支教团的到来给我们学校团委的工作带来了很大的帮助，丰富了孩子们的课余生活。

　　"由俭入奢易，由奢入俭难"，支教团的志愿者们之前都是生活在大城市，到了我们大山里的小县城后，可以迅速适应当地的生活，这一点是很难得的。他们不怕辛苦，每次都是坐几个小时的车、走几个小时的山路去孩子们家里走访，了解孩子们家里的实际情况。我们这边有一些家长思想观念比较陈旧，只要家里经济困难，就让孩子辍学打工。支教团的到来极大地改变了这种现象，他们积极地做学生家长的思想工作，让他们意识到读书的重要性，还通过各种渠道为学生带来资助，帮助他们顺利完成学业。也正是基于此，我们这里很多孩子都考上了大学，改变了自己的人生轨迹。

　　让我印象最深的川大研究生支教团成员是第二十一届的何强。何强担任了凉山州甘洛县职业技术学校的高一物理老师，同时是第二届"川大梦想班"的班主任。在我的印象中，他总是精神饱满，一丝不苟，兢兢业业。课堂上，他使出浑身解数力求学生理解每一个知识点；课后，也乐此不疲地解答着古灵精怪的学生们提出的各种问题。每一天，陪着学生们结束晚自习后，总要去到学生们的寝室中，聊聊一天的得失。何强既是学生们学业上的导师，也是倾听他们烦恼的朋友，像这样简单而有意义的日子重复了一遍又一遍。他还创新课堂教育模式，开展翻转课堂锻炼学生思维，通过主题班会传递理想信念，利用"雏鹰成长计划"帮助学生开阔视野，增长人生阅历，树立远大理想。事无巨细的工作也让我更进一步感受到了他对教育的那份热忱。我印象最深的是有一次他说："我认为教书就像种花种草，花草长得或快或慢，发芽或先或后，要多点耐心和细心，花期虽不同，但终会盛开出属于他们自己的花朵。"

自从川大研究生支教团的志愿者们到我校开展支教工作以来，班上的教育教学工作日渐完善，学生成绩不断提高，班级管理也得到了全校班主任的肯定，教学成绩受到了全校学生和家长们的一致好评。他们在教育教学、班级管理、支教扶贫工作中，都能把心沉下来。希望来支教的老师们可以多了解我们当地的民俗习惯，更多地融入我们的生活，在甘洛这片美丽的土地上绽放自己的青春之花。

——甘洛职中团委书记 阿列

我2004年到昭觉县团委挂职，2014年离开团委，大概跟川大研究生支教团相处了11年的时间。我负责与支教团对接，与川大研究生支教团的志愿者们结下了深厚的友谊。

川大研究生支教团派来的支教老师非常优秀，每个人的特质都不一样。他们不仅仅是来支教的，还会做很多力所能及的事情来推动当地基础设施建设，比如筑路修桥、建立爱心学校，比尔乡基点校（通过支教老师认识的学校老师、企业、个人等合力赞助）就是其中一所；

第三篇
四川大学研究生支教团人物访谈纪实

2011 2018 200
12 2010 2015 2016
2003 2019 2020
4 2009 2005 20
2008
2013 1999 20

并且，在学生资助方面也做得很好。每个支教老师都非常有爱心，也很用心，积极向上，他们从教育教学的角度引导小孩子，特别是贫困家庭的子女。例如，邓麟宇——我记得很清楚，是从他那一届开始筹集善款援建了比尔乡的村小；曹礼勇——支教结束以后还不忘昭觉，联系了多家企业对昭觉进行帮扶，每年还会回到昭觉看看学生；吴银雪等志愿者的工作也做得非常突出，离开后没有忘记这里，还在记挂凉山，关注学生成长。

川大研究生支教团的工作有很好的延续性，每一届都能顺利交接，代代传承，从未间断。正是因为有研究生支教团的大力帮助和支持，昭觉团县委的工作才能走在凉山州的前列。研究生支教团在到岗之前都会接受严格的培训，每一位成员综合素质与教学能力都很强，支教期间表现也很优异，我跟他们有着非常深厚的感情。这些志愿者们有着开阔的眼界和丰富的见识，能给学生带来很多大山之外优秀的东西。此外，川大的校领导和团委老师每年都会到昭觉看望研究生支教团，非常重视支教团对昭觉的帮扶工作。感谢川大在昭觉支教的 20 年。

相较于十年前，现在昭觉的教育条件已有很大改善。师生比例已经达到 1：21。未来研究生支教团的工作还可以在以下几个方面有所侧重。第一，继续资助贫困学生。现在国家政策很好，学生上学不需要交学费，但是生活费用对于贫困家庭来说还是一笔不小的开销。第二，利用研究生支教团的特长，结合学生实际开展一些兴趣课程，发掘学生潜力。第三，开办夏令营，在研究生支教团成员、学校、家长三方充分沟通的基础之上，明确安全责任，条件允许的情况下带孩子走出大山，见见外面的世界。第四，利用善款设立奖学金，奖励学习优异的学生，营造比学赶帮超的良好氛围。第五，开展普通话教学，重点关注民小和万达的孩子，他们都是从乡镇上考过来的，底子较薄。第六，为了提升孩子们的积极性，可以采购一些文具用品、课外书，在班级建立读书角。第七，对高中生给予更多重视，包括关注学生考试成绩、向学生介绍大学信息等。同时也希望川大能够对昭觉学生给予一些高考入学方面的侧重指导，向高三学生进行志愿填报宣讲。分层次分兴趣进行专业介绍，鼓励学生报考师范类、医药类专业；第八，易地搬迁安置点的同胞们家庭贫困、文化水平低、缺乏生活常识，希望支教团能够联合社区安排特色教育课程，比如：针对孩子进行课后辅导和普通话普及；针对搬迁村民进行文化普及，教他们使用日常家用电器和水电，宣传党的惠民政策和法律知识，联系地方文化局，教他们跳彝族特色舞蹈等。

——昭觉县文化旅游体育局局长 巴久伍牛莫

我是 2015 年 9 月才到昭觉民小工作的。大概在 10 年前，我担任解放乡学校的教导主任，当时的川大研究生支教团团长在解放乡学校支教，他给解放乡学校带来了很多先进的知识，在交往中我们结下了深厚的友谊。昭觉是国家级贫困县，正因为赶上了共产党的优待政策才有了今天的美好生活和翻天覆地的变化。但是要让彝族同胞真正脱贫，就必须调动当地老百姓的积极性和激发他们的内在动力，不能总依赖外界的帮扶。改变老百姓的思想观念，必须从根上改变，必须从小抓起教育。虽然教育的周期长，但必须持之以恒常抓不懈，一代代才会有所改变。昭觉县民小的学生由来自 45 个乡镇的多民族构成，我们必须对这些孩子们负责，必须为他们争取到更优质的教育资源。很荣幸，川大研究生支教团的学生来到了我们学校，这一届届的学生

第三篇
四川大学研究生支教团人物访谈纪实

2011 2018 200
2010 20152016
2003 2019 2020
2009 2005
2008
2013 199920

素质都非常高。他们除了给学生们带来先进的文化知识，还用实际行动帮助了贫困学生。我校目前有 2999 名学生，家庭困难的学生超过85%。经过我校和川大研究生支教团几年的努力，已基本实现对全部贫困学生的资助覆盖，切切实实给学生及家庭解决了大困难。

川大研究生支教团对口支教民小已经 14 年了。非常感谢这 14 年来研究生支教团成员和四川大学校团委的辛勤付出。川大对支教工作非常重视，每年都会派专人来到这里走访座谈，了解我们存在的实际困难。回顾这四年，川大除了教育支持外，还给民小带来了大量的爱心资源，解决了很多困难，让民小发生了翻天覆地的变化。最多的一年，为我们学校筹集了一百多万元的善款。原先学校是没有洗澡设施的，学生只有每月放假回家的时候才能洗一次澡。今年川大研究生支教团为我校集资筹建了一个集体浴室，让孩子们能够在学校洗上热水澡。川大研究生支教团为学生们筹集了夏凉被和冬季厚棉被，让学生们能够盖上舒适的被子，安心入睡。总的来说，一方面，支教老师弥补了我校信息技术、外语课的短板；另一方面，川大研究生支教团为我们联系到了很多社会资源，解决了民小诸多的实际困难。

就拿外语和信息技术课来说，由于本地老师的水平有限，以往我校开展这两门课的效果不好。综合考虑过后决定不开展这两门课了。但是时代在发展，外语和信息技术是与外界沟通的必要工具。好在川大研究生支教团成员有着扎实的外语功底和熟练的计算机使用技能，于是我们将开展这两门课的重任托付到了他们身上。这些年来，研究生支教团的老师们都能够很好地调动学生的积极性，为孩子们的成长贡献智慧与力量。

——昭觉县民族重点寄宿制小学校长 孙子土哈

第九章 那些花儿——服务地学生访谈篇

璞玉流光，尚需切磋琢磨；凰鸟逾溟，尚需长风借力。深山有多少恳切的盼唤，川大就有多少奔赴的青年。他们，"有一分热，发一分光"，以启思扶志之心点石成金，让孩子们有限的人生，迸发出无限的可能：德智体美，全面发展；百折不挠，志向宏远；生计在肩，家国在心——在"言传"中体悟智慧，在"身教"中构筑希冀；在旅行中拥抱绚烂世界，在磨砺中笃定人生价值。一门技术、一份学历、一段感悟，他们在山中则宁静致远，在山外则勇逐不凡，不论在何岗位，常怀奉献之心。"聚似一团火，散是满天星"，他们的前程，正如与研究生支教团老师们共度的年月般，熠熠生辉……

我目前自己创业成立了一个茶行，推广健康产业，提倡和谐安静的生活理念。

梁老师来到我们大别山深山新县职业高中，神采奕奕，知识渊博，鼓励我积极进行体育锻炼参加体育比赛。在个别科目比如数学上，她会在考卷上细细地写下需要修改的问题和鼓励的良言。她平易近人，长发飘飘，白裙干练，微笑温暖，让人记忆犹新，也让我们对那个年代名牌大学青年大学生的素养无比崇拜。

积极乐观微笑健康的生活理念一直贯穿我的大学生活及至社会

第三篇
四川大学研究生支教团人物访谈纪实

2011 2018 200
2 2010 2015 201
2003 2019 202
2009 2005 2
2008 199920
2013

生活、工作，让人能够回忆起那段充满蓬勃生机的青春岁月。虽未再谋面，梁老师却如同一直在身边，助我奋勇向前。

——第一届支教学生 陈善琦

致每一个为大凉山奉献的支教老师

亲爱的"索玛花开大手牵小手"的老师们：

您们好！

自从昭觉民族中学毕业以后就没再有你们的消息，其实一直想跟你们每一个人联系，可害怕自己没有多大成就令你们失望而不敢再与你们联系。直到今天吴老师联系我，说有这样一个机会能再一次跟各位老师对话，于是想用我粗糙的文字来表达我对你们的思念。

首先向各位老师汇报一下我近几年的状况，我喜欢唱歌跳舞，初中毕业以后我就选择去读中专学幼师，另一个原因也是想早点毕业自己挣钱，家里孩子比较多想帮爸妈分担学费，能帮一点是一点。2014年6月我顺利从中专毕业转岗实习到北京从事了高尔夫行业，怀着一颗追梦的心在北京打拼。我做过高尔夫球童、高尔夫教练的英语翻译官，后来也从事过金融行业，整整北漂了3年。后来在家人的劝说之下，我回到了家乡美姑县。家人认为应该去考试争取有国家正式编制的工作，于是我一直在公考这段路上努力着。这一路坎坎坷坷，有些公考限制文凭也不招幼师。有一段时间我绝望了，对生活失去了信心。后来我决定再自考大专，考小学教师资格证，在不断努力之下我克服重重困难拿到了证书，再后来我以第四名的成绩考入了美姑县柳洪乡中心校，成为国家正式编制工作人员，家人朋友都为我高兴，我妈妈甚至感动流泪。也许一路坎坎坷坷但只要不放弃，自己想要的一切终

会迎面而来。

感谢每一位为大凉山付出过的支教老师，每一位善良的青年大学生。到今天，我依稀记得你们每一位老师不畏艰难，在条件这么艰苦的乡下、村里，孜孜不倦地教育着我们。你们在三尺讲台上的每一次授课都对我们大山里的孩子有着巨大的影响。

还记得被老师们带到北京去那次，那是我第一次去大城市，第一次吃肯德基，第一次吃巧克力，第一次上大舞台。每一个场景都历历在目。就因为那一次上电视，我成了我们村里的小明星，那种在舞台上闪耀的光芒，那种有所成就的自豪感，那种被别人肯定的喜悦感，现如今还深深地刻在我的心里。后来的后来我发现原来我喜欢舞台，喜欢在舞台上的那种自信，喜欢在舞台上高歌，于是在北京打拼的时候我还去参加了唱歌比赛，最后获得了最佳人气奖和一千元的奖金。

支教老师们不仅教会我们读书写字，更让我们对外面的世界充满了憧憬向往，于是我们便有了梦想，有了想去大城市打拼的愿望。也因为他们不辞辛苦在大山里为我们奉献，我们才更加意识到这个社会充满了爱，而我们自己也要认真生活，努力爱身边的每一个事物。

曾经资助过我的姐姐，您好吗？自昭觉民族中学毕业以后就再也没有给您写过信了，非常感谢你在我家里面条件艰苦生活费都成问题的情况下资助了我，给我及我的家人减轻了负担，我的爸妈也一直对您和所有帮助过我的老师们怀揣着感恩的心。因为没能继续读高中，我一直都以为我给您丢脸了，不敢给您写信，借着今天这次机会，我想再次跟您说一声"谢谢"，未来的日子我会努力上班教书，把我的学生教好，对得起当初您对我的所有帮助。我相信只有我努力生活、认真负责地教书才不会辜负您。希望您一切安好，身体健康。

第三篇
四川大学研究生支教团人物访谈纪实
2011 2018 20
12 2010 2015 20
2003 2019 202
2009 2005
2008 2013 1999 2

郭老师、吴老师、张老师，你们都好吧？工作顺利吗？身体健康吧？还有给我写过信的李诗瑶姐姐，和您书信来往那段时间是我读初中时最快乐的时光，我把我的各种大小事烦心事都向您诉说，而您一直指引我开导我，把外面有趣的事情都告诉我，还给我寄糖和巧克力，给我讲解一些我不懂的外面世界发生的大事件。您让我开阔了眼界，明白了很多人生道理，在我成长路上给了我很多不可或缺的建议和指导。那时候真的好期待每一封来自你的书信，每个月都在等待着，直到现在我还保留着当时的书信。真是想念你们每一个人，以及和你们在一起度过的美好时光。我自愧没有那么好的文笔来表达对你们每一个人的想念及感恩，但我会以我自身的行动去回报你们每一位老师，每一位为大山奉献过的人。而我自己也要扎根凉山为我们凉山的教育事业添一砖一瓦，尽力而为。

感谢的话语在心里说了上千遍，可是语言都是苍白的，我想用自己一生的实际行动及成就来回报你们每一位老师的付出。不求自己能有多大的成就，但是我一定尽职尽责努力把工作做到最好。

我不知道这封信你们每一个老师是否能看到，但是你们曾经为大凉山付出的每一分力都对我们有着莫大的帮助，无论是精神上还是物质上。在这里我有一个小小的请求，希望未来的日子我最爱的四川大学能继续做这样的善事，因为这对我们大山的孩子真的有着巨大的帮助！

美好的回忆与非常多的感激让我语无伦次，一时间也不知道该怎么表达我内心的想法，总之希望你们每一个人都好，一切都顺利。

最后的最后，祝愿所有善良的人们，身体健康，永远幸福！

——昭觉县民族中学 2011 级学生 阿古阿古

　　我是一个农村的孩子，家里还有两个弟弟，三个妹妹，从开始上学时就因为父母要外出打工挣钱来供我们兄妹几个上学，所以跟着爷爷一起生活。有幸的是我遇到了四川大学研究生支教团的哥哥姐姐们，他们千里迢迢来到我们大凉山的大山深处帮助我们，教我们学习，给我们买学习用品，更重要的是他们教会我们怎么做人。我的母校学习条件和生活环境都比较差，可他们却不曾受到这些外部因素的影响，一心一意地帮助着我们成长、学习。他们不屈不挠的精神也深深地感染了我们，让我们知道怎么去面对外面的大世界，怎么去跟上这个瞬息万变的世界的发展节奏，指明了我前进的方向。现在我已步入了社会，走上了工作岗位，每个月也有了稳定的收入，如今回首过去，想起当年我们与张老师初次见面时的场景，我感慨万千，因为当时的我真的很无助。虽然那时候还小，但是也知道家里的经济条件是什么样的状况，当时我们几个兄妹都很小，就连我作为家里的老大当时也只有十三四岁，所以家里大大小小的开销全靠爸妈外出打工来支撑，那时我就已经在自己心里默默地发誓这辈子一定要出人头地，一定要让他们二老过上好日子。他们二老养我们几个兄妹不容易，所以在他们年迈的时候，我们几个兄妹也一定不能苦了他们二老。

　　下一步我打算好好工作挣钱，让我的几个弟弟妹妹好好上学，让他们在我的呵护下好好成长，把他们培养成对社会有用的人，这就是我下一步的人生目标。

　　所以我代表大山里受过你们帮助的学生表示衷心的感谢，感恩有您们！

——昭觉县树坪中心校　阿说小红

第三篇
四川大学研究生支教团人物访谈纪实

2011 2018 200
2010 2015 201
2003
2019 202
2009 2005 2
2008
2013 1999 20

　　我是吉木木洛，西昌民族幼儿师范高等专科学校小学教育系的大一在读生。当年我在美姑县民族初级中学 2013 级初一六班就读，很荣幸能成为陈老师的学生。我家现在是我和三姐在读大学，我们的生活费和学费主要靠父母务农支撑。

　　陈老师当时是美姑县民族初级中学 2013 级初一六班和七班的数学老师。当时我们大部分学生都来自山区，每个人的基础和能力不一样，特别是数学，我们的基础都非常差。但陈老师不断了解每个学生的基础情况，悉心指导，并且利用自己的课余时间和周末无偿辅导我们数学。陈老师找了许多卷子给我们不停地刷题，我们也会在休息时间跑到陈老师寝室向他请教，一年以后，我们班的数学成绩得到了很大的提高。成为陈老师的学生是我的幸运。

　　陈老师是位非常严肃的师长，更是我们的知心朋友。陈老师支教的那一年，有时候周末会带我们去爬山，在爬山的过程中时时提醒我们注意安全，就像我们的兄长。在家访的过程中，同学们的家大多在山上，路也比较难走，一路走下来陈老师的裤子上都是泥巴，他也毫不介意。陈老师非常喜欢摄影，很喜欢给同学们拍照，留下了许多我们那一年的记忆。在课堂上，陈老师非常喜欢带着我们做关于数字的游戏，会给表现好的同学奖励明信片。他常常给我们讲述外面的世界，让我们对外面的世界产生了向往。

　　老师的教学不仅在学校中，也在生活中。有一次去配钥匙，我和一位同学跟着陈老师一起去，我们就坐在那里看师傅配钥匙。陈老师突然问："你们知道这配钥匙有什么原理吗？"我和那位同学当时很懵，陈老师说这是运用平移和旋转的原理。我和那位同学恍然大悟，平移

和旋转就是这几天学的。

陈老师还曾带我们去街上，给我们买了许多学习用具。还有那时候比较小，比较贪玩，陈老师经常告诉我们学习的重要性，描述外面的世界，鼓励我们学习，这样的教导还有很多很多……

陈老师的执行能力特别强，说做就做，在生活中也成了我们学习的榜样。陈老师支教即将结束的时候，给每位同学写了一句话，至今我都还记得，陈老师对我说："有志者，事竟成，努力拼搏，风雨无阻。"这句话也成了我的人生座右铭，不断地激励我，促使我一步步地成长。很感谢陈老师！

也很高兴陈老师过了这么多年都还记得我们。有当年陈老师的教育和鼓励才有今天的我。我想在大学毕业以后，像陈老师一样从事教育工作，并且不断地提高自己，在生活中也不断地学习，尽量提高自己的学历，追求自己想要的生活。

真的非常感谢陈老师，感谢陈老师那一年的教育和鼓励。也非常谢谢林老师，让我有这样重温过去的机会。非常感谢陈老师和林老师，因为有像你们这样的支教老师，让大凉山深处的学生享受到了跟外面一样的师资。最后我想对陈老师说："早点再回到大凉山看看我们，希望到时候能带上师娘，我们在大凉山等您。"

——第十五届支教学生（美姑团） 吉木木洛

感谢在我最好的年纪遇见了你们

其实，能走到今天，我觉得我是一个非常幸运的人。在昭觉民族中学我遇见了对我后来的初中学习生涯影响颇深的支教老师。

有一年期末，应该是初二上学期的期末放假，他是可以提前走的，但是他因为担心自己一走，影响同学们的考试情绪，就硬是留下来陪我们到考试结束。当时除了监考老师，大部分任课老师都回去了，那个时候，一般家住得比较远的同学每次放假回去没有车费，都是找班主任或任课老师借，开学时再还，但那次最后只剩下了李锴科老师，他知道情况后，就装作很富有的样子，把自己所有的钱都借给了同学们。我们也是后来才从四班的班主任阿牛老师那里知道，那次他差点儿连回家的火车票都买不起。也许他现在都还以为我们不知道这件事，其实我们早就知道了，只是藏在了心里，不说而已。

李锴科老师离开时给我们每个人留下来的那张明信片，陪伴了我初三和高中三年。我不知道其他同学的明信片里都写了什么，但我的明信片里他写的话一直激励着我，明信片我也一直留着。我个人觉得我对自己的认识还是挺客观的，可能是受从小的生长环境的影响，我一直是一个非常腼腆的人，话也很少，但很早熟也比较懂事。具体早熟到什么程度，我就这么说吧，小学时，我去舅舅他们家，他们就把我当大人一样招待了。现在想想，也许那些年的早熟懂事是我青春里干过的最愚蠢的事了。所以，李锴科老师留给我的明信片里的话就是要我克服自己的这个缺点，迎接更美好的自己，其实就是一些"心灵鸡汤"，但在那个年纪，这些"心灵鸡汤"却成为我进步的最大动力。以至于后来木老师、李老师以及川大自强社的卢老师一行人在我们初三回来看望我们时，我破天荒地站上了舞台做了主持人。我记得我当时开口说的第一句话就得用带着很重彝腔的普通话说："我是一个挺羞涩的男孩"，当时所有人都笑了。那次主持顺利结束，在傍晚欢迎会结束时，我忘记当时哪个老师夸我主持得很好，其实我最想感谢的人是李锴科老师，也希望得到他的肯定。

很幸运，真的很幸运。离别了四年后，我在北京再一次遇见了李锴科老师，我们周末一起吃饭，一起相约去国家图书馆看书，他总是介绍他的优秀的朋友给我认识，让我切身体会到了不同的人的生活方式，我心里也明白他的用心良苦。我也邀请他来我们学校玩，我们曾一圈圈地走在塑胶跑道上回忆那些年他支教时候的事。我还邀请他来我们学校做了一次小课堂分享，邀请他参加了彝族达体舞舞会。那段日子，我们从以前的师生关系转变成了好朋友、兄弟，我有时候甚至叫他"李老"。只是很快，他回了成都，我没能在北京正式请李锴科老师吃一顿饭，我很遗憾。

——第十五届支教学生 曲木合合

温暖的遇见

钟老师，温暖了岁月，柔软了时光。

董卿老师在《朗读者》第一期的开场白中说道："从某种意义上来说，世间一切都是遇见，就像冷遇见暖，就有了雨；春遇见冬，有了岁月；天遇见地，有了永恒；人遇见人，有了生命。" 而我遇见了钟老师，就遇见了美好，遇见了温暖。

我们是在 2015 年的一个中午遇见的，当时钟老师教英语，恰好我弟弟就在钟老师那个班，我们就通过弟弟认识了。从那之后，钟老师每个周末都会到我的宿舍给我讲解题目，辅导作业，复杂难懂的物理电路图经她讲解就清晰明了了。学习之余，我们一起坐在看台的阶梯上聊天，老师让我教她唱彝族歌曲，她学得很认真也很快，我也很有成就感。这些记忆都很珍贵很深刻。

支教老师对我们的影响可能更多的是对我们心灵上的鼓舞，这是

第三篇
四川大学研究生支教团人物访谈纪实

2011 2018 20
2010 201520
2003 4 2019 202
2008 2009 2005
2013 19992

很珍贵很珍贵的。就像钟老师，她有时像智者，有时像父母，有时像好朋友。她让我们慢慢打开自己，不因为贫穷而自卑，认识自己，心中有光，有希望。她开阔了我们的视野，让我们憧憬未来。这种力量是无穷的，是很珍贵的！

钟老师温暖了我的初中以及之后的学习成长之路，为我打开了一个多彩的世界。她跟我讲了许多学习方法，我当时很惊讶，原来还可以这样学习。

印象最深刻的是，初中的最后一个学期，毕业年级需要交更多的资料费。当时爸爸有腰病，不能干重活也就不能去打零工了，家里除了种地以外，没有其他经济来源，而我们六个孩子都在读书，负担很重。钟老师了解情况后给我联系了一个资助人，让我能够顺利完成初中学业并进入高中。有一次钟老师去我们家里家访，当我爸爸妈妈看到老师他们的时候，都很感激，甚至有点不知所措，只是不停地说着："谢谢您！谢谢您！"因为不怎么懂汉语，也就表达不出他们心中的那份感激！但在我心中，他们永远都是最伟大的人，供我们六个孩子读书，把最好的一切都给了我们，我学习的动力绝大部分都来自他们。他们辛苦劳作，早出晚归，只为了在开学的时候能够拿出要交的学费。很幸运，很幸运，我们有这样的爸爸妈妈。

善良凝成细雨，无声地落下。因为有了钟老师的鼓励和关怀，我慢慢变得自信起来，学习上也有了很大进步，慢慢总结、慢慢发现、慢慢成长、慢慢进步、慢慢认识自我。在高考之际，也是钟老师鼓励我："调整心态，慢慢来……"之后我顺利考上了大学，成为西南科技大学 2019 级的大一新生，很感激生命中遇见的每一个人。

钟老师总是在我困惑、迷茫的时候给我鼓励。刚进大学时，我不

知道怎样去协调学习和社团的关系，是钟老师的鼓励让我明白该去抓哪些重点，该怎样去学习，去收获，去实现自己的价值……很感激，觉得再多感谢的语言都显得苍白无力。在她的鼓励下，我也慢慢找到方向，有了目标，不迷茫，不徘徊。相信支教老师们也温暖了很多的孩子。

生活在继续，温暖也伴随。始终相信知识改变命运，结果与努力、用心永远成正比。在今后我也会携着这些感动，慢慢收藏路上的温暖，带着感恩的心继续前行，继续努力！我也会把这份温暖传承下去的！感谢遇见的一切，愿温暖与美好伴随着每一个人！

——第十六届支教学生 地金花

我是吉伍次呷，去年从绵阳师范学院音乐专业毕业，目前在巴中当小学音乐老师。

"光阴似箭，日月如梭。"一晃已过去 5 年了，如今我也加入教师这一行业，我经常想起我的支教老师杨东睿老师，当年杨老师不畏路途的颠簸和生活的艰苦来到了我们凉山彝族自治州昭觉民族中学，到底是为了什么呢？是为了我们的幸福，为了我们的成长，为了我们的学习而赶来的。他们抽出宝贵的时间来到我们凉山彝族自治州昭觉民族中学，不仅给我们带来了物质上的帮助，更给我们带来了学习的动力和生活的希望，这份情谊我们无以回报。

对于我们来说，走不出大山，听不懂汉语是常态，但支教老师来了，我看到和我们一样的年轻人深入大山，无畏语言的隔阂，坚持教书，这令我们备受鼓舞，使我们树立了目标，向他们学习，只要努力学习，就可以走出大山，把命运掌握在自己手里。

　　记得很多次杨老师留在教室里给我们辅导作业，对上课时我们没有听懂的问题进行耐心的讲解。他为了能让我们有所学、喜欢学，用爱心、耐心、信心去教导我们每一个人。他不顾劳累，只为我们学有所成，这就是我们可亲可爱的杨东睿老师。

　　记得杨老师要回家、要回母校、要回去创造自己的明天的时候，他说他会回来看我们，其实当时我们都觉得他肯定是怕我们伤心才这样说的，没想到我们要毕业了的那一学期杨老师真的回来看我们了，他还是一如既往地关心我们的生活和学习，告诉我们在高考的时候要放松，反复的叮咛更是让我们信心十足，毫无畏惧地迎战高考。

　　受到杨老师的影响，从高中起我就想成为一名教师，并且自己喜欢音乐专业，现在也是如愿以偿。记得去年刚工作的时候，我上课时很紧张，不敢和学生交流，但是想到以前我的支教老师，想到他们当时来的时候跟我现在一样，我就坚持了下来。每每想到这里，我又会重拾信心，努力提升自己，争取成为一名合格的人民教师！

　　　　　　　　　　　　　　——第十六届支教学生　吉伍次呷

附 录

附录1　四川大学研究生支教团历届成员名单

第一届	程　峰	周　晶	梁海燕	郭瑞敏
第二届	张　成	丁　可	熊　薇	黄华芳
第三届	张　炜	罗智波	李　雷	刘晓辉
	郭金云			
第四届	陈进军	邱桢耀	毛　迪	蒋　韬
	王　玮			
第五届	黄　松	娄春元	容　毅	王婷婷
	张琳琳			
第六届	康　凯	解军霞	朱　莉	罗海玻
	陈首毅			
第七届	张　衡	马　丹	王　丹	张　峰
	张诗博			
第八届	张　雯	王晓君	费江涛	王　娜
	贾裕汶	邓麟宇		
第九届	常承亮	廖　璇	郭雨依	段　燕
	田贵川	周晶晶	缪可言	

附录
2011 2018 2001
2010 2015 2016
2016 2003 2014 2019 2020
2007 2009 2005 2
2008
2013 1999 20
2

第十届	王毅	李莹莹	李夏卉	张杰
	吕品	何郁嵩	杨丞	张明睿
第十一届	郭鑫楠	曹燕	关键	杨钊
	王艳	周俊	陈舟	眭婷
	齐泰宇	罗杰斯		
第十二届	吴银雪	龙柯	刘沫含	程佳倩
	刘思思	李军华	张智芸	林涛
	王冠	郑莹莹	牟文娟	
第十三届	林腾飞	李亚馨	吴典	冯旸
	贾悦	张昭	胡培根	孙浩
	王靖宇	郭鑫	施文斌	
第十四届	范晓灿	陈利	胡沛	毛川
	肖闻宇	孙灵光	刘佳宁	陈娟
	姚景	申泽宇	龙添珍	迪里木拉提·尼亚孜
第十五届	周裔丁	李锴科	杨欣松	何俊帆
	曹礼勇	丰皓	叶欣	李瑶
	胡旺	兰云旭	薛慧卿	席甲栋
	佘笑尘	李璠	陈俊兵	米源
	陈鹏飞	强莉		
第十六届	查湘军	尚超	余雪莹	仲淑欣
	张月	晏鹏	陈思南	钟静
	赵璐	张永光	卢思宇	冯志豪
	李岚硕	武其达	段炼	吴键
	李解元	赖诗云	甯佳丽	杨东睿

	杨宇航	李 亮	王 超	
第十七届	黄倩雯	陈婷婷	胡建煜	彭 博
	谭明亮	吴为然	明 晨	丁枭辉
	戴丰芮	陈思思	罗小昕	李 智
	王明哲	王彦镐	杨文举	章一帆
	姚永娜	陈 饶	魏 鹏	胡 啸
	杨龙杰	王立娟	陈 斯	
第十八届	罗 杰	吴 峰	蒋跃进	蒙建成
	江 靓	王 爽	陈奕含	刘恩佐
	姚金坤	李旭翔	钱一晖	徐晓婷
	李 杨	李 黎	何明莉	曹维文
	张 巍	刘珈辰	莫 洁	罗 雪
	冯 倩			
第十九届	周 黎	虢鼎锡	楚啸寒	张佳奇
	周晋帆	符 敏	郝欣岩	彭瑞婷
	董冠琦	何亚亚	王婷婷	王 娜
	戴 威	姜佳佩	秦 硕	赵婉妤
	李新娇	廖 茂	刘凯奇	陈 聪
	马浩原			
第二十届	吕国庆	曾 莹	舒 婷	王贵一
	许 可	刘 锴	康嘉诚	黄晨桀
	马 玮	田 源	帅剑波	廖金雷
	朱明秀	余城诚	杜文杰	曾泽安
	王 林	颜家稷	李佳琪	刘龙飞
	周一康			

第二十一届　陈玮彤　　林　凡　　张毅丰　　吕　竺
　　　　　　秦　瑾　　李博文　　单　鹏　　苏　强
　　　　　　何　敏　　程丹玉　　高　露　　葛海波
　　　　　　郭　强　　林凤铃　　白　成　　罗　恪
　　　　　　何　强　　陈　艳　　杨斯涵　　贾云霄
　　　　　　武姝凝
第二十二届　姚鹏飞　　欧阳森　　王铭敏　　黄建霖
　　　　　　王　薇　　姚姿彤　　周艳梅　　刘　昊
　　　　　　刘嘉诚　　徐锦晖　　李　艺　　吴　康
　　　　　　张　彤　　高雯雯　　张子涵　　魏新宇
　　　　　　胡英达　　韩舒汀　　刘听瑭　　马佳佳
　　　　　　肖　莲

附录 2　四川大学研究生支教团历届成员照片

四川大学第一届研究生支教团

四川大学第三届研究生支教团

青春绽放
索玛花
QINGCHUN ZHANFANG SUOMAHUA
——四川大学研究生支教团工作实践与探索

四川大学第四届研究生支教团

四川大学第五届研究生支教团

2011 2018 200
2002 附录 2010 2015 2016
2016 2003 2014 2019 202
2007 2009 2005 2
2008
2013 1999 20

四川大学第六届研究生支教团

四川大学第七届研究生支教团

四川大学第八届研究生支教团

四川大学第九届研究生支教团

附录

2011 2018 200
2010 2015 201
2016 2003 2014 2019 202
2007 2009 2005
2013 1999 20
2008

四川大学第十届研究生支教团

四川大学第十一届研究生支教团

四川大学第十二届研究生支教团

四川大学第十三届研究生支教团

四川大学第十四届研究生支教团

四川大学第十五届研究生支教团

四川大学第十六届研究生支教团（依序为甘洛、美姑、昭觉分团）

四川大学第十六届研究生支教团（依序为甘洛、美姑、昭觉分团）

附录
2011 2018 20
2009 2010 2015 201
2016 2003 2014 2019 202
2007 2009 2005
2008 1999 20
2013

四川大学第十六届研究生支教团（依序为甘洛、美姑、昭觉分团）

四川大学第十七届研究生支教团（依序为甘洛、美姑、昭觉分团）

四川大学第十七届研究生支教团（依序为甘洛、美姑、昭觉分团）

四川大学第十七届研究生支教团（依序为甘洛、美姑、昭觉分团）

附录

2011 2018 200
2002 2010 2015 201
2016 2003 2014 2019 202
2007 2009 2005
2008
2013 1999 20

四川大学第十八届研究生支教团

四川大学第十九届研究生支教团

青春绽放索玛花

QINGCHUN ZHANFANG SUOMAHUA

——四川大学研究生支教团工作实践与探索

四川大学第二十届研究生支教团

四川大学第二十一届研究生支教团

四川大学第二十二届研究生支教团